VOYAGES
DE L'EMBOUCHURE DE L'INDUS
A LAHOR, CABOUL, BALKH
ET
A BOUKHARA;
ET RETOUR PAR LA PERSE.

I.

PARIS. — IMPRIMERIE ET FONDERIE DE FAIN,
RUE RACINE, N°. 4, PLACE DE L'ODÉON.

VOYAGES

DE L'EMBOUCHURE DE L'INDUS

A LAHOR, CABOUL, BALKH

ET

A BOUKHARA;

ET RETOUR PAR LA PERSE,

PENDANT LES ANNÉES
1831, 1832 et 1833.

PAR M. ALEXANDRE BURNES,

MEMBRE DE LA SOCIÉTÉ ROYALE, LIEUTENANT AU SERVICE DE LA
COMPAGNIE DES INDES.

TRADUITS PAR J.-B.-B. EYRIÈS.

OUVRAGE ACCOMPAGNÉ D'UN ATLAS.

TOME PREMIER.

PARIS

ARTHUS BERTRAND, LIBRAIRE-ÉDITEUR,
LIBRAIRE DE LA SOCIÉTÉ DE GÉOGRAPHIE,
RUE HAUTEFEUILLE, N° 23.
———
MDCCCXXXV.

PREFACE

DU TRADUCTEUR.

En 1834, la Société royale de géographie de Londres a jugé que la relation du voyage de M. Alexandre Burnes, de l'embouchure de l'Indus à Lahor, et de là en Afghanistan, en Boukharie et en Perse, méritait le prix qu'elle adjuge à l'ouvrage qui a le plus contribué à étendre le domaine de la science dont elle s'occupe.

En 1835, la Société de géographie de Paris a décidé qu'une médaille d'argent était décernée à M. Burnes pour cette même relation.

Le suffrage de ces deux compagnies sera confirmé par quiconque a lu le livre de M. Burnes. La ligne que ce jeune Anglais a suivie est très-remarquable par son importance; il a voyagé dans des pays qui ne sont pas connus, ou du moins ne le sont que très-imparfaitement. Il a parcouru les mêmes contrées, vu les mêmes lieux où Alexandre le Grand porta ses pas après avoir renversé la monarchie des Perses; il est en quelque sorte parti du point auquel s'était arrêté ce conquérant devant lequel la terre avait gardé le silence. Cette coïncidence de la route de M. Burnes avec celle des Macédoniens lui a fourni des occasions de faire des rapprochemens ingénieux et intéressans, d'expliquer plusieurs passages des auteurs anciens, et de corriger quelques assertions des modernes qui n'ont pas eu comme lui l'avantage de contempler la scène où se sont passés les événemens dont la mémoire est encore vivante.

Mais ce n'est pas seulement pour les progrès qu'il a fait faire à la géographie que M. Burnes mérite des éloges, il a également droit à l'approbation de tous les lecteurs par la manière dont sa relation est rédigée. Il raconte ce qu'il a vu, observé et entendu, avec ce charme qui recommande encore, après un laps de plus de cent ans, les relations de Tavernier, de Chardin, de Jean Thevenot et de tant d'autres voyageurs français. Il n'est pas du nombre de ces envieux toujours prêts à blâmer ceux qui les ont précédés; au contraire, il est constamment disposé à donner des louanges à ceux qui en sont dignes.

M. Burnes était à Paris au mois de décembre 1834; assistant à une séance de la Société de géographie, il demanda la parole; ce fut pour déclarer que, se trouvant en France au sein d'une société savante, il ne voulait pas laisser échapper l'occasion d'exprimer sa vive reconnaissance des bons offices que deux de nos compatriotes, MM. Court et Allard, officiers généraux des armées de Rendjit Sing, maharadjah du Pendjab, lui avaient rendus pendant les deux séjours qu'il avait faits à la cour de ce potentat, services dont le souvenir serait éternellement gravé dans son esprit. Déjà M. Burnes avait consigné les témoignages de sa gratitude dans le livre que nous avons traduit; mais pour une âme aussi généreuse que la sienne, ce n'était pas assez. Nous avons eu le bonheur d'être son interprète dans cette circonstance si honorable pour lui, et nous ne pouvons nous rappeler qu'avec une satisfaction intime l'émotion visible dont il était pénétré.

Les personnes qui compareront notre traduction avec l'original anglais, remarqueront divers changemens dans l'ordre et la disposition des volumes et de quelques chapitres. Le troisième volume est devenu le premier, quelques chapitres du tome deux ont été insérés dans celui qui a été placé en tête des autres; ces altérations ont été faites de concert avec M. Burnes, il les a lui-même indiqués sur l'exemplaire que nous possédons. Il nous a de même, sur nos observations, autorisé à faire quelques suppressions dont nous lui avions parlé.

Les gazettes anglaises nous ont appris le départ de M. Burnes pour l'Orient ; il va encore une fois visiter les régions lointaines ; l'ardeur qui l'anime le portera sans doute à parcourir des terres nouvelles. Tous les hommes qui s'intéressent à lui, et le nombre ne peut qu'en être immense, font des vœux sincères pour le succès complet de cette entreprise.

CE VOLUME

CONTENANT LA RELATION D'UN VOYAGE

DE L'EMBOUCHURE DE L'INDUS

A LAHOR,

ET

LA DESCRIPTION DE CE FLEUVE CÉLÈBRE,

EST DÉDIÉ

A LA MÉMOIRE

DE

SIR JOHN MALCOLM,
MAJOR GÉNÉRAL DES ARMÉES BRITANNIQUES, GOUVERNEUR DE BOMBAY,
GRAND'-CROIX DE L'ORDRE DU BAIN, ETC.

Comme un monument de la reconnaissance
de l'auteur.

ALEXANDRE BURNES.

PRÉFACE DE L'AUTEUR.

Employé comme officier d'état-major dans le Cotch durant plusieurs années, je me suis livré à des recherches sur sa géographie et son histoire, et à cette occasion je visitai la bouche orientale de l'Indus, à laquelle ce pays est contigu, ainsi que le Ren, canton d'une nature singulière, et dans lequel ce fleuve envoie une portion de ses eaux. L'extension de nos connaissances dans cette contrée excita encore plus vivement ma curiosité, qui fut stimulée par sir

Thomas Bradford, lieutenant-général et commandant en chef de l'armée de Bombay. En homme instruit et éclairé, il dirigea mes investigations de la manière la plus propre à recueillir tous les renseignemens possibles sur une frontière aussi importante pour la Grande-Bretagne que celle du nord-ouest de l'Inde. Encouragé par une telle approbation pour laquelle j'exprime ma profonde reconnaissance, j'offris en 1829 de traverser les déserts situés entre l'Inde et les rives de l'Indus, et d'essayer finalement de descendre ce fleuve jusqu'à la mer. Un voyage de ce genre comprenait aussi des objets qui se rattachaient à la politique; mais à cette époque le gouvernement de Bombay était entre les mains d'un homme éminemment distingué par son zèle pour les progrès de la géographie et de la littérature de l'Asie. Sir John Malcolm me chargea de poursuivre l'exécution de mes desseins, et en même temps m'attacha à la partie politique du service, ajoutant qu'alors je serais investi « auprès des princes dont je de-
» vais traverser le pays, d'un caractère public
» qui contribuerait puissamment à apaiser les
» défiances et les alarmes propres à entraver et
» peut-être même à arrêter la marche de mes
» recherches. »

En 1830, accompagné de M. James Holland, lieutenant d'état-major, officier très-capable de m'aider, j'entrai dans le désert. Nous venions d'arriver à Djesselmir quand un exprès nous apporta une dépêche du gouvernement suprême de l'Inde, laquelle nous mandait de nous en retourner, parce qu'à cette époque « on jugeait » qu'il n'était pas à propos de courir le hasard » d'exciter par la poursuite du projet les alarmes » et les défiances des souverains du Sindhi et des » autres princes étrangers. »

La contrariété que j'éprouvai dans le moment fut extrêmement sensible; mais le déplaisir que je ressentis disparut totalement l'année suivante, lorsque je fus nommé pour accompagner à Lahor les présens envoyés par le roi de la Grande-Bretagne au maharadjah des Seïks, et qu'en même temps on me fit connaître que cette occasion favorable d'obtenir des renseignemens exacts sur l'Indus ne serait pas négligée. L'ouvrage que j'offre au public contient le récit de la mission que je remplis alors à la tête de la légation qui alla par eau de l'embouchure de l'Indus à Lahor.

Les renseignemens que j'ai recueillis sur le Djesselmir et sur les pays de la frontière nord-ouest de l'Inde, viennent d'être publiés dans les Mémoires [1] de la Société royale de géographie de Londres (t. IV, 1re. part., p. 88 à 129).

C'est au public à décider de quelle manière je me suis acquitté de ma tâche. J'ai à solliciter

---

[1] Ce morceau mérite d'être traduit; si l'occasion paraissait favorable, on pourrait le publier en français avec la relation du voyage à la cour des émirs du Sindhi, en 1829, par M. James Burnes frère de notre voyageur.

beaucoup d'indulgence de la part du lecteur. Personne ne m'a aidé dans la composition de mon livre, et mes fonctions dans l'Inde m'ont pris tout mon temps. J'ai néanmoins de nombreuses obligations à M. Mountstuart Elphinstone, ex-gouverneur de Bombay, pour les conseils qu'il m'a donnés quand je me préparais à faire imprimer ma relation, conseils dont je n'ai pas manqué de profiter. Si j'ai à me féliciter d'être revenu sain et sauf dans ma patrie, je regarde comme un grand bonheur pour moi d'avoir rencontré un homme si évidemment qualifié pour me communiquer ses avis. L'aversion extrême et bien prononcée de M. Elphinstone pour tout ce qui peut le mettre en évidence m'empêche seule de m'étendre sur ce sujet.

J'ai reçu également des observations judicieuses de M. James Baylie Fraser, auteur du *Kizzil-Bash*, mon ami et mon compagnon dans la carrière militaire, et de M. G.-L. Jacob, lieutenant de l'armée de Bombay. Je dois des remerciemens à M. Horace Hayman Wilson, professeur de sanscrit à l'université d'Oxford, et à M. James Prinsep, secrétaire de la société asiatique du Bengale, pour l'explication de ma collection de médailles; les notes de ces deux savans se recommandent d'elles-mêmes.

Je suis redevable à M. R.-M. Grindlay, capitaine des troupes de la marine, et auteur d'une suite de vues de l'Inde occidentale, de divers dessins qui font honneur à son talent. J'offre mes sincères actions de grâces à mon frère le docteur David Burnes, qui m'a aidé dans le travail pénible de lire les épreuves : je crois avoir satisfait à toutes mes obligations.

VOYAGE

DE L'EMBOUCHURE

DE

L'INDUS A LAHOR.

CHAPITRE PREMIER.

VOYAGE DE BOMBAY A TATTA.

Motif du voyage. —Renseignemens sur l'Indus désirés. — L'auteur, nommé chef de l'ambassade envoyée à Lahor. — Départ d'un port du Cotch. —Arrivée dans l'Indus. — Phénomènes. — Théâtre des exploits d'Alexandre le Grand. — Marées. — Exactitude du récit de Quinte-Curce. — Nous sommes obligés de quitter le Sindhi. — Correspondance avec les autorités. — Nous rentrons dans l'Indus.—La disette nous force d'en sortir. — Nous y revenons une troisième fois. — Nous débarquons dans le Sindhi. — Négociations. — Arrivée à Tatta.

En 1830, un navire arriva d'Angleterre à Bombay avec cinq chevaux que le roi de la Grande-Bretagne envoyait en présent à Rendjit-Sing, maharadjah des Séïks; ce cadeau était accompagné d'une lettre d'amitié écrite au potentat asiatique par lord Ellenborough, président du conseil des Indes. Sir John Malcolm, major général, et à cette époque gouverneur de Bombay, m'ayant recommandé au gouvernement suprême de l'Inde, je reçus la mission d'aller en ambassade à Lahor, capitale des Seïks, pour offrir à leur monarque le don que lui faisait notre roi; je devais à cet effet remonter l'Indus. Dans ce moment j'occupais un emploi politique dans le Cotch, seule portion des possessions britanniques dans l'Hindoustan qui soit située sur les rives de l'Indus.

Les autorités britanniques, tant en Angleterre que dans l'Inde, pensaient que dans un voyage de cette nature il serait possible de recueillir une grande quantité de renseignemens sur la géographie et l'état politique des contrées où l'on passerait. Les notions que nous avions de l'Indus étaient vagues et peu satisfaisantes; les seuls détails que nous possédions sur une partie de son cours étaient tirés d'Arrien, de Quinte-Curce et des autres historiens de l'expédition d'Alexandre le Grand. Au mois d'août 1830, sir John Malcolm écrivait ces mots sur les registres du gouvernement :

« La navigation de l'Indus est, sous tous les rap-
» ports, un objet important; cependant nous n'a-
» vons sur cette matière aucun renseignement au-
» thentique, excepté sur une étendue d'à peu près
» 70 milles entre Tatta et Haïderabad. Nous avons,
» sur l'état actuel du Delta, les récits des indi-
» gènes; les seuls faits qu'on peut en déduire

» sont que les divers canaux du fleuve, au-dessous
» de Tatta, changent souvent de lit, et que dans
» tous, les bancs de sable sont de même conti-
» nuellement changeans; mais, malgré ces difficul-
» tés, des bateaux tirant peu d'eau peuvent en tout
» temps remonter les principaux de ces bras. Quant
» à l'Indus au-dessus de Haïderabad, il est très-vrai-
» semblable qu'il est encore, comme il l'a été de-
» puis plus de deux mille ans, navigable jusqu'à
» une distance considérable. »

C'est pourquoi, indépendamment de la mission de civilité dont j'étais chargé, mes instructions me recommandaient spécialement de recueillir sur l'Indus autant de renseignemens exacts et complets que je le pourrais. Ce n'était pas chose aisée, parce que les émirs, ou souverains du Sindhi, ont toujours montré une grande défiance des Européens, et aucune des légations qui a visité ce pays n'a obtenu la permission d'aller au delà de Haïderabad, sa capitale. L'Indus aussi, dans sa course vers l'Océan, traverse le territoire de beaucoup de tribus barbares et sans lois, dont on peut craindre l'opposition et les insultes. M. Henri Pottinger, lieutenant colonel, agent politique dans le Cotch, et avantageusement connu par son voyage aventureux dans le Beloutchistan et au Sindhi [1], me donna, sur tous ces points,

[1] *Travels in Beloochistan and Sinde*, by lieutenant Henry Pottinger. London, 1816, 1 vol. in-4°. Voyages dans le Beloutchistan et le Sindhi, traduit par J.-B. Eyriès. Paris, 1818, 2 vol. in-8.

des avis précieux. Il me dit qu'un bon moyen de calmer les appréhensions du gouvernement sindhien serait d'envoyer un grand carrosse avec les chevaux, parce que son volume et ses dimensions prouveraient avec évidence que la légation chargée de l'accompagner ne pouvait voyager que par eau. Cette proposition judicieuse fut aussitôt adoptée par le gouvernement ; ce n'est pas seulement dans ce cas que l'expérience de M. Pottinger me fut utile. On verra qu'il montra un zèle infatigable pour surmonter les difficultés qui se présentèrent, et qu'il contribua singulièrement au succès final de l'entreprise.

Afin de mieux colorer encore le parti que je prenais de suivre une route aussi peu fréquentée, je fus chargé de porter des présens aux émirs du Sindhi, et en même temps d'entrer en communication avec eux sur des matières politiques. Il s'agissait de leur adresser des représentations sur des excès commis par leurs sujets le long de la frontière britannique ; mais on m'avertit que ni ce point, ni aucune autre négociation, ne devait me faire apporter le moindre délai à mon voyage vers Lahor. En Angleterre on avait demandé que la légation fût accompagnée d'une escorte convenable ; mais il était évident que toute troupe composée d'un nombre peu considérable de militaires ne pourrait me procurer une protection suffisante. Je préférai donc n'avoir avec moi aucun soldat de notre armée, et je me décidai à me confier entièrement aux gens du pays, pensant que par leur moyen je pourrais former une chaîne de communication avec les habitans. En conséquence, sir John Malcolm, dans sa dépêche au gouverneur général, s'exprima ainsi à mon sujet : « Il aura pour sa garde les hommes » du pays qu'il visite, et ceux qui sont familiers avec » eux. D'après les motifs les plus raisonnables, le » lieutenant Burnes donne la préférence à ce moyen » sur tous les autres, persuadé qu'il facilitera sa mar- » che, et en même temps désarmera cette défiance » qu'excite la vue d'un nombre quelconque de nos » soldats. » Mes idées n'étaient pas erronées, puisque dans le Sindhi une garde de Beloutchis farouches nous protégea et apaisa toute espèce de soupçons.

Ces arrangemens préliminaires terminés, je reçus mes instructions définitives dans une lettre particulière que m'écrivit le secrétaire principal du gouvernement de Bombay; il me disait : « La profondeur » des eaux de l'Indus, sa largeur et la direction de » son cours ; les facilités qu'il offre pour la naviga- » tion des bâtimens à vapeur, la provision de ma- » tières combustibles qui existe sur ses rives, l'état » des princes et des peuples qui occupent le pays » qu'il baigne, sont des points de la plus haute im- » portance pour le gouvernement ; mais vos connais- » sances et vos réflexions vous suggéreront encore » diverses autres particularités sur lesquelles des » renseignemens étendus sont extrêmement désira- » bles : la lenteur de la marche des bateaux, en re- » montant l'Indus, vous procurera, il faut l'espérer, » toutes sortes d'occasions de multiplier vos re-

» cherches.» Je fus muni de tous les instrumens nécessaires pour faire des observations, et autorisé à tirer des lettres de change pour acquitter mes dépenses. Avec cet esprit généreux qui caractérisait le personnage distingué revêtu alors du gouvernement, sir John Malcolm m'adressa des remercîmens pour mes services précédens, dirigea mon attention sur la confiance que l'on plaçait maintenant en moi, et m'apprit que ma connaissance des contrées voisines et du caractère de leurs habitans, ainsi que mes précédentes observations locales, qui certainement m'aideraient, me donnaient des avantages que nul autre ne possédait, et avaient décidé mon choix; je ne pus non plus qu'être vivement encouragé par la manière dont sir John Malcolm écrivit au gouverneur général de l'Inde : « J'aurai la confiance la plus intime dans
» le succès de tout dessein entrepris par le lieutenant
» Burnes dans cette partie de l'Inde; pourvu qu'on
» lui donne la latitude d'agir suivant que les circon-
» stances l'exigeront, j'ose me rendre garant que l'in-
» térêt public y gagnera beaucoup. Ayant eu pendant
» plus de trente ans mon attention fixée, et non
» sans succès sur l'exploration et la reconnaissance
» de plusieurs pays de l'Asie, j'ai acquis quelque
» expérience, non-seulement sur le caractère et les
» habitudes des personnes par lesquelles de telles
» entreprises doivent être effectuées, mais aussi sur
» la manière dont elles doivent être présentées et
» conduites pour qu'elles réussissent. »

M. J.-D. Leckie, enseigne au 22⁰. régiment de

cipayes, infanterie, officier jeune et intelligent, fut nommé pour m'accompagner; un ingénieur, un médecin indigène et un nombre convenable de domestiques nous furent donnés.

Dans la matinée du 21 janvier 1831, nous partîmes de Mandivi, port du Cotch, avec une flotte de cinq bateaux du pays. Le lendemain nous étions hors du golfe de Cotch; les dangers de sa navigation ont été exagérés. Les remous et la couleur sale de l'eau, qui bouillonne à sa surface comme une liqueur en fermentation, présentent un aspect effrayant à un étranger; mais les indigènes traversent ce parage dans toutes les saisons. Il est passablement libre de rochers; la côte du Cotch est sablonneuse; le ressac y est peu considérable, de sorte qu'elle invite les navires en détresse à courir sur la terre. Nous passâmes devant un navire de cinquante tonneaux, qui, avec une riche cargaison, avait, l'année passée, venant de Mosambique, échappé au naufrage par cet expédient.

Parmi les timides navigateurs de l'Orient, le marin de Cotch est aventureux; il fait des voyages aux côtes d'Arabie, du golfe Arabique, de Zanguébar en Afrique, s'avançant bravement sur l'Océan, après avoir quitté les rivages de sa patrie. Le *moallim*, ou pilote, détermine sa position en prenant, avec un octant grossier, la hauteur du soleil à midi, ou celle des étoiles pendant la nuit. Des cartes non moins grossières lui peignent la position du lieu de sa destination, et, par l'effet d'une longue expérience il affronte, dans un bateau non ponté et muni d'une immense voile latine, les dangers et les coups de vent de la mer des Indes. L'usage de l'octant fut enseigné aux marins du Cotch par un de leurs compatriotes, qui, vers le milieu du dix-huitième siècle, fit un voyage en Hollande, et sur le déclin de l'âge revint dans son pays pour l'éclairer de la lumière des arts et des sciences de l'Europe. Les avantages les plus importans introduits par ce réformateur de sa patrie furent l'art de la navigation et celui de l'architecture navale; les habitans du Cotch excellent dans l'un et dans l'autre. Pour une récompense insignifiante, un marin du Cotch mettra en mer dans la saison pluvieuse, et sa hardiesse est encouragée par les commerçans hindous de Mandivi qui sont très-entreprenans.

Dans la soirée du 24 nous étions sortis du golfe de Cotch, et nous avions mouillé dans le Kori, bouche du bras oriental de l'Indus qui sépare le Sindhi du Cotch, et qui est abandonné. Le Kori mène à Locpot; c'est la plus considérable des bouches du fleuve; il est devenu un bras de mer, l'eau douce ayant été détournée de son canal. Plusieurs lieux situés sur ses bords sont réputés saints par le peuple. Cotasir et Naraïnsir, qui sont des lieux de pèlerinage pour le brahmaniste ou hindou, sont placés sur le promontoire occidental du Cotch, que ses eaux baignent. Sur le côté opposé s'élève la coupole de Rao Kanodjé, sous laquelle repose un santon révéré par les musulmans. Frustrer ce sépulcre de l'encens, du blé, de l'huile et de l'argent qui lui sont dus, quand on navigue dans le Kori; serait, suivant les idées superstitieuses de tout ce monde-là, s'exposer à un naufrage certain. On reconnaît dans ce respect la crainte des dangers chez le marin.

La côte du Sindhi et celle du Cotch offrent un grand contraste; la première est basse, déprimée et presque de niveau avec la mer; la seconde est montagneuse et couronnée de cônes volcaniques escarpés que l'on aperçoit encore long-temps après que le rivage a disparu aux yeux. Nous contemplâmes avec plus de plaisir ce tableau majestueux que l'ennuyeuse uniformité de la plage du Sindhi, où l'on ne distingue d'autre signe de végétation que de chétifs buissons envahis à chaque marée par les vagues de la mer.

Nous longeâmes la côte du Sindhi pendant quatre à cinq jours, passant successivement devant toutes les bouches de l'Indus, qui sont au nombre de onze; nous entrâmes dans la principale, et nous l'examinâmes sans que les habitans fissent même attention à nous. Peu d'indices marquaient que nous fussions proche de l'estuaire d'un grand fleuve, car l'eau n'était douce qu'à un mille de distance au large du Gora, qui est la bouche la plus considérable; la jonction de l'eau de l'Indus avec celle de la mer se faisait sans la moindre violence; elle ne se manifestait de temps en temps que par une mince raie d'écume et un léger clapotage. La quantité et la subdivision des bras diminuent sans doute la vitesse et le volume du fleuve; néanmoins on serait porté à supposer qu'étant aussi fort, il exercerait son action sur la mer bien loin de son embouchure; c'est, je crois, ce qui arrive dans les mois de juillet et d'août, époque de son débordement. Ses eaux sont tellement chargées de vase et d'argile, qu'elles changent la couleur de la mer à peu près à 3 milles de la terre. Vis-à-vis de ces bouches, on aperçoit des taches brunes innombrables, que les indigènes nomment *pit*. En les examinant, je reconnus que c'étaient des globules sphériques, remplis d'eau et crevant aisément. Posés sur une assiette, ils étaient de la dimension d'un shilling, et couverts d'une peau brune. Les pilotes les regardent comme des indications de la présence de l'eau douce dans l'eau salée; ils pensent que la rencontre de la mer et du fleuve les détache des bancs de sable. Ces globules donnent à l'eau un aspect singulièrement sale et huileux.

Le 8, à la nuit tombante, nous jetâmes l'ancre dans le Pitti, la plus occidentale des bouches de l'Indus. A une lieue au large on ne peut discerner la côte du Sindhi. On n'aperçoit pas un seul arbre, quoique l'effet du mirage grandisse quelquefois les chétifs arbrisseaux du Delta, et leur donne l'apparence d'une masse haute et verdoyante; illusion qui s'évanouit quand on s'approche. De notre mouillage nous découvrions au nord-ouest un tombeau blanc et fortifié, dans la baie de Coratchi, et au delà une chaîne de montagnes rocailleuses et noires; on le nomme *Hala*, c'est le mont *Irus* de Néarque. Je lisais ici,

dans Arrien et dans Quinte-Curce, les passages relatifs à cette scène mémorable de l'expédition d'Alexandre : j'étais dans celle des bouches d'où Néarque, amiral de sa flotte, partit en s'éloignant du Sindhi. La largeur du fleuve n'excédait pas 1,500 pieds, au lieu des 200 stades que lui donne Arrien, et des 12 milles que des descriptions modernes lui ont attribués sur l'autorité des indigènes. Toutefois, le récit de l'histoire grecque présente des traits qu'on reconnaît encore; car les coteaux au-dessus de Coratchi forment, avec le pays qu'ils renferment, une baie semi-circulaire, dans laquelle une île et des bancs de sable pouvaient induire un étranger à croire que l'Océan était éloigné. « Alexandre
» expédia en avant de la flotte, vers l'Océan, deux
» grandes galères pour examiner une certaine île
» que ces peuples nomment *Cillutas*, et où ses pi-
» lotes lui dirent qu'il pouvait prendre terre avant
» d'entrer dans l'Océan; et quand ils lui assurèrent
» que c'était une grande île, qu'elle avait des ports
» commodes et une abondance d'eau douce, il
» ordonna que le reste de sa flotte y abordât, pen-
» dant que lui-même se dirigerait vers l'Océan. »

L'île, telle qu'elle existe aujourd'hui, à peine couverte d'une herbe maigre, est entièrement dénuée d'eau douce. Je cherchai en vain une identité de dénomination dans le dialecte du pays; elle n'a pas de nom; mais elle présentait un mouillage sûr; et, en la considérant, je ne pus que me confirmer dans l'idée que c'était *Cillutas*, où le héros macédonien,

» après avoir rangé sa flotte sur un promontoire,
» sacrifia aux dieux, ainsi que le lui avait prescrit
» Ammon. » Ce fut là aussi que Néarque « fit creuser
» un canal, long d'à peu près 5 stades, et où la
» terre était très-aisée à emporter; aussitôt que la
» marée eut commencé à monter, on fit entrer
» dans ce passage toute la flotte, qui parvint sans
» accident à l'Océan. » L'amiral grec se borna à
profiter de l'expérience des habitans; car aujourd'hui encore les Sindhiens creusent des canaux peu profonds, et laissent aux eaux du fleuve ou à la marée le soin de les agrandir; un espace de 5 stades ou un demi-mille ne pouvait exiger un grand travail. On ne peut pas supposer que des bancs de sable subsistent pendant des siècles sans subir des changemens. Cependant je remarquai un vaste banc contigu à l'île, et on aurait pu creuser avec beaucoup d'avantage, entre ce banc et l'île, un passage pareil à celui de Néarque, « et ayant fait voile de l'embou-
» chure de l'Indus, Néarque vint à une île sablon-
» neuse nommée *Crocala*, et continua son voyage
» ayant le mont Irus à sa droite. » La topographie est ici plus exacte : deux îles, appelées *Andri*, sont situées devant Coratchi, à peu près à 18 milles de l'Indus; et il est digne de remarque que la portion du Delta, traversée par le Pitti, est encore aujourd'hui nommée *Crocala* par les habitans du pays.

Mais le flux et le reflux furent des phénomènes qui causèrent une surprise extrême aux Macédoniens, et nous ne tardâmes pas à découvrir le sujet de leur étonnement, car deux de nos bateaux échouèrent dans un endroit où, une heure avant, il y avait beaucoup d'eau. La marée inonde le pays avec une impétuosité extrême, et se retire avec non moins de rapidité, de sorte que si un navire ne se trouve pas dans le chenal, il est laissé à sec sur la plage. Arrien s'exprime ainsi : «Tandis qu'ils étaient » dans cette station, il survint un accident qui les » remplit d'étonnement; ce fut le flux et le reflux » des eaux, semblable à celui de l'Océan, de sorte » que les navires restèrent à sec sur la terre; » Alexandre et ses amis n'ayant pas observé aupara- » vant ce phénomène, en furent d'autant plus sur- » pris. Mais ce qui augmenta leur étonnement, fut » que la marée, revenant peu de temps après, com- » mença à soulever les vaisseaux, de sorte que quel- » ques-uns furent emportés par la violence du flot et » brisés en pièces; d'autres furent poussés contre le » banc de sable, et détruits [1]. »

Quinte-Curce a également donné une description pittoresque et animée de ces désastres des Grecs; le passage le plus remarquable est celui où il parle *de monticules s'élevant comme de petites îles* au-dessus du fleuve; en effet, de marée haute, les buissons de patetuviers présentent exactement cette apparence; mais citons les propres paroles de l'auteur :

« Vers la troisième heure, l'Océan, conformément » à un changement alternatif et régulier, commença

[1] Arrien, liv. VI, ch. 19.

» à monter avec furie, en repoussant le fleuve en
» arrière. D'abord le fleuve résista; ensuite, pressé
» avec une force nouvelle, il se précipita en amont
» avec plus d'impétuosité que les torrens qui des-
» cendent par un canal escarpé. Les hommes à bord,
» ignorant la nature des marées, n'y virent que des
» prodiges et des signes de la colère des dieux.
» Sur ces entrefaites la mer se gonfla et se répandit
» sur les plaines naguères à sec. Les vaisseaux fu-
» rent enlevés de leur station, et toute la flotte fut
» dispersée; les hommes qui étaient débarqués,
» frappés de terreur et d'étonnement à la vue de cette
» calamité, accoururent de toutes parts vers les vais-
» seaux. Mais l'empressement de la précipitation est
» lent... Les navires se heurtaient les uns les autres;
» ou bien on s'arrachait tour à tour les avirons, afin
» d'écarter les autres galères. Un spectateur se se-
» rait imaginé que c'était non une flotte portant la
» même armée, mais des forces navales ennemies
» qui commençaient un combat... Maintenant la
» marée ayant inondé toutes les campagnes qui bor-
» daient le fleuve, les sommets *des monticules*,
» semblables à de petites îles, s'élevaient seuls au-
» dessus des eaux ; la plupart des hommes, conster-
» nés, les gagna à la nage après avoir quitté les
» vaisseaux ; la flotte dispersée était en partie mouil-
» lée dans une eau profonde où la terre était creusée
» en vallée, en partie échouée sur la vase, dans les
» endroits où la marée avait couvert les fonds élevés :
» tout à coup une nouvelle alarme plus vive que la

» première se répand parmi les Macédoniens. La
» mer commença à se retirer; les eaux rentrèrent
» avec une extrême vitesse dans le canal, laissant à
» découvert des espaces auparavant plongés profon-
» dément dans leur sein. Les vaisseaux n'étant pas
» gouvernés tombèrent les uns sur leur proue,
» d'autres sur le côté. Les campagnes étaient jonchées
» de bagages, d'armes, de bordages détachés, de
» fragmens d'avirons. Les soldats avaient de la peine
» à croire à ce qu'ils souffraient, et voyaient des nau-
» frages sur la terre ferme, la mer dans un fleuve.
» Leur infortune n'était pas encore finie, car, ne
» sachant pas que le prompt retour de la marée
» remettrait leurs bâtimens à flot, ils ne prévoyaient
» pour eux-mêmes que la famine et la mort. Enfin,
» des monstres épouvantables, laissés par les vagues
» sur le sable, rampaient çà et là [1]. » Notre petite
flotte n'éprouva pas des calamités et des alarmes
semblables à celles de l'escadre de Néarque; car, d'a-
près les expressions de Quinte-Curce, « l'inondation,
» en se répandant graduellement, commença à sou-
» lever les navires, et débordant sur toute la cam-
» pagne, mit la flotte en mouvement. »

Je ne m'étendrai pas davantage en ce moment
sur ce sujet, quoiqu'il soit extrêmement intéressant;
mais dans le cours de ma narration je m'occuperai
de retrouver dans l'Indus moderne les traits qui le
distinguèrent aux jours de l'antiquité. Si mes investi-

---

[1] Quinte-Curce, liv. IX, ch. 9.

gations sont heureuses, le plaisir que l'on éprouve à lire les récits des anciens, et l'intérêt qui s'atttache à leurs ouvrages mêmes, s'en accroîtront. Il est difficile de décrire l'enthousiasme dont on est saisi en contemplant pour la première fois les lieux où s'est déployé le génie d'Alexandre. Ce héros a recueilli l'immortalité dont il était si avide, et transmis à la postérité l'histoire de ses conquêtes unie à son nom. Une ville, une rivière, situées sur sa route, ont acquis une célébrité que le temps grandit sans cesse; et pendant que nos regards se portent sur l'Indus, nous nous unissons, au moins par association de pensées, aux siècles d'une gloire lointaine. Je ne puis pas non plus passer en revue ces sensations sans observer qu'elles produisent les avantages les plus solides pour l'histoire et pour la science. La Scamandre a une renommée que l'immense Mississipi ne pourra jamais éclipser, et la descente de l'Indus par Alexandre est peut-être le monument le plus authentique et le mieux attesté de toute l'histoire profane.

Comme on avait souvent eu des preuves du caractère ombrageux du gouvernement du Sindhi, on nous avait engagés à faire voile pour l'Indus, sans lui en donner préalablement avis. Dès que nous fûmes à l'ancre, j'expédiai une dépêche à l'agent des émirs à Daradji, pour lui annoncer mes intentions, et en attendant sa réponse, je remontai le fleuve avec précaution; le second jour au soir je laissai tomber l'ancre dans l'eau douce, à 35 milles de la mer. Près de l'embouchure de l'Indus nous avions doublé un rocher qui s'étend en travers du canal; il est spécialement cité par Néarque qui le nomme *un rocher dangereux*, et il est d'autant plus remarquable, que partout ailleurs, dans le cours de l'Indus au-dessous de Tatta, on ne rencontre pas même un caillou. Nous passâmes devant beaucoup de villages, et une infinité de choses auraient pu éveiller et exciter notre attention, si nous n'avions pas, à dessein, évité toute communication avec les habitans, avant de connaître le sort de notre missive aux autorités de Daradji. Après un jour d'incertitude et d'inquiétude, nous vîmes, le lendemain matin, une troupe de gens armés entourer nos bateaux; tout le voisinage était dans une agitation extrême. Les hommes de la troupe nous dirent qu'ils étaient des soldats des émirs, et envoyés pour faire le dénombrement de notre monde, et examiner le contenu de tous les bateaux ainsi que chaque caisse qui s'y trouvait. Je fis aussitôt une réponse claire et précise, et à l'instant nous fûmes abordés par une cinquantaine d'hommes armés qui ouvrirent tout, et visitèrent de la manière la plus rigoureuse pour chercher des canons et de la poudre à tirer. M. Leckie et moi restions immobiles de surprise, jusqu'à ce qu'enfin ces Sindhiens demandèrent que le bateau contenant le grand carrosse fût ouvert, parce qu'ils voulaient absolument le voir, car ils croyaient que ce qu'il renfermait devait apporter la dévastation dans le Sindhi. Quand ils l'eurent bien regardé, leurs idées chimériques s'évanouirent; mais alors chacun assura que nous devions être des sorciers pour être venus sans armes et sans munitions.

La visite terminée, j'entrai en conversation avec le chef du détachement, espérant par son entremise établir des relations amicales avec les autorités du pays; mais, après une courte pause, ce personnage, qui était un reis ou capitaine du Sindhi inférieur, m'annonça qu'un rapport de ce qui venait de se passer allait être immédiatement transmis à Haïderabad; et que dans l'intervalle il convenait que nous attendissions à l'embouchure du fleuve la décision des émirs. Cette demande me sembla raisonnable, et d'autant plus qu'on nous promit de nous fournir, pendant que nous y resterions, tout ce dont nous aurions besoin. En conséquence, nous levâmes l'ancre et nous descendîmes l'Indus; mais en même temps cessèrent les politesses. Nous rencontrâmes en chemin plusieurs *dinghis* ou grands bateaux remplis de monde, et le soir l'un d'eux nous héla pour savoir combien de soldats nous avions à bord. Nous répondîmes que nous n'avions pas même un fusil. « Le mal est fait, répliqua un grossier militaire » Beloutchi, vous avez vu notre pays; mais nous » avons quatre mille hommes prêts à en venir aux » mains. » A cette rodomontade, succédèrent des torrens d'injures, et quand nous fûmes arrivés au bas du fleuve, ce détachement fit feu avec ses mousquets par-dessus nos têtes; néanmoins je laissai tomber l'ancre, décidé, si c'était possible, à repousser ces insultes par des remontrances amicales. Ce fut inutile; entourés de barbares ignorans, ils ne répondaient à tout ce que je disais qu'en criant qu'ils avaient l'ordre de nous faire sortir du pays. Je protestai dans les termes les plus énergiques contre leur conduite, je leur rappelai que j'étais le représentant, bien que très-inférieur, d'un grand gouvernement, que j'étais chargé de présens de la part de mon roi, et j'ajoutai que s'ils ne me montraient pas un écrit de leur maître, je refuserais de quitter le Sindhi. Une heure de délai servit à me convaincre qu'il s'ensuivrait des violences personnelles si je persistais dans ma résolution; et comme mon objet n'était pas de hasarder le succès de mon entreprise par une collision de ce genre, je fis voile pour la bouche la plus orientale de l'Indus, et de là j'écrivis aux autorités du Sindhi, ainsi qu'au colonel Pottinger, agent politique dans le Cotch.

J'étais disposé à croire que les soldats avaient outrepassé les bornes de l'autorité dont on les avait investis; en effet on me remit bientôt une lettre de l'émir, conçue en termes d'amitié, mais exposant dans le plus grand détail les difficultés et l'impossibilité de naviguer sur l'Indus. « Les bateaux sont si
» petits, disait le prince, qu'ils ne peuvent contenir
» que quatre à cinq hommes chacun; leur mar-
» che est lente; ils n'ont ni voiles ni mâts, et la pro-
» fondeur de l'eau du fleuve est si variable, que
» dans quelques endroits elle n'atteint pas à la taille
» ni même au genou d'un homme. » Cependant cette

énumération effrayante d'obstacles physiques n'était pas accompagnée d'un refus formel de l'émir; il me parut donc convenable de faire une seconde tentative, après avoir répondu à la lettre de son altesse.

Le 10 février nous partîmes de nouveau pour le Sindhi; mais le 14 à minuit nous fûmes surpris par une tempête terrible qui dispersa notre petite flotte. Deux des navires furent démâtés; nous perdîmes notre petit canot, nos voiles furent déchirées, le bâtiment fit une voie d'eau, et après avoir été pendant quelques jours ballotés par la fureur des vents et des vagues, nous réussîmes à obtenir une observation solaire, laquelle nous mit en état de diriger notre route, et finalement nous conduisit sûrement au Sindhi. Un seul des quatre autres bateaux nous suivit. Ayant mouillé dans le Piétieni, j'expédiai par un messager affidé l'écrit suivant aux agens des émirs à Daradji :

« 1°. Qu'il soit notoire à l'agent du gouvernement
» à Daradji que ceci est la déclaration scellée du
» sceau et écrite en langue persane de la main de
» M. Burnes, représentant (*vakil*) des Anglais auprès
» des émirs du Sindhi, et aussi porteur des présens
» du roi d'Angleterre pour le maharadjah Rendjit-
» Sing;

» 2°. Je suis venu dans l'Indus il y a peu de
» jours, et tu as visité mon bagage afin d'en faire con-
» naître le contenu à ton maître; maintenant je suis
» revenu et j'attends une réponse.

» 3°. Tu peux envoyer tel nombre d'hommes

» armés qu'il te plaira, ma vie est en ton pouvoir;
» mais souviens-toi que l'émir rendra responsable
» quiconque me molestera. Souviens-toi aussi que je
» suis un officier britannique, et comme tu le sais
» bien, je suis venu sans un fusil ni un soldat, pla-
» çant une confiance implicite dans la protection du
» souverain du Sindhi, aux soins duquel mon gou-
» vernement m'a confié.

» 4°. J'envoie cette déclaration par deux de mes
» domestiques, et je compte sur toi pour qu'ils soient
» protégés. »

Je n'eus pas de réponse de l'agent de Daradji à cette remontrance, parce que la personne qui occupait cet emploi, lors de notre première venue au Sindhi, avait été destituée pour nous avoir permis de remonter le fleuve; de plus, nos domestiques nous apprirent que nous n'avions pas la faculté de débarquer, et qu'on ne nous fournirait ni vivres ni eau. En conséquence, nous observâmes la plus grande économie possible dans la distribution de nos provisions, et nous plaçâmes des cadenas aux réservoirs, espérant encore que la raison guiderait les conseils de l'émir. Quand notre eau fut consommée, je dépêchai un petit bateau vers le haut du fleuve pour nous en procurer; mais il fut saisi et l'équipage détenu; cette circonstance nous faisant désespérer du succès de notre démarche, nous nous hâtâmes de quitter les rivages inhospitaliers du Sindhi.

Le 22 février, au point du jour, nous levâmes l'ancre; parvenus au goulet de la bouche du fleuve, le vent changea brusquement. La marée, qui courait avec une violence terrible, nous jeta sur les brisans de la barre ; les lames déferlèrent par-dessus le navire, et à chaque vague nous touchions le fond. De désespoir on laissa tomber l'ancre ; nous ne pensions plus qu'à sauver notre vie, quand nous nous aperçûmes que le bâtiment avait franchi les écueils de la barre et flottait. J'admirai le zèle et le courage de nos matelots, et je fus singulièrement frappé de leurs pieuses invocations à Chah Pir, saint tutélaire du Cotch, quand ils se trouvèrent hors de l'atteinte du danger: « Oh! vénérable et généreux saint, s'écrièrent-ils unanimement, tu es véritablement bon ! » L'encens brûla en son honneur, et une somme d'argent fut recueillie et sanctifiée par le parfum, comme la propriété du saint. Le montant de la collecte rendait témoignage de la gratitude de ces pauvres gens ; et, si je ne crus pas à l'efficacité de leur offrande, je ne refusai pas, par ce motif, de me joindre, d'après leur demande, à la manifestation de leurs obligations et de leur reconnaissance. Notre autre bâtiment, bien moins heureux que nous, fut jeté à la côte, mais sur un banc peu dangereux. Nous lui prêtâmes secours, puis nous fîmes voile pour Mandivi, où nous entrâmes après une traversée surprenante de trente-trois heures.

On ne pouvait maintenant se dissimuler que la conduite de l'émir était très-peu amicale; cependant il ne manifestait pas de tels sentimens dans ses lettres. Il exagérait les difficultés de la navigation de l'Indus,

et dans chaque dépêche énumérait les rochers, les sables mouvans, les tourbillons, les hauts fonds de ce fleuve ; il assurait que le voyage par eau à Lahor n'avait jamais été exécuté de mémoire d'homme. Il était évident que l'expédition réveillait chez lui une méfiance et des alarmes extrêmes, et l'agent indigène, qui réside à Haïderabad pour le gouvernement britannique, décrivit, non sans une certaine dose de gaieté, la crainte et la peur de ce potentat ombrageux. Il s'imaginait que nous étions les précurseurs d'une armée, et si maintenant il souhaitait de nous accorder un passage à travers le Sindhi, il était embarrassé d'échapper aux reproches d'avoir précédemment rempli ses lettres de faussetés et de contradictions. Dans une dépêche de cet agent, on lisait ceci :
« L'émir du Sindhi évite de faire aucune réponse,
» de crainte d'être enveloppé dans des perplexités
» inextricables, et il a bouché ses oreilles avec *le co-*
» *ton* de l'absurdité ; il s'est farci la tête de quelques
» sottes idées, par exemple, que si le capitaine Burnes
» vient maintenant, il apercevra mille bateaux sur
» l'Indus, et le mandera à son gouvernement, qui
» conclura que c'est la coutume de l'émir du Sindhi
» de tromper sur tous les sujets, et qu'il n'a aucune
» espèce d'amitié. »

A la fin, après une remontrance de M. Pottinger, cet officier et moi reçûmes de Haïderabad des lettres qui offraient un passage à travers le Sindhi, mais par terre. Cette proposition pouvant avec raison être regardée comme la première ouverture qui eût été faite pendant toute la négociation, je partis une troisième fois pour l'Indus, de l'avis de M. Pottinger. Sur ces entrefaites, cet officier notifia mon départ à l'émir, et lui démontra qu'il était impossible que j'allasse par terre à Lahor avec tout mon attirail. Il lui déclara également, en termes très-clairs, que la conduite vacillante et peu amicale de l'émir du Sindhi ne pourrait passer sans fournir matière à des observations, d'autant plus qu'il s'agissait du passage de présens envoyés par sa très-gracieuse majesté le roi de la Grande-Bretagne.

Le 10 mars nous fîmes voile une troisième fois pour l'Indus, et, après une heureuse traversée de sept jours, nous atteignîmes le Hadjamri, une des bouches centrales du fleuve. Nous ne pûmes obtenir un pilote pour nous conduire par-dessus la barre, et nous nous engageâmes dans une issue du fleuve mauvaise et peu profonde, où nous sillonnâmes la vase en courant des bordées dans son canal étroit. Le navire le plus en avant amena son pavillon rouge après être entré dans l'eau profonde, et nous fûmes bientôt avec les autres, et à notre grande joie mouillâmes près de lui. Alors un officier du gouvernement sindhien nous rendit visite ; c'était un descendant du prophète ; sa corpulence énorme annonçait sa condition. Il vint à l'embouchure du fleuve, parce qu'on refusait encore de nous laisser arriver jusqu'à l'eau douce. Il nous montra une lettre de l'émir, et répéta les argumens déjà réfutés de son maître, espérant qu'ils recevraient quelque autorité de son rang élevé. Il serait ennuyeux de suivre les Sindhiens à travers la marche tortueuse qu'ils tinrent même à cette période, où les choses semblaient avoir pris une tournure assez favorable. Un embargo était mis sur tous les navires qui se trouvaient dans l'Indus, et nous-mêmes fûmes confinés sur nos bateaux le long d'un rivage dangereux ; on nous refusa même de l'eau. L'officier insistait pour que nous prissions la route par terre comme la plus convenable ; pour dernière ressource, je lui offris de l'accompagner jusqu'à la capitale, et d'y conférer avec l'émir en personne, après avoir préalablement débarqué les chevaux. Je fis connaître cet arrangement à la cour par un courrier que j'expédiai, et le lendemain matin je quittai les bateaux avec Seïd Djindal Châh, qui avait été nommé notre mehmandar. Aussitôt que nous fûmes arrivés à Tatta, la permission demandée, pour que les bateaux remontassent l'Indus nous parvint, mais c'était à condition que nous suivrions la route par terre ; alors je refusai de faire un pas de plus, sans la charge qui m'était confiée ; une semaine de négociation à Tatta me fit enfin obtenir ce que je désirais. Au risque d'être un peu ennuyeux, je donnerai un extrait de la marche de toute cette affaire, comme un échantillon de la politique et des raisonnemens des Sindhiens.

Peu d'heures après notre arrivée à Tatta, Seïd Zoulfkar Châh, homme d'un rang élevé et de manières engageantes, vint nous voir de la part de l'émir ; il était accompagné de notre mehmandar, et

nous aborda très-poliment. Il nous dit que le prince l'avait envoyé pour nous escorter jusqu'à Haïderabad : je lui répondis laconiquement que rien ne m'engagerait maintenant à marcher, puisque l'émir avait obtempéré à la requête que je lui avais adressée. Alors le seïd déploya toute son éloquence. « Eh
» quoi, dit-il, désires-tu causer la ruine du mehman-
» dar en le faisant passer pour un menteur, puisque
» tu as promis de l'accompagner à la cour et qu'il l'a
» écrit à l'émir : ne tiens-tu donc pas à ta parole ?
» La capitale n'est pas éloignée et tu peux y arriver
» en deux marches. Si tu n'y vas pas maintenant, on
» pourra croire que tu as voulu user de supercherie
» pour voir Tatta, puisqu'on t'a accordé la faculté
» de passer par cette ville, en opposition aux ordres
» donnés. Peut-être n'as-tu pas une idée exacte du
» caractère éminent du seïd, qui est un descendant
» de notre saint prophète, et respecté dans ce pays.
» Sa dignité peut être bien comprise par les chré-
» tiens qui conservent même la précieuse relique du
» clou de Jésus-Christ. Ce n'est pas agir en homme
» sage que d'ergoter comme un mollah, puisque l'é-
» mir a consenti à ce que la légation voyage par eau
» si elle s'embarque à Haïderabad, et qu'il répond
» de la sûreté des chevaux jusqu'à cette ville. Enfin
» si tu persistes à prendre la voie du fleuve, je suis
» chargé de te dire que c'est une violation du traité
» existant entre les deux nations. »

J'écoutai avec attention les raisonnemens de Zoulfkar Châh, et je n'oubliai pas que les égards et le respect qu'il réclamait pour son ami le mehmandar comme descendant du prophète, le concernaient au même titre. En conséquence je lui répondis : « Il » existe depuis long-temps une amitié stable entre » le Sindhi et le gouvernement britannique ; j'ai été » expédié par une route très-fréquentée pour remet- » tre à Rendjit-Sing, à Lahor, les présens de notre » gracieux souverain. En arrivant dans le Sindhi » j'ai été insulté, injurié, réduit à manquer de vivres » et d'eau, et enfin chassé deux fois du pays par des » hommes d'un rang inférieur. Mon gouvernement, » qui est toujours circonspect n'a pas imputé cette » insolence inouïe à son ami l'émir du Sindhi; il l'a » attribuée uniquement à l'ignorance de gens de bas » étage, et m'a envoyé une troisième fois au Sindhi. » Quand j'y suis entré, j'ai trouvé Seïd Djindal » Châh prêt à me recevoir ; mais quoique parfaite- » ment convaincu que les présens confiés à mes soins » ne pouvaient pas être dépêchés par terre, il m'a » proposé cette voie et m'a retenu à bord de mon na- » vire onze jours, jusqu'à ce qu'enfin la nécessité » m'a forcé de lui faire la proposition d'aller moi- » même me présenter à l'émir, dans l'espérance de » pouvoir persuader ce prince. Maintenant les choses » ont changé de face, le chemin par eau a été ac- » cordé, ce qui rend ma visite à Haïderabad inutile. » Je ne puis donc considérer ta démarche actuelle » que comme un indice de soupçons qu'il ne con- » vient pas à un gouvernement de nourrir. J'ai choisi » la route de Tatta, parce que mes lettres de change

» sont payables dans cette ville : plus tôt le seïd
» pourra engager son maître à condescendre à mes
» souhaits, mieux ce sera, parce que le déborde-
» ment de l'Indus va bientôt commencer; la saison
» des chaleurs approche, et les délais augmenteront
» les risques. La force est le seul argument qui puisse
» me faire aller en ce moment à la cour, ou permet-
» tre que les chevaux marchent autrement qu'en ma
» présence. Finalement, si l'intention de l'émir n'est
» pas d'agir en ami, qu'il le dise, et je quitterai le
» pays aussitôt qu'il m'aura écrit une lettre à cet
» effet. D'ailleurs, je dois le dire, il s'est formé une
» opinion très-erronée du caractère britannique, s'il
» a pensé que j'avais été envoyé ici en infraction d'un
» traité, car je suis venu pour resserrer les liens de
» l'union; et, quant au reste, la promesse d'un offi-
» cier est sacrée. »

Une conférence qui eut lieu le lendemain matin amena la répétition des mêmes raisonnemens.
Comme nous ne pouvions nous convaincre respectivement, nous convînmes tous deux de nous adresser
à l'émir. Après un préambule dans le style de la diplomatie asiatique, je disais à ce prince : « Tu as agi
» en ami, d'abord en m'indiquant les dangers de la
» navigation de l'Indus, et maintenant en m'aidant
» à les surmonter par le consentement que tu donnes
» à mon voyage par eau; mais, puisque la bonté de
» ton altesse m'a si bien fait connaître les périls du
» fleuve, je n'oserai pas confier des choses aussi
» précieuses que les dons du roi de la Grande-Bre-
» tagne aux soins d'aucun domestique. »

Au bout de trois jours, je reçus un consentement plein et illimité à mon voyage par eau depuis l'embouchure de l'Indus. Je quitte donc avec plaisir le récit détaillé d'événemens qui ne m'ont laissé que peu de souvenirs agréables, excepté que le succès finit par couronner nos efforts, qui obtinrent l'approbation du gouvernement. L'émir du Sindhi avait cherché à nous tenir dans l'ignorance sur l'Indus ; mais ses procédés avaient produit un effet différent et tout opposé, puisque, dans le cours de nos différens voyages, nous étions entrés dans toutes les bouches de ce fleuve, et j'avais dressé une carte de toutes, ainsi que de la route par terre jusqu'à Tatta. Nous avions couru des dangers imminens sur les bancs de sable et les hauts fonds ; mais nous ne nous les rappelions qu'avec la pensée consolante que notre expérience pourra servir à les faire éviter à d'autres.

CHAPITRE II.

VOYAGE DE TATTA A HAÏDERABAD.

Description de Tatta. — Hingladj. Pèlerinage célèbre. — Retour à la côte maritime. — Voyage d'Alexandre le Grand. — Le palla, poisson. — Arrivée à Haïderabad. — Accueil des émirs. — Leur cour. — Audience de congé. — Environs de Haïderabad.

J'employai agréablement mon temps durant les dix jours que je passai à Tatta; j'examinai cette ville et les objets de curiosité qui l'entourent. Elle est éloignée de trois milles de l'Indus, et célèbre dans les fastes de l'Orient. Sa prospérité commerciale a passé avec l'empire mogol, et sa ruine a été complétée lorsqu'elle est tombée sous la verge de fer des souverains actuels du Sindhi. Sa population ne s'élève pas à 15,000 âmes, et la moitié des maisons répandues autour de ses ruines est sans habitans. On raconte que les dissensions survenues entre la dernière et la présente dynastie, dissensions qui amenèrent l'invasion du Sindhi par les Afghans, effrayèrent tellement les commerçans de Tatta qu'ils s'enfuirent du pays; et que depuis rien ne les a encouragés à y rentrer. Autrefois cette ville était fameuse par ses manufactures de *lounghi*, qui est une étoffe de soie et de coton. Il ne reste plus que cent vingt-cinq familles de gens qui font ces tissus. On n'y compte pas quarante marchands ou banians. Vingt changeurs d'argent suffisent pour toutes les affaires, et la population bornée est approvisionnée de viande par cinq bouchers. Telle a été la décadence graduelle de cette cité puissante, si peuplée dans la première partie du siècle dernier, aux jours de Nadir Châh. Le pays voisin est négligé, il n'y en a qu'une petite portion qui soit labourée.

L'ancienneté de Tatta est incontestable. On a cherché dans sa position, et je crois avec raison, le *Pattala* des Grecs. En effet, l'Indus s'y divise en deux grands bras; or, Arrien dit expressément[1]: « Près de Pattala, le fleuve Indus se partage en » deux grands bras. » Robertson et Vincent ont tous deux reconnu l'identité de Tatta et de Pattala : avant l'invasion musulmane, les Radjahs hindous nommaient cette ville *Saminagor*, ce qui correspond, je crois, au Minagor du Périple. A quatre milles au sud-ouest de Tatta, on voit encore Kallancole, ville en ruines. Tatta était nommée aussi *Brahminabad*; elle était gouvernée par un chef dont le frère régnait à Haïderabad, appelée alors *Nérancote*; les Arabes lui donnaient le nom de *Deoual-Sindi*; Nagor Tatta, appellation employée ordinairement, est plus moderne.

[1] Livre VI.

Avant que les Talpours se fussent définitivement rendus maîtres du Sindhi, Tatta avait toujours été la capitale de ce pays. C'est une ville ouverte, bâtie sur un terrain élevé, dans une vallée basse. Je trouvai dans plusieurs puits, à une profondeur de vingt pieds du sol, des briques enfoncées dans la terre; mais il n'existe pas de restes antérieurs à des tombeaux qu'on voit sur des coteaux remarquables, à l'ouest de la ville, et qui remontent à peu près à deux siècles. Les maisons sont construites en bois et en clayonnage crépi en terre; elles sont hautes, à toits plats, mais très-étroites, et ressemblent à des tours carrées; leur couleur, qui est un gris foncé, donne une apparence de solidité aux frêles matériaux dont elles sont composées. Quelques-unes des plus belles ont leur base en brique; on n'a employé la pierre, quoiqu'on puisse se la procurer en abondance, que pour les fondations d'une ou deux mosquées. Tatta n'offre que peu de choses qui puissent rappeler son ancienne splendeur : une vaste mosquée en briques, bâtie par Châh Djehan, subsiste encore, mais elle s'écroule.

Tatta est sur le chemin de l'Inde à Hingladj, en Mekran, lieu de pèlerinage très-renommé, situé au bas des Hala, montagnes arides; il n'est marqué que par une source d'eau douce, sans temple, ni maison. Suivant la tradition brahmanique, ce lieu a été visité par Ramtchander, un des demi-dieux du Panthéon hindou. Cet événement est attesté par une inscription taillée dans le roc, et accompagnée des figures du soleil et de la lune pour plus ample témoignage. La distance, entre Tatta et Hingladj, excède 200 milles; la route passe par Coratchi, Sonmini et la province de Lotsa, le pays des Nouvaris. C'est une partie de celle d'Alexandre le Grand. Un voyage à Hingladj purifie le pèlerin de ses péchés; une écale de coco jetée dans une citerne montre quelle conduite il a tenue; si l'eau bouillonne, sa vie a été et sera pure; mais, si elle reste tranquille et silencieuse, il doit subir une pénitence pour apaiser la Divinité. La tribu des Gosseins, qui sont une espèce de religieux mendians, quoique souvent commerçans et très-riches, fréquente ce lieu écarté, et parfois prolonge sa course jusqu'à l'île de Sitadip, peu éloignée de Bender-Abbassi en Perse. Ces Gosseins marchent en caravanes, de cent ou même davantage, sous la conduite d'un *agoua* ou guide spirituel. A Tatta, le grand-prêtre leur donne une baguette qui est supposée participer à sa sainteté, et diriger la troupe à sa destination. En échange de ce talisman précieux, chaque pèlerin paye trois roupies et demie, et promet de rendre fidèlement la baguette à son retour; car personne n'a la hardiesse de demeurer dans un lieu si saint et si solitaire. L'agoua reçoit sa récompense, et plus d'un Hindou dépense, dans ce pèlerinage, l'argent qu'il a employé sa vie entière à gagner péniblement. A son arrivée à Tatta il est décoré d'un cordon de grains faits d'une pierre blanche qui ne se trouve que sur les montagnes voisines. Ils ressemblent à des pois, et le pèlerin a la satisfaction de croire que ce sont des graines pétrifiées par l'Éternel, et laissées sur terre pour rappeler à l'homme qu'il a été créé. Ils forment un monopole et une source de profit pour les prêtres de Tatta.

Nous quittâmes cette ville dans la matinée du 10 avril, et nous revînmes sur nos pas jusqu'à Mirpour, par une route que la pluie avait rendue presque impraticable; la distance est de 24 milles. Je lis, dans l'*East india gazetteer* de Hamilton, que fréquemment il se passe trois ans sans qu'il tombe ici une goutte d'eau. Mais nous eûmes des ondées très-abondantes et une grêle très-forte, quoique le thermomètre se tînt à 86° (25°98). Les rosées et les brouillards rendent le séjour de Tatta désagréable dans cette saison, et on dit que la poussière y est insupportable en juin et juillet.

Nous traversâmes un pays désert le long du Baggàr, un des deux grands bras de l'Indus qui se séparent au-dessous de Tatta; son nom dérive de la vitesse destructive avec laquelle il coule, car il arrache des arbres : on l'a abandonné depuis peu d'années; il n'avait que 600 pieds de largeur quand nous le traversâmes au-dessous de Mirpour. Avant de se partager, l'Indus est un fleuve majestueux; et à Tatta nous le contemplâmes avec plaisir. Son eau est sale et bourbeuse; mais il a 2,000 pieds de large et deux brasses et demie de profondeur d'une rive à l'autre. Quand je le vis pour la première fois, sa surface était agitée par un vent violent qui soufflait avec furie, et soulevait ses vagues; alors je ne m'étonnai plus de ce que les naturels désignassent ce grand fleuve par le nom de *Déria*, ou mer du Sindhi.

A notre retour, nous nous aperçûmes que la plupart des habitans étaient disposés à nous montrer plus de bienveillance que leur gouvernement. Ils avaient de nous des idées étranges. Quelques-uns nous demandèrent pourquoi nous permettions aux chiens de nettoyer nos mains après le repas, et si nous mangions sans distinction des chats et des rats, aussi bien que des pourceaux. Ils se plaignaient beaucoup de leurs souverains, ainsi que du système ruineux et vexatoire d'impôt qui pesait sur eux, et qui les empêchait de cultiver une portion considérable de terre entre Tatta et la mer. Des espaces immenses du terrain le plus gras restent en friche, couverts de buissons, de tamariscs qui atteignent quelquefois à la hauteur de 20 pieds, et qui, s'entrelaçant les uns dans les autres, forment des halliers impénétrables. Ailleurs, nous vîmes de vastes plaines d'argile durcie, avec des restes de fossés et d'aqueducs aujourd'hui négligés. En deux jours nous gagnâmes la côte.

Arrien nous apprend qu'Alexandre, après être revenu d'examiner le bras de l'Indus, partit de nouveau pour Pattala, et descendit l'autre bras du fleuve qui le conduisit à « un certain lac formé soit par le fleuve
» répandu sur un pays plat, soit par des rivières qui
» lui arrivaient des cantons contigus, et qui le fai-

» saient ressembler à une baie de la mer. » Il commanda qu'on y construisît un autre port nommé *Xylenopolis*. L'objet de ce second voyage à la mer était de chercher des baies et des anses sur la côte, et de considérer lequel des deux bras de l'Indus lui offrirait les plus grandes facilités pour le passage de sa flotte; car, ajoute Arrien : «Il avait une ambition » extrême de naviguer sur la mer de l'Inde en » Perse, afin de prouver que le golfe indien avait » une communication avec le Persique.» Alexandre débarqua dans cette baie avec une troupe de cavalerie, et marcha le long de la côte pour essayer de trouver des baies et des ports où sa flotte serait à l'abri des tempêtes. «Il y fit creuser des puits afin » que sa flotte fût approvisionnée d'eau. » Je regarde donc comme évident qu'Alexandre descendit le Baggâr et le Sata, les deux bras les plus considérables au-dessous de Tatta, et n'entra jamais dans le Cotch, comme on l'a supposé, et je pense que son voyage de trois jours, après être descendu par le bras oriental, fut dirigé à l'ouest et entre les bouches, chemin que sa flotte devait prendre.

Le 12 avril, nous étant embarqués sur les *doundis*, ou navires à fond plat du Sindhi, nous commençâmes notre voyage sur l'Indus avec une satisfaction infinie. Notre flotte consistait en six doundis et une petite penniche anglaise que nous avions amenée du Cotch. Les navires de l'Indus ressemblent assez aux jonques chinoises, étant d'une grande capacité et très-difficiles à manœuvrer. Ce sont des maisons flottantes; indépendamment de tout notre monde, les nôtres portaient leurs mariniers avec leurs femmes, leurs familles, leur bétail et leur volaille. De temps calme, on leur fait remonter le courant en les halant par des cordes attachées au haut du mât; leur vitesse est alors d'un mille et demi à l'heure : mais quand il vente, on déploie une grande voile carrée, et alors leur vitesse est double. On s'arrêta à Vikkar, premier port sur le Hadjamri; il fait un gros commerce d'exportation en grain; cinquante doundis et des navires de mer y étaient mouillés en ce moment.

Le 13, après avoir passé par plusieurs petites criques, où nous parcourûmes huit milles, nous entrâmes dans le Ouaniani, qui est le bras principal de l'Indus; sa largeur est de 1,500 pieds et sa profondeur de 24. Ses rives étaient alternativement escarpées et plates, son cours est très-tortueux; ses diverses sinuosités étaient souvent marquées par des embranchemens partant de ce tronc principal pour se joindre à d'autres bras du fleuve. Les deux rives ne nous montraient que des tamariscs, et les cabanes des pêcheurs indiquaient seules que nous étions dans un pays habité.

A mesure que nous remontions l'Indus, la population accourait de plusieurs milles de distance pour nous voir. Un Seïd debout sur la rive, nous ayant regardés avec étonnement, dit à ses compagnons, assez haut pour qu'une personne de notre troupe l'entendît : « Hélas ! c'en est fait du Sindhi; mainté-

» nant que les Anglais ont vu le fleuve qui est le
» chemin pour le conquérir... » Si un tel événement
doit arriver, je suis certain que la masse du peuple
bénira ce jour heureux ; mais il sera funeste pour
les Seïds, descendans de Mahomet ; car ce sont les
seuls qui, avec les souverains, tirent de l'avantage
et du profit de l'ordre de choses existant.

En entrant dans le Sindhi, rien n'attire plus
l'attention d'un étranger que le soin scrupuleux des
habitans à observer les formes de la religion telles
qu'elles ont été prescrites par le prophète arabe.
Partout on les voit, grands et petits, à l'heure fixée
pour la prière, se tourner vers La Mecque et faire
leurs dévotions. J'ai observé un batelier qui quitta
l'occupation pénible de tirer le navire contre le
courant, et gagna le rivage, mouillé et couvert de
vase, afin d'y exécuter ses génuflexions. Dans les
plus petits villages, on entend la voix du muezzim,
ou crieur, qui appelle les vrais croyans à la prière,
et les musulmans, qui sont à la portée du son harmonieux, suspendent leurs travaux, afin de pouvoir
ajouter leur *amen* à la phrase solennelle quand elle
est achevée. L'effet produit par cette scène est agréable et imposant : mais, ainsi qu'on l'a déjà observé
dans d'autres pays parvenus au même degré de
civilisation, les qualités morales du peuple ne
marchent pas de pair avec la ferveur de cette dévotion.

Le 15 au soir, nous laissâmes tomber l'ancre à
Tatta, après un voyage heureux qui nous procura

une connaissance exacte de la navigation de l'Indus; dans le Delta, elle est à la fois dangereuse et difficile. L'eau coule avec impétuosité d'une rive à l'autre, et mine tellement leur base, qu'elles s'écroulent souvent en masses assez grosses pour écraser un navire. Pendant la nuit leur chute produit un craquement terrible et un bruit aussi fort que celui d'une batterie d'artillerie. Dans un endroit, le coude formé par le fleuve était si brusque qu'il s'y formait une espèce de tourbillon, et tous nos bâtimens tournèrent sur eux-mêmes, entraînés par la rapidité du courant quand ils y passèrent. Partout nous avions six brasses d'eau, et, dans ces remous, on en trouvait quelquefois dix-huit; mais nos navires évitaient la force du courant et passaient d'une rive à l'autre pour choisir les lieux les moins profonds.

Nous remontions l'Indus dans la saison du *palla*, poisson du genre de la carpe, de la grosseur du maquereau, et dont le goût égale celui du saumon. On ne le trouve que durant les quatre mois qui, de janvier en avril, précèdent le gonflement du fleuve, et jamais au-dessus du fort de Bakkar. Les naturels croient superstitieusement que ces poissons viennent à cause de Khadja Khizr, saint personnage très-célèbre qui est enterré là, et qu'ils s'en retournent sans jamais tourner leur queue vers cet emplacement sanctifié ; assertion que la couleur bourbeuse de l'Indus empêche d'être contredite. La manière de prendre le palla est ingénieuse, et, je crois, particulière à ce fleuve. Chaque pêcheur est pourvu d'une grande jarre en terre, ouverte par le haut et un peu aplatie : il s'y place, et, s'y couchant horizontalement, s'élance dans l'eau, où il nage, ou se pousse en avant comme une grenouille, en se guidant avec les mains. Parvenu au milieu du fleuve, où le courant est le plus fort, il jette son filet, immédiatement au-dessous de lui, puis suit le fil de l'eau. Le filet consiste en une poche attachée à une perche ; il la ferme quand il rencontre sa proie, perce le poisson, le laisse tomber dans la jarre et continue sa pêche. Il y a aussi de petits vaisseaux sans aucun orifice, sur lesquels les pêcheurs s'asseient. On voit des centaines d'hommes, jeunes et vieux, occupés à prendre des pallas ; la venue de ces poissons cause beaucoup de joie, parce qu'ils fournissent une nourriture saine durant la saison, et une provision abondante pour le reste de l'année, quand on les a fait sécher. Dans cet état, il s'en exporte beaucoup aux pays voisins.

Le 18, dans la matinée, nous fîmes halte vis-à-vis de Haïderabad, qui est à 5 milles dans l'intérieur ; depuis Tatta, nous avions été favorisés par un vent fort qui nous avait aidés à remonter contre le courant, avec une vitesse de 3 milles à l'heure. Partout la poussière était insupportable ; on pouvait toujours découvrir un village aux nuages épais qui planaient au-dessus de son emplacement. Cette partie du Sindhi est bien connue ; elle est vouée à la stérilité par les émirs, afin de satisfaire leur passion pour la chasse. Les rivages sont enceints jusqu'au bord de l'eau, et l'intérieur de ces enclos est couvert de genêts, de broussailles et de babouls peu élevés, qui sont toujours verdoyans à cause de la nature grasse du terrain. On apercevait un ou deux chameaux solitaires qui tiraient de l'eau pour remplir les étangs de ces remises, parce que l'émir et ses parens avaient annoncé une partie de chasse; les cerfs, attirés par la soif à la seule fontaine, sont alors tirés par un émir caché dans un lieu favorable. L'espèce de cerf que l'on chasse dans le Sindhi est nommée *hota patcha*.

Aussitôt après notre débarquement, nous reçûmes des visites de quatre députations différentes, qui nous félicitèrent, de la part de Mir Mourad Ali khan et de sa famille, de notre arrivée à la capitale du Sindhi, et nous présentèrent en même temps les assurances les plus fortes de l'amitié et du respect de ces princes pour le gouvernement britannique; nous fîmes des réponses convenables à tous ces complimens. Dans la soirée, nous fûmes conduits à Haïderabad, et nous descendîmes au *tanda*, ou à la maison de Nabab, Vouli Mohammed Khan, visir du Sindhi : comme il était absent, son fils fut nommé notre mehmandar; des tentes furent dressées, on nous envoya des provisions de toutes les sortes; réellement, il aurait été difficile de découvrir que les mêmes personnes, qui avaient long-temps été retenues le long des côtes de ce pays, étaient maintenant les hôtes honorés de son maître ombrageux. Grands et petits, chacun nous comblait d'égards; les Seïds et les khans, les domestiques et les tchobdars, nous apportèrent des messages et des questions jusque bien avant dans la nuit; et, pour donner une idée de la manière dont les affaires sont conduites au Sindhi, il ne sera pas superflu de dire que le barbier, l'homme chargé de rafraîchir l'eau, et le premier ministre, nous furent envoyés indistinctement avec des messages relatifs au même objet.

Le cérémonial de notre réception fut bientôt ajusté, mais non sans quelques manifestations du caractère sindhien. Après que le moment eut été fixé mutuellement à la soirée suivante, notre mehmandar vint au point du jour nous prier de vouloir bien l'accompagner au palais. Je parlai de l'arrangement qui avait été conclu; mais il traita toute explication avec indifférence, et dans un langage extravagant fit l'éloge de la grande condescendance de son maître qui nous accordait sitôt une entrevue, pendant que les vakils, ou envoyés des autres états, l'attendaient souvent pendant plusieurs semaines; je répondis au khan que mon sentiment différait du sien sur l'empressement de son maître à nous donner audience; je lui assurai que je ne la regardais nullement comme une faveur, et que je pensais que l'émir lui-même était fier de recevoir, en quelque temps que ce fût, un agent du gouvernement britannique. Ma réplique lui imposa silence, il ne tarda pas à se retirer, et bientôt après il nous fit inviter à excuser son importunité, qui, disait-il, était due à une méprise. La fierté des Sindhiens doit être combattue avec les mêmes armes qu'ils emploient, et, quelque désagréable que puisse être cette conduite, on reconnaîtra que dans tout ce qui tient aux négociations, elle ne manque jamais son effet : les altercations seront suivies de civilités et de politesse, et le voile de l'oubli sera jeté sur tout ce qui a été déplaisant.

Le soir nous fûmes présentés à l'émir par son fils Nessir Khan, qui nous avait préalablement reçus dans son appartement, afin de nous assurer de son attachement pour le gouvernement britannique, et nous apprendre en secret que c'était son intervention qui nous avait fait obtenir le passage à travers le Sindhi. Nous trouvâmes l'émir assis au milieu d'un salon et entouré de plusieurs de ses parens ; tous se levèrent à notre entrée, et montrèrent une politesse étudiée ; le prince m'adressa la parole, en m'appelant par mon nom, et en même temps me faisant asseoir à côté de lui sur le même coussin : « Tu es
» mon ami, et comme homme public et comme par-
» ticulier, car ton frère (le docteur James Burnes)
» m'a guéri d'une maladie dangereuse. Je te prie
» d'oublier les difficultés et les dangers que tu as
» essuyés, et de me regarder comme l'allié du gou-
» vernement britannique, et comme plein d'affec-
» tion pour toi. Le long retard que tu as éprouvé
» avant de pouvoir avancer provient de mon
» ignorance des affaires politiques, parce que je
» regardais ton voyage par eau comme une infrac-
» tion aux traités existant entre les deux états; car

» je connais peu ces sortes d'objets, et je ne suis
» qu'un soldat employé à commander aux *trois cent*
» *mille Beloutchis* que Dieu m'a appelé à gouver-
» ner; maintenant vous voici tous deux dans ma
» capitale, vous y êtes les bien venus. Ma grande cha-
» loupe de parade vous portera jusqu'à ma frontière ;
» mes sujets la haleront contre le courant ; des élé-
» phans et des palanquins seront à votre disposition,
» si vous voulez les accepter; et je rivaliserai d'efforts
» avec vous pour faire voyager sûrement les présens
» du roi de la Grande-Bretagne. J'ai nommé le fils
» de mon visir votre mehmandar pour vous accom-
» pagner jusqu'aux limites de mon territoire. »

Je ne pensai pas qu'il fût nécessaire d'entrer dans des explications avec l'émir, ni de lui donner en retour le détail de notre monde. Je le remerciai de ses marques d'attention pour notre gouvernement et pour nous-mêmes. « Je vois avec joie, ajoutai-je,
» que l'amitié qui subsiste entre les deux états et qui
» m'a engagé à traverser ton territoire, a été appré-
» ciée à sa juste valeur, car ce serait pire que de la
» folie de la part d'un homme dénué d'une telle pro-
» tection, d'essayer de naviguer sur l'Indus sans ton
» concours cordial. Quant aux dangers et aux obsta-
» cles que nous avons essuyés, j'assure ton altesse
» que la bonne fortune prédominante de la Grande-
» Bretagne nous en a fait triompher; et quoiqu'il ne
» soit pas au pouvoir de l'homme de détourner les
» périls de la mer, nous y avons, par la grâce de
» Dieu, échappé heureusement, et je ne doute pas

» que le gouvernement que je sers ne ressente au-
» tant de satisfaction de la manière dont tu nous
» accueille, que j'en éprouve moi-même. » L'entrevue se termina là, après que l'émir en eut fixé pour le lendemain une seconde dans laquelle je devais lui communiquer des objets d'une nature politique dont le gouvernement m'avait chargé.

Je ne m'occuperai pas de donner une description de la cour du Sindhi, on la trouve dans la relation du voyage de M. Pottinger[1] et dans celle que mon frère a publiée récemment[2]. Sa splendeur est bien ternie, car, quoique l'émir et les personnes de sa famille eussent de superbes joyaux dans leur parure, le palais ni la salle d'audience n'offraient pas beaucoup de choses qui pussent attirer notre attention; la salle était malpropre et sans tapis, remplie de soldats mal vêtus: le bruit et la poussière y étaient insupportables. L'émir lui-même eut beau répéter plusieurs fois l'ordre de faire silence, ce fut inutilement, et le tapage empêcha d'entendre une partie de la conversation. Toutefois, nous apprîmes que cette foule avait été réunie pour nous donner une idée de l'armée du Sindhi. Certainement on n'avait rien négligé pour remplir de monde les passages et les ruelles; et quand nous sortîmes du fort, les no-

[1] Voyez l'ouvrage cité plus haut, page 3.

[2] *Narrative of a visit to the court of Sinde*, by James Burnes, *surgeon to the residency of Bhooj*. Edinburgh, 1831, 1 vol. in-8°. (Relation d'une visite faite à la cour du Sindhi.)

bles qui nous conduisaient ne manquèrent pas de se donner beaucoup de mouvement.

De retour à notre logis, j'envoyai à l'émir les présens de notre gouvernement; ils consistaient en divers objets de manufactures europénnes; savoir : un fusil, une paire de pistolets, une montre d'or, deux télescopes, une pendule, des châles et des toiles d'Angleterre; deux chandeliers élégans en cristal taillé, et des écrans; enfin des ouvrages persans magnifiquement litographiés à Bombay, une mappemonde et une carte de l'Indoustan en caractères persans complétèrent le cadeau. Le principal émir m'avait préalablement envoyé deux messages pour me prier de ne donner les objets qu'à lui-même, et le possesseur d'un trésor de quinze millions sterling répartit d'une main partiale entre les membres de sa famille, des dons qui ne valaient que quelques centaines de livres. On concevra la bassesse de ce personnage quand je dirai qu'il me dépêcha secrètement son visir pour m'inviter à échanger les chandeliers et la pendule qui ne faisaient point partie de l'ameublement d'un palais sindhien, contre quelques autres objets parmi les présens que j'avais sans doute pour d'autres chefs. Je dis au visir que les dons que j'avais apportés étaient destinés à faire connaître les manufactures européennes, et que ce n'était pas l'usage de donner à quelqu'un ce qui appartenait à un autre. Ce refus occasiona un second message; et comme une occurrence semblable eut lieu en 1809, quand une légation britannique vint à cette cour, cette coïncidence sert à manifester le peu de délicatesse et de sentiment du cabinet de Haïderabad. L'envoi de quelques douzaines de plateaux chargés de fruits et de confitures, et ornés de feuilles dorées, que nous envoyèrent les différens membres de la famille, termina la journée.

Le lendemain matin de bonne heure, Mir Ismael Chah, l'un des visirs et notre mehmandar, nous conduisit à l'audience : en chemin il me dit que je ferais très-grand plaisir à l'émir si je consentais à changer la pendule. Il y eut dans cette seconde entrevue plus d'ordre et de régularité ; elle fut très-satisfaisante, l'émir ayant consenti sans hésiter aux vœux de notre gouvernement, lorsqu'ils lui furent communiqués. La conversation qui suivit fut très-amicale. Le prince s'enquit très-particulièrement de mon frère, considéra avec beaucoup d'attention notre habillement, et la forme ainsi que les plumes de mon chapeau à trois cornes le divertirent beaucoup. Avant que je lui disse adieu, il me répéta, en termes encore plus forts, toutes ses protestations de la veille, et, quelque problématique que fût sa sincérité, je pris congé de lui, très-content de ce qui s'était passé, puisqu'il semblait qu'il n'avait plus le dessein de nous empêcher d'avancer vers Lahor. Mir Nessir Khan, fils de l'émir, me présenta un beau sabre de damas, dont le fourreau de velours rouge avait des ornemens en or : son père m'envoya une bourse de quinze cents roupies, en s'excusant de n'avoir pas une lame montée comme il le désirait, et me priant d'en accepter la valeur. Après tous les inconvéniens auxquels nous avions été assujettis, nous ne nous attendions guères à un si bon accueil à Haïderabad. Le lendemain matin, nous partîmes de cette ville et nous allâmes camper sur les bords de l'Indus, près de nos bateaux.

Le paysage des environs de la capitale du Sindhi est beau et varié ; les rives du fleuve sont bordées de grands arbres; des montagnes dans le fond du tableau soulagent l'œil fatigué de la monotonie des plaines arides et poudreuses du Delta. L'Indus y est même plus large que dans la plupart des lieux situés plus bas ; sa largeur d'une rive à l'autre étant de 2,500 pieds : un banc de sable qui s'étend au milieu de son cours est caché par les eaux. L'île sur laquelle s'élève Haïderabad est aride, le terrain étant montueux et rocailleux ; mais même les parties cultivables sont peu soignées.

Je ne puis ajouter que peu de détails à ceux qui ont déjà été publiés sur cette capitale par M. Pottinger et par mon frère. Sa population ne va pas à 20,000 âmes ; les habitans vivent dans des maisons ou plutôt des cabanes en terre. La résidence même du chef est une demeure misérable et incommode. Le fort, ainsi que la ville, sont situés sur un monticule rocailleux. Le premier est seulement un mur entouré d'un fossé large de 10 pieds et profond de 8 ; un pont de bois le traverse. Les remparts, hauts de 25 pieds, sont en brique et s'écroulent. Haïderabad n'est pas une place de résistance; on s'en emparerait aisément par escalade.

Au centre du fort s'élève une tour massive, qui ne tient pas aux autres ouvrages et qui domine sur le pays voisin. C'est là qu'est déposée une grande portion des richesses du Sindhi. Les eaux du Falaïli isolent le terrain sur lequel Haïderabad est bâti; mais quoique cette rivière soit considérable durant le débordement, son lit était presque à sec à l'époque de notre séjour dans cette cité au mois d'avril. La vue de Haïderabad jointe à ce volume, et que je dois à la bonté de M. Grindlay, capitaine des troupes de la marine, représente fidèlement cette capitale et le pays qui l'entoure.

CHAPITRE III.

VOYAGE DE HAÏDERABAD A BAKKAR.

Départ de Haïderabad. — Chanson des matelots sindhiens. — Sihouan. — Motifs de croire que c'est le territoire des Sindomani. — Antiquité du château.—Lieu de pèlerinage. — L'Indus. — Arrivée à Khirpour. — Audience du chef. — Caractère des souverains du Sindhi. — Bakkar. — Alor. — C'est probablement le royaume de Musicanus.

Le 23 avril au matin, nous nous embarquâmes dans la chaloupe d'apparat de l'émir. Les Sindhiens nomment *djemti* ces sortes d'embarcations qui sont très-commodes, et construites de la même manière que les autres bateaux à fond plat de l'Indus; tous donnaient un démenti décisif à la description que le prince avait si souvent faite, dans ses lettres, du triste état des navires employés à la navigation du fleuve. Ce djemti avait 60 pieds de long et trois mâts, sur lesquels nous hissâmes autant de voiles, faites de bandes de toiles alternativement rouges et blanches. Il y avait à chaque extrémité une cabane : elles sont jointes ensemble par un tillac; mais, contre la coutume des autres pays, le poste d'honneur est à l'avant : celui-ci était en forme de kioske, couvert de toile écarlate, et des écrans de soie interdisaient aux importuns la vue de l'intérieur. Le djemti était de plus orné de plusieurs pavillons et de flammes dont quelques-unes avaient 40 pieds de long. Nous arborâmes le pavillon britannique à l'arrière de notre penniche : c'était, je crois, la première fois qu'il était déployé sur l'Indus; et le petit bâtiment qui le portait marchait plus vite que le reste de la flotte. J'espère que l'augure sera favorable et que le commerce de la Grande-Bretagne ne tardera pas à suivre son pavillon. Nous nous avancions gaiement sur le fleuve, généralement avec un vent favorable; tous les soirs on laissait tomber l'ancre et nous dressions notre camp sur le rivage, très-satisfaits d'être au delà des portes de Haïderabad.

Le 1er. mai, nous étions à Sihouan; ainsi en huit jours nous avions parcouru 100 milles. Les bords du fleuve, qui sont faiblement peuplés, et de plus dénués d'arbres et de tout ce qui pouvait jeter de la variété sur la perspective, ne nous offraient que peu d'intérêt. Le troisième jour, nous avions aperçu dans l'ouest les monts Djengar ou Lakki, chaîne élevée qui atteint l'Indus à Sihouan. Le fleuve, bien que majestueux et magnifique, était souvent partagé par des bancs de sable et coulait lentement, sa vitesse n'étant que de 2 milles et demi à l'heure. Un de nos bateaux avait presque coulé à fond pour avoir abordé un tronc d'arbre enfoncé dans la vase, accident fréquent sur l'Indus, de même que sur les grands fleuves d'Amérique, et accompagné quelquefois de résultats funestes, surtout pour les navires qui suivent le cours de l'eau. Le bonheur d'avoir échappé à une calamité fournit aux Sindhiens un sujet de nous féliciter : chaque jour nous entendions vanter notre heureuse étoile. L'incident le plus commun, le moindre souffle de vent, ou toute autre occurrence favorable, étaient attribués à notre destinée.

Notre équipage était composé de seize hommes : c'étaient des êtres très-heureux, marchant dans l'eau tout le long du jour, nageant et jouant tout en faisant leur besogne, le cœur gai, et revenant de temps en temps à bord pour jouir des délices du houka et du bang, suc enivrant extrait du chanvre, qu'ils aiment passionnément. Ils préparent cette drogue en faisant passer le suc des graines et de la tige de cette plante à travers un morceau de toile ; quand elle est prête à être employée, elle ressemble à de l'eau croupie : elle doit être très-pernicieuse. Je crois réellement que je pourrais placer les pipes de ces mariniers parmi les effets du bâtiment ; car elles étaient faites d'un gros morceau de faïence trop lourd pour être soulevé et qui reste à l'arrière ; c'est là que ces gens se retirent pour aspirer la fumée de la plante, rendue doublement nuisible par un mélange d'opium. Les mariniers du Sindhi sont musulmans et très-superstitieux. La vue d'un crocodile, au-dessous de Haïderabad, est un très-mauvais augure qu'on ne peut jamais oublier, et dans cette partie de l'Indus, ces monstres se tiennent certainement dans des retraites profondes.

Nous découvrîmes dans les chants et les chœurs usités par les Sindhiens, quand ils halent sur leurs amarres et hissent leurs voiles, leur respect pour leurs saints. Les matelots de tous les pays sont, je le crois, adonnés à la musique : quoique fort simples, les lignes suivantes offrent des traits qui ne manquent pas d'agrément :

> Poussez, oh ! poussez !
> Levez vos épaules,
> Pressez vos pieds.
> Le bateau marchera,
> Le matelot est un guerrier.
> Le mât est haut.
> Battez le tambour,
> Nous voici au port.
>
> Employez votre force,
> Par la grâce de Dieu,
> Par l'aide du saint,
> C'est un joli bateau :
> L'eau est profonde,
> Il arrivera sûrement,
> Par le roi Acbar,
> Par la grâce de Dieu.

Voici un autre échantillon de ces chansons :

> Salut, Pir Patta !
> Salut, cité de Tatta !
> Poussez ensemble,
> Poussez par plaisir.
> Quoique le port soit petit,
> Contemplez la tour du port,
> Le pays est à Dieu,

> Qui a vu le monde,
> L'eau est douce.
> Poussez à la fois,
> Le port est bon,
> Les habitans sont Beloutchis.
> Dieu nous l'a montré,
> Grâces à Dieu nous sommes arrivés.

Quand nous aperçûmes la mosquée de Sihouan, les mariniers dans leur joie, battirent le tambour, et chantèrent plusieurs de ces vers dont le son avait quelque chose d'agréable en passant le long de la base des Lakka. Ces monts présentent un promontoire rocailleux sur l'Indus, quand on s'approche de Sihouan.

Cette ville est bâtie sur un terrain élevé, à l'extrémité d'un marécage, et à 2 milles de l'Indus, sur l'Arral, bras de ce fleuve qui s'en détache à Larkhana. Sihouan est commandé à l'est par un singulier château ou monticule en terre. Sa population est de 10,000 âmes. Sihouan est quelquefois appelé Siouistan. C'est une ville ancienne. Beaucoup de mosquées en ruines et de tombeaux l'entourent, et annoncent son ancienne richesse; mais elle est déchue graduellement depuis qu'elle a cessé d'être la résidence d'un gouverneur qui y tenait sa cour aux jours de splendeur de l'empire mogol. Sa position près des monts Lakka me fait conjecturer que c'est *Sindomana*, capitale des états de Sambus, radjah des montagnards indiens, mentionnée par les historiens d'Alexandre. Les *Sindomani* ne peuvent pas être les habitans du Sindhi inférieur, qui est toujours nommé *Pattala*, et son souverain le prince des *Pattalans*.

Sihouan est célèbre et respecté par le tombeau de Lal Chab Baz, saint personnage du Khorasan; il fut enterré ici il y a près de six cents ans. Son sépulcre est au milieu de la ville, sous un dôme élevé, à l'extrémité d'un édifice quadrangulaire, orné de dalles peintes en bleu qui lui donnent une très-belle apparence. Une tenture de brocard d'or et deux autres en soie rouge sont suspendues successivement au-dessus de la tombe; et sur les murs qui l'entourent on lit, en grands caractères arabes, les louanges du défunt et des extraits du Coran. Des œufs d'autruche, des plumes de paon, des grains de verroterie, des fleurs, complètent la décoration de ce lieu saint, et des pigeons, emblèmes de la paix, peuvent tranquillement se percher sur les tentures qui couvrent les restes de l'homme vertueux. Les miracles de Lal Chab Baz sont infinis, à en croire les gens du lieu. L'Indus obéit à son commandement, et aucun navire n'ose passer devant son sépulcre, sans y faire une offrande propitiatoire. Des milliers de pèlerins accourent à ce sanctuaire vénéré, et les monarques du Caboul et de l'Inde l'ont souvent visité. Les tambours qui proclament les mérites du saint sont un don du célèbre persécuteur Alla Eddin, qui régnait en 1242, et la porte qui est d'argent atteste l'hommage et la dévotion d'un émir du Sindhi décédé. Les nécessiteux sont chaque jour nourris par la charité des étrangers; mais la bienfaisance universelle a corrompu les mœurs des habitans, qui sont des gens dépravés et indolens. L'Hindou partage le respect du musulman pour ce saint personnage, et insinue adroitement que le nom de Lal est brahmanique, et que les sectateurs de Mahomet ont associé à la religion de ce prophète le dieu d'une croyance qui lui est étrangère. Un tigre, qui autrefois vivait dans les montagnes voisines, et qui est maintenant confiné dans une cage près du tombeau, participe à la générosité des dévots.

Le plus singulier édifice de Sihouan, et peut-être des rives de l'Indus, est le château ruiné qui domine la ville, et, suivant toutes les probabilités, remonte au temps des Grecs. Il consiste en un tertre en terre haut de 60 pieds et entouré depuis sa base d'un mur en brique. La forme de ce château est ovale, sa longueur étant de 1,200 pieds et son diamètre de 730. L'intérieur présente un monceau de ruines, et est jonché de fragmens de poterie et de briques. La porte placée du côté de la ville a été cintrée; une coupe qui la traverse prouve que le tertre est un ouvrage de l'art. Vu d'une certaine distance, ce château ressemble au dessin de la tour de Madjilebi à Babylone, que Rich a décrite dans son mémoire intéressant sur cette antique cité.

Les habitans attribuent ce monument au siècle de Bader oul Djamal. C'était une fée à la puissance de laquelle on rapporte tout ce qui est ancien ou surprenant dans le Sindhi. Il est bon d'observer que l'Arral passe le long de ce château ; or, Quinte-Curce nous apprend que, dans le territoire du Radjah Sambus, que je regarde comme le canton qui entoure Sihouan, « Alexandre s'empara de la ville la » plus forte par une excavation que ses mineurs creu- » sèrent. » Une ruine si vaste, située dans une position semblable, nous autorise, ce me semble, à la désigner comme la ville « où les Barbares, ignorant » l'art de l'ingénieur, furent confondus quand leurs » ennemis apparurent tout à coup au milieu de leur » cité, sortant par un passage souterrain dont on » n'avait pas aperçu la moindre trace auparavant. » Une position aussi forte ne put, très-probablement, être négligée dans les temps postérieurs, et nous voyons que, sous le règne de l'empereur Houmayoun, en 1541, ce monarque, n'ayant pu prendre Sihouan, s'en éloigna pour entreprendre son désastreux voyage d'Omarcote. Son fils Acbar assiégea cette place pendant sept mois, et il paraît qu'après l'avoir prise il la démantela. On trouve beaucoup de médailles dans le château de Sihouan ; mais, parmi une trentaine, je ne pus découvrir aucune trace de l'alphabet grec : c'étaient des monnaies musulmanes des souverains de Delhi.

A peu près à 18 milles au-dessous de Sihouan, et du même côté du fleuve, on rencontre Amri, village qu'on croit avoir été autrefois une grande ville, et la résidence de prédilection d'anciens monarques. On dit qu'elle a été détruite par les eaux de l'Indus. Cependant, près du village il y a un monticule en terre, haut d'une quarantaine de pieds, que la tradition du pays indique comme le lieu de halte d'un roi. Il ordonna qu'on entassât le fumier de sa cavalerie, c'est ce qui a été l'origine du tertre d'Amri ! Quelques tombeaux l'environnent, mais ils sont évidemment modernes.

Nous nous arrêtâmes quatre jours à Sihouan ; la température était chaude et suffocante ; le thermomètre se tenait à 112° (35°52), et ne descendait pas au-dessous de 100° (30°20) à minuit, à cause des vents brûlans qui soufflent de l'ouest, où le pays est montagneux et aride. La haute chaîne de montagnes qui court parallèlement à l'Indus depuis la mer jusqu'au centre de l'Asie, se joint aux monts Lakka, au sud de Sihouan, ce qui empêche le passage des vents rafraîchissans de l'Océan.

Nous quittâmes Sihouan le 4 mai, ce ne fut qu'avec difficulté, parce que nous ne pouvions nous procurer des hommes pour haler nos bateaux. Le mehmandar, quoique fils du visir et porteur d'un firman scellé du sceau de l'émir, ne put rien gagner sur le calander ou prêtre du tombeau de Lal Chah Baz ; celui-ci objectant que jamais ordre semblable n'avait été donné, et qu'il ne voulait pas y obéir. Quelques hommes furent empoignés. Les serviteurs du prêtre tirèrent leurs sabres et dirent que lorsqu'ils ne pourraient plus s'en servir ils marcheraient. Nous ne sûmes rien de cette affaire que quand elle fut terminée ; un arrangement fait en particulier par Seïd Takki Chah y mit fin. Quand les habitans de

Sihouan apprirent qu'ils seraient payés de leur peine, ils vinrent de leur plein gré avant notre départ. Tout étant effectué par la force, sous le gouvernement despotique du Sindhi, les bateliers de Sihouan s'étaient enfuis de la ville ou bien s'étaient réfugiés dans le sanctuaire, aussitôt qu'ils avaient aperçu le djemti approcher, croyant que leurs services seraient exigés gratuitement.

Le lendemain de notre départ de Sihouan, nous fûmes rencontrés par Mohammed Gohar, chef Beloutchi, à la tête d'une troupe d'agens confidentiels de Mir Roustam Khan, émir de Khirpour; ils avaient été envoyés, d'une distance de 80 milles, à la frontière, pour nous féliciter sur notre arrivée, et nous assurer du dévouement de leur maître au gouvernement britannique. Nous ne nous attendions guères à cette marque d'attention dans le Sindhi, et en conséquence nous en fûmes très-flattés. Cette députation nous apporta une abondante provision de moutons, de farine, de fruits, d'épicerie, de sucre, de beurre, de ghi, de tabac, d'opium et de plusieurs autres choses qui servirent à régaler notre monde. Les moutons furent égorgés et cuits; le riz et le ghi ne tardèrent pas à être convertis en mets savoureux; et je crois que chacun adressa à Mir Roustam Khan des remercîmens aussi sincères que les nôtres; mais je ne m'imaginais pas que ceci n'était que le commencement d'une suite de festins qui se succédèrent journellement pendant trois semaines que nous restâmes sur son territoire. Mohammed Gohar était un vieillard décrépit, avec une barbe rouge, une ceinture élégante entourait sa taille. Durant toute l'entrevue, il ne se remit pas de sa surprise, car c'était la première fois qu'il voyait des Européens.

Pour reconnaître les attentions de Mir Roustam Khan, je lui écrivis en persan la lettre suivante, qui donnera un échantillon du style épistolaire de ce pays; je l'imitai aussi fidèlement qu'il me fut possible.

Après les premiers complimens, je continuai ainsi: « Je m'empresse d'annoncer à ton altesse que
» je suis arrivé aux frontières de ton pays, en société
» du respectable Seïd Takki Chah, qui depuis Haï-
» derabad m'a accompagné de la part de Mir Mou-
» rad Alikhan. Comme depuis long-temps j'ai en-
» tendu parler de ton altesse par les voyageurs qui
» vont du Cotch au Sindhi, c'est pour moi un motif
» de me féliciter d'être arrivé sur ton territoire et
» d'avoir amené sûrement les présens qui ont été
» gracieusement donnés au Maharadjah Rendjit-Sing
» par sa majesté le roi d'Angleterre, puissant par
» son rang, terrible comme la planète Mars; mo-
» narque, grand et magnifique, élevé en rang comme
» Djemchid, en dignité comme Alexandre, non
» égalé par Darius, juste comme Nouchirvan, grand
» comme Feridoun, admiré comme Cyrus, renommé
» comme le soleil, destructeur de la tyrannie et de
» l'oppression, équitable et généreux, pieux et dévot,
» favorisé d'en haut, etc., etc.; puissent ses états s'é-
» tendre à jamais !

» On sait bien que quand un ami vient dans le
» pays d'un ami, c'est l'occasion de beaucoup de
» bonheur : et c'est pourquoi j'ai écrit ce petit nom-
» bre de lignes ; mais lorsque j'aurai le plaisir de te
» voir, ma joie s'accroîtra.

» J'avais écrit ma lettre jusqu'ici, quand le res-
» pectable Mohammed Gohar, l'un de ceux qui
» jouissent de la confiance de ton altesse, est arrivé
» ici pour m'instruire de tes sentimens de respect et
» d'amitié pour le gouvernement britannique, et
» m'apporter de nombreuses marques de ton hos-
» pitalité. Est-il nécessaire que je te dise que j'en ai
» été réjoui ? De telles civilités annoncent la gran-
» deur. »

Un voyage de dix jours nous fit arriver à Bakkar ; mais nous débarquâmes à quelques milles de cette forteresse, afin de nous préparer à notre visite au chef de Khirpour, qui nous avait si bien accueillis à notre entrée dans son pays. Nous eûmes l'occasion d'observer les Sindhiens en remontant le fleuve, et nous fîmes tout ce que nous pûmes pour les engager à s'approcher, en accordant au plus mince villageois, qui désirait voir les chevaux, la permission de venir à bord. La masse du peuple n'est guères au-dessus des sauvages et extrêmement ignorante ; mais ses guides spirituels et les Seïds, ou descendans du prophète, montrèrent des connaissances et de l'indépendance. Ayant demandé à une troupe de Seïds de quels émirs ils étaient les sujets, ils répondirent : « Nous ne re-
» connaissons d'autre maître que Dieu, qui nous

» donne des villages et tout ce que nous désirons. »
Je fus frappé de l'air de famille qui règne parmi les
hommes de cette classe au Sindhi ; car on ne peut
pas supposer qu'une tribu si considérable descende
en ligne directe du prophète arabe. Les mendians du
Sindhi sont très-importuns et très-incommodes, ils
ont recours à toutes sortes de démonstrations, afin
d'obtenir des aumônes; ils déchirent l'herbe et les
buissons avec leurs dents, mâchent du sable et de la
boue pour exciter la compassion.

Nous eûmes de fréquens rapports, et nous causâ-
mes souvent avec les classes supérieures de la société.
Quelques-uns de ces Sindhiens témoignèrent de
l'intérêt pour l'objet de notre mission à Lahor. Ils
n'ajoutaient pas beaucoup de foi à notre sincérité;
en envoyant les chevaux par une route qu'ils
croyaient n'avoir pas été prise depuis le temps de Noé.
Ils nous accablaient de questions sur nos usages.
Le vieux Mohammed Gohar notamment était saisi
d'horreur en songeant à nos arrangemens relatifs au
mariage, et me supplia de laisser croître ma barbe
à l'avenir. On se fera une idée de son savoir d'après
sa demande, si Londres était inférieur à Calcutta;
néanmoins, c'était un compagnon agréable; je me
plaisais à l'entendre chanter les louanges des soldats
du Sindhi, qui, disait-il, différaient de ceux du reste du
monde, en regardant comme un honneur de combattre à pied. Les sentimens de pitié, que quelques
personnes manifestaient pour nous, étaient réellement amusans ; elles étaient choquées d'entendre

dire que pour nettoyer nos dents nous nous servions de soies de porcs. Souvent elles m'engagèrent à mettre de côté la selle anglaise, qu'elles regardaient comme très-peu convenable et comme quelque chose de pire que si on se plaçait à nu sur le dos du cheval.

Dans cette partie de son cours, l'Indus est nommé *Sira*, pour le distinguer du *Lar*, qui est sa dénomination au-dessous de Sihouan; ce sont ces deux mots béloutchis dont le premier signifie nord, et le second sud : ce qui explique d'une manière satisfaisante l'origine du nom des *Sirae* ou *Khosa*, tribu qui habite le désert à l'est, parce que cette peuplade vint primitivement de Sira, dans la partie supérieure du cours de l'Indus. *Mehran*, appellation de ce fleuve familière dans l'Hindoustan et chez les étrangers, est inconnue dans le Sindhi. L'eau de l'Indus est regardée comme préférable, pour tous les usages de la vie, à celle que l'on tire des puits de cette contrée. A l'instant où on la puise dans le fleuve, elle est très-salle; mais les gens riches la laissent reposer jusqu'à ce que la bourbe dont elle est chargée se soit déposée. Il y a peu de bacs sur l'Indus, et il est curieux de voir les habitants le traverser sur des peaux et des bottes de roseaux; souvent un homme, accompagné d'un troupeau de buffles, descend ainsi une distance de 15 à 20 milles, préférant cette manière de voyager à la peine de cheminer le long des bords. Au-dessus de Sihouan, on prend le palla avec des filets suspendus à l'avant de petits bateaux qui servent en même temps d'habitation au pêcheur et à sa famille. La femme qui est ordinairement très-robuste, manie l'aviron de l'arrière, pour maintenir l'embarcation au milieu du courant, et en même temps tient souvent un enfant dans ses bras, tandis que son mari tue le poisson. On ne s'attendrait pas à rencontrer des marsouins si loin de la mer, mais on les voit se jouant dans le fleuve ; jusqu'à la hauteur de Bakkar, ils sont d'une couleur plus grise que ceux de l'Océan.

J'aurais dû dire qu'avant d'arriver à Bakkar, nous avions reçu la visite du Nabab Ouli Mohammed Khan Laghari, l'un des visirs du Sindhi ; il était venu de Chicarpour au devant de nous. C'était un vieillard de soixante-douze ans, décrépit, et sur le bord de sa fosse. Il nous traita avec une bienveillance particulière, et gagna nos cœurs par ses attentions. Il me donna un cheval et un riche lounghi. Il nous dit très-franchement que l'émir avait cédé à de mauvais conseils en nous retenant si long-temps au bas de l'Indus, et qu'il avait écrit à ce prince d'une manière très-pressante, pour qu'il ne se compromît pas par une démarche semblable. Nous avions en ce moment une excellente occasion de voir un chef beloutchi sur son sol natal : il arriva suivi d'un magnifique équipage de tentes et de tapis, de trois palanquins et d'à peu près quatre cents hommes. Une troupe de danseuses faisait également partie de sa suite. Le soir nous fûmes obligés, contre notre gré, d'entendre ces artistes crier pendant plus de deux heures. Et ce qui ajoutait au dégoût de cette scène, c'est que par intervalles elles avalaient des doses des liqueurs les plus fortes, afin, disaient-elles, de s'éclaircir la voix; et elles finirent par être à peu près ivres. Néanmoins il était impossible de marquer le moindre déplaisir de ce spectacle, puisque, bien qu'il ne fût nullement de notre goût, il était donné dans l'espoir d'ajouter à notre amusement. Les gens qui se trouvaient avec nous, et qui maintenant se montaient à cent cinquante, furent splendidement régalés par le nabab, qui nous garda près de lui pendant deux jours.

Le 14 au matin, nous débarquâmes près d'Alipour, petit village où nous rencontrâmes Feth Khan Ghori, visir de Mir Roustam Khan, que ce prince envoyait de Khirpour au devant de nous. C'était un homme âgé, doux et affable dans ses manières; une barbe blanche comme la neige et des cheveux rouges lui donnaient un air singulier. Il nous accueillit avec cordialité et bonté; il nous assura que son maître avait éprouvé une vive satisfaction en apprenant notre arrivée, parce qu'il désirait depuis long-temps de se lier plus étroitement avec le gouvernement britannique, et n'avait pas encore eu la bonne fortune de voir un de ses agens. Il nous dit que Mir Roustam Khan n'avait pas la prétention de se croire l'égal d'une nation aussi grande et aussi puissante que la nôtre, mais qu'il espérait pouvoir être rangé parmi ceux qui faisaient des vœux pour son bonheur, et qui dans toutes les occasions étaient prêts à lui offrir leurs services. Feth Khan ajouta que le territoire de Khirpour formait dans le Sindhi un état absolument distinct de celui de Haïderabad, fait dont il me priait de me souvenir. Je ne fus pas tout-à-fait surpris de cette communication, parce que j'avais jugé, d'après les démarches préalables de ce chef pour me plaire, qu'il avait quelque objet en vue. J'assurai le visir que j'étais sensible, comme je le devais, aux attentions de son maître, et je promis de l'entretenir de ces matières après notre entrevue. Le visir avait apporté un palanquin pour me conduire en grand apparat à Khirpour, dont nous étions éloignés de 14 milles; le lendemain nous entrâmes dans cette ville.

D'après ce que je viens de raconter, on peut bien s'imaginer notre entrevue avec Mir Roustam Khan : il nous reçut assis sur un coussin de brocard d'or, sous un dais de soie; il était entouré des membres de sa famille, dont quarante, du sexe masculin, issus en ligne directe de son père, étaient encore vivans. Il y avait ici plus d'apparat et de montre qu'à Haïderabad, mais aussi peu d'attention à l'ordre et au silence. Nous échangeâmes les complimens d'usage dans ces sortes d'occasions. Je remerciai le prince des marques d'attention et de l'hospitalité que nous avions constamment reçues sur son territoire. Mir Roustam Khan est âgé d'une cinquantaine d'années; sa barbe et sa chevelure étaient complétement blanches; l'expression de sa physionomie et ses manières étaient extrêmement douces. Il était, ainsi que ses parens, trop occupé de regarder nos uniformes et nos visages pour parler beaucoup. Il nous pria de revenir le soir, parce qu'il y aurait moins de bruit et de confusion; nous y consentîmes volontiers. Avant de sortir, je lui donnai ma montre, et ensuite je lui envoyai une paire de pistolets, un kaléidoscope et divers objets des manufactures européennes, qui lui causèrent un plaisir infini. Il était presque impossible de se faire jour à travers la foule; mais il n'y avait pas de désordre; elle nous salua par des acclamations quand nous approchâmes. Rien parut ne faire plus de plaisir à tout ce monde que les plumes de nos chapeaux. « Quels coqs! » se disait-on. Jusqu'à une distance de 600 pieds du palais, si je puis me servir de cette expression pour les bâtisses en terre du Sindhi, s'étendait une haie d'hommes sous les armes. Il y en avait une quarantaine avec des hallebardes : c'étaient les forestiers ou les chasseurs du prince.

Le soir nous revînmes chez l'émir : il était assis sur une terrasse couverte de tapis de Perse, et, comme le matin, entouré de ses nombreux parens. Il me parla longuement de son respect pour le gouvernement britannique, et ajouta que certainement son visir m'avait instruit de ses sentimens. Il regarda notre mehmandar de Haïderabad, qui, suivant mes observations, avait fait son possible pour empêcher notre entrevue, puis changea de conversation. Il m'adressa une infinité de questions sur l'Angleterre et sa puissance, remarquant qu'autrefois nous n'étions pas une nation si belliqueuse. Il avait entendu dire

qu'un petit nombre de siècles auparavant nous allions nus et le corps peint de diverses couleurs. Il montra beaucoup de curiosité sur notre religion ; et, quand je lui eus dit que j'avais lu le Coran, il me fit répéter le *koloma*, ou la profession de foi musulmane, en persan et en arabe, à son plaisir inexprimable. Il dit que notre grandeur dérivait de notre connaissance des hommes et de notre soin à nous occuper des affaires des autres ainsi que des nôtres. Il examina mon sabre qui n'était que de grandeur médiocre et propre à la cavalerie, et remarqua qu'il ne pouvait pas faire beaucoup de mal ; je répliquai que cette arme était tombée en désuétude, ce qui produisit une exclamation et un soupir chez plusieurs personnes présentes. Il y avait dans le ton de l'émir tant de douceur, que je ne pouvais croire que nous fussions à la cour d'un prince beloutchi. Il montra du chagrin de ce que nous ne pouvions rester un mois avec lui : « Mais, continua-t-il, puisque vous
» êtes décidés à poursuivre votre voyage sans délai,
» il faut que vous preniez jusqu'à la frontière ma
» chaloupe d'apparat, et le fils de mon visir pour
» mehmandar. Tant que vous serez sur le territoire
» de Khirpour, acceptez la chétive hospitalité d'un
» soldat beloutchi. » Il se désignait ainsi. Quant à son hospitalité qu'il rabaissait tant, on va en juger : il donnait tous les jours huit à dix moutons et toutes sortes de provisions pour cent cinquante personnes; et, durant notre séjour à Khirpour, il nous envoyait deux fois par jour pour nous un repas de soixante-

douze plats. Ils consistaient en pilans et autres mets indigènes; quelques-uns étaient délicieux, et la cuisine était succulente : tout était servi en argenterie. Les attentions dont nous avions été comblés à Khirpour nous firent quitter cette ville avec regret. Avant notre départ, l'émir et sa famille nous envoyèrent deux poignards et deux beaux sabres, avec des ornemens en or massif. La lame d'un de ces derniers fut évaluée à quatre-vingts livres sterlings; nous reçûmes aussi beaucoup de pièces de toile et de soieries fabriquées dans le pays; enfin, une bourse de mille roupies que je n'acceptai pas, en alléguant pour excuse que je n'avais besoin de rien pour me souvenir des bontés de Mir Roustan Khan.

M. Elphinstone a fait la remarque [1] « que les » chefs du Sindhi paraissent être des barbares de » l'espèce la plus grossière, sans aucune des vertus » des barbares. » Je crains que ce portrait ne soit très-ressemblant, quoique la famille de l'émir de Khirpour ne semblât pas mériter ce reproche; mais les chefs de ce pays vivent uniquement pour eux-mêmes; ils regorgent de richesses, et leurs sujets

---

[1] M. Burnes cite souvent M. Elphinstone; ce dernier fut envoyé en 1808 en ambassade auprès du roi de Caboul. Le récit de cette légation est contenu dans l'ouvrage intitulé : *An account of Caubul and its dependencies*, etc. London, 1815, 1 vol. in-4°., avec une grande carte et beaucoup de planches. (Relation du royaume de Caboul et de ses dépendances.) On n'en a en français qu'un extrait : *Tableau du royaume de Caboul, et de ses dépendances dans la Perse, la Tartarie et l'Inde*. Paris, 1817, 3 vol. in-18, avec figures.

sont misérables. Ils professent un attachement excessif pour l'islamisme, et ils n'ont pas dans leurs territoires une belle mosquée. A Haïderabad, ville bâtie sur un rocher, et partout ailleurs, ils font la prière dans des temples en terre : ils ont l'air d'ignorer tout ce qui tient à l'élégance ou à l'aisance d'une maison et d'un ménage. Les Beloutchis sont des espèces de sauvages d'une espèce particulière; mais ce sont des barbares valeureux. Depuis leur enfance ils sont élevés dans le métier des armes; et j'ai vu des petits garçons de quatre à cinq ans, fils de chefs, se promener fièrement avec un sabre et un bouclier de dimension diminutive, que leurs parens leur avaient donnés, pour leur inspirer d'aussi bonne heure le goût de la guerre. Cette tribu ne compose qu'une petite partie de la population du Sindhi; les paisibles habitans l'exècrent à cause de sa conduite impérieuse, et en même temps elle hait les princes qui règnent sur elle. Il serait difficile de concevoir un système de gouvernement plus détesté de tous ses sujets que celui des émirs du Sindhi, et ce sentiment n'est pas déguisé; nous entendîmes exprimer plus d'une espérance fervente, dans chaque partie de cette contrée, que nous étions les précurseurs de la conquête, l'avant-garde d'une armée qui s'emparerait du pays. La personne des émirs est assurée contre le danger par le nombre des esclaves qu'ils entretiennent autour d'eux; on les nomme *khaskélis*, ils jouissent de la confiance de leurs maîtres et d'une portion considérable d'autorité; ils sont esclaves héréditaires, forment une classe distincte dans l'état et ne se marient qu'entre eux.

Nous atteignîmes Bakkar le 19; c'est une forteresse à 15 milles de Khirpour, bâtie sur un rocher siliceux au milieu de l'Indus, ayant la ville de Rori sur la gauche du fleuve et celle de Sakkar sur la gauche. On ne pouvait supposer que l'émir nous accorderait la permission de visiter ce prétendu boulevart de sa frontière, et je n'insistai pas sur une demande qui, je m'en aperçus, n'était nullement agréable; mais nous passâmes devant cette place et nous eûmes une bonne occasion de l'examiner, tant à terre que du fleuve. L'île a 2,400 pieds de long, est de forme ovale, et presque entièrement occupée par les fortifications, qui ressemblent plus à un ouvrage européen que la plupart de ceux de l'Inde : vue des bords de l'Indus, cette forteresse se présente très-bien; ses tours sont presque toutes ombragées par de grands arbres; et le dattier élancé laisse tomber ses feuilles pendantes au-dessus des mosquées et des remparts. Plusieurs autres petites îles sont dans le voisinage de celle-là; sur l'une d'elles s'élève le tombeau de Khadja Khizr, santon musulman, sous un dôme qui contribue à la beauté de la scène. L'Indus se partage, au-dessus de Bakkar, en deux canaux larges chacun de 1,200 pieds, et ses eaux frappent avec violence et fracas les rochers qui les bordent. Durant l'inondation, la navigation de cette partie du fleuve est dangereuse, quoique les bateliers de Bakkar soient à la fois experts et hardis. Rori est vis-à-vis de ce fort, sur un précipice siliceux haut de 40 pieds; quelques-unes de ses maisons, qui sont très-élevées, s'avancent au-dessus des eaux, de sorte que les habitans en peuvent puiser de leurs fenêtres; mais un chemin taillé dans le roc leur procure le moyen de s'approvisionner de cet objet de première nécessité sans risquer leur vie. L'autre rive de l'Indus n'est pas aussi escarpée que celle de Rori. Une relique précieuse, une boucle de cheveux de Mahomet, enfermée dans une boîte d'or, attire les pèlerins musulmans à Bakkar, quoique les habitans soient presque tous brahmanistes.

Le soir de notre arrivée, nous eûmes, sur les bords de l'Indus, une entrevue curieuse avec le visir de Khirpour, qui, par ordre de Mir Roustam Khan, nous avait escortés jusque-là, et veillait à ce qu'on nous fournît des bateaux. Après nous avoir demandé à être reçu en particulier, il reprit le sujet de la conversation, et nous dit que son maître l'avait chargé de nous proposer un traité solennel d'amitié avec le gouvernement britannique, à telles conditions que celui-ci indiquerait. Ensuite il fit l'énumération des princes voisins qui devaient leur existence à une alliance semblable : le chef des Daoudpoutras, le raoual de Djesselmir, le radjah de Bicanir, etc., etc., et termina par une péroraison pleine de gravité, dans laquelle il exposa qu'il avait été prédit, par les astrologues et consigné par écrit dans ses livres, que dans un temps futur les Anglais posséderaient tout le pays de l'Inde; prédiction qui, Mir Roustam et lui-même en étaient persuadés, se réaliserait lorsque les Anglais demanderaient pourquoi les chefs de Khirpour n'étaient point venus protester de leur fidélité. J'essayai, mais inutilement, d'écarter les tristes pronostications du ministre, et je déclarai mon incompétence pour m'immiscer dans une affaire aussi importante qu'un traité entre les deux états, avant d'avoir reçu une proposition par écrit et scellée du sceau de l'émir. J'ajoutai que je ferais connaître à mon gouvernement les vœux qui avaient été exprimés, et qu'il serait charmé d'apprendre qu'il avait de tels amis. Ceci parut faire plaisir au diplomate : il me pria de me souvenir de ce qui s'était passé, et exigea de moi la promesse de lui écrire après son départ, et d'arroser ainsi l'arbre de l'amitié, afin que cet objet s'effectuât finalement; « parce que les » étoiles et le ciel proclamaient la fortune des » Anglais! »

Ce ne fut pas le seul incident intéressant qui eut lieu à Bakkar; nous y reçûmes la visite d'un Afghan noble et d'un rang distingué, qui avait été envoyé en ambassade au gouverneur général par Chah Mahmoud, ci-devant chef de Hérat; il s'en retournait dans sa patrie par la voie du Sindhi et du Mékran, l'état de trouble de l'Afghanistan démembré l'empêchant de prendre le chemin ordinaire. C'était un des plus beaux hommes de sa nation que j'eusse jamais vu : sa barbe flottante lui descendait jusqu'à la ceinture : il était enchanté de Calcutta et de ses merveilles, et avait adopté plusieurs de nos usages : il se servait à cheval d'une selle à l'anglaise; mais comme il venait de s'apercevoir qu'elle était faite en partie de peau de pourceau, il me pria de vouloir bien l'accepter, parce qu'il n'oserait pas emporter une chose pareille dans son pays et ne s'en servirait plus. Je refusai poliment cette offre, et je regrettai que les renseignemens concernant les matériaux de cette selle m'eussent été communiqués; puisque, comme il aimait nos modes, il ne pouvait les transporter dans sa patrie. Avant de nous quitter, il me demanda ma brosse anglaise; je lui fis ce cadeau avec plaisir, et je ne crus pas qu'il fût nécessaire de l'instruire que maintenant, en addition à la peau, il aurait les soies de l'animal immonde. Il s'en alla ravi de ce don, en échange duquel il m'offrit son palanquin.

Je fus fâché d'avoir été la cause éloignée de la peine d'esprit de cet Afghan; en effet, il paraît qu'il fut instruit de la nature des matières qui entraient dans la composition de sa selle, par Takki Chah, notre mehmandar sindhien, qui lui avait reproché son impureté : c'était un Seïde, et un des musulmans les plus scrupuleux que j'eusse jamais rencontré. Il était fils de Mir Ismaël Chah, d'origine persane, intelligent, instruit, très-poli. Nous regrettâmes sincèrement la perte d'un compagnon aussi agréable. Il nous quitta à Bakkar, afin de se charger temporairement de l'administration du district de Chikarpour durant l'absence de son frère le nabab. Son caractère était étrangement défiguré par la bigoterie et la superstition ; exempt de préjugés et même sceptique sur tous les autres sujets, il n'y avait pas dans l'islamisme de miracle si absurde auquel il n'ajoutât foi. Entre autres fables qu'il me raconta, il m'assura que quand l'imam Hossein eut été décapité par les Yezidis, un chrétien leur ayant reproché d'avoir tué leur prophète, l'un d'eux tomba sur lui; aussitôt le chrétien, saisissant la tête de l'imam, la plaça sur sa poitrine, et elle prononça la formule sacrée : « Il n'y a pas d'autre dieu que Dieu, » et Mahomet est son prophète ; » ce qui fit taire à l'instant le judas musulman.

Durant mon séjour à Bakkar, je visitai les ruines d'Alor, qui passe pour avoir été la capitale d'un royaume puissant, gouverné par Dalora Raé; Rori, Bakkar, Sakkar, se sont élevés près de l'emplacement de cette cité; le royaume s'étendait de l'Océan au Cachemire, et de Candahar à Kanodj; il était divisé en quatre grandes vice-royautés. Diu, dans le Kattivar, est nommé expressément comme un de ses ports. Il succomba sous les armes musulmanes dès le septième siècle de l'ère chrétienne; Mohammed Ben Cassim, lieutenant du calife de Bagdhad, qui envahit l'Inde afin de chercher des ornemens pour le harem de son maître, s'en empara suivant un manuscrit Persan.

On trouve le récit détaillé de l'histoire d'Alor dans le *Tchotch nameh*, livre persan, qui contient les événemens arrivés dans le Sindhi, et qu'on croit authentique; son titre vient du nom de Dahr Biu Tchotch Brahmane, souverain d'Alor. Les ruines de cette ville se reconnaissent encore le long des coteaux rocailleux, à 4 milles au sud-est de Bakkar; elles sont aujourd'hui marquées par un chétif hameau, où il y a quelques tombeaux délabrés. De tous les monumens de l'antique cité, il ne reste plus qu'un pont bas, de trois arches en briques et en pierres, nommé le *bend d'Alor* ou *Aror*. Il traverse une vallée qui jadis formait le lit d'un bras de l'Indus, dont les eaux, après avoir fertilisé le désert et passé par Amercote et Locpot, arrivaient à la mer; elles trouvent encore une issue par ce canal dans une grande inondation.

Le récit de la bataille, qui entraîna la prise d'Alor et termina la vie et le règne des Dalora Raé, fournit des éclaircissemens sur les mœurs de ce temps. Le Brahmane parut accompagné d'une troupe d'éléphans; il était assis sur un de ces animaux avec deux femmes d'une beauté ravissante qui lui versaient du vin et lui préparaient le bétel. Les musulmans, incapables de résister aux éléphans, se retirèrent du champ de bataille, afin de se pourvoir de matières combustibles. Ils remplirent leurs pipes, et, revenant sur leurs pas, ils lancèrent du feu contre les éléphans qui, effrayés, s'enfuirent en désordre [1]. Le radjah fut tué dans la mêlée, et ses deux filles, vierges encore

[1] Il paraît, d'après ces détails, qu'à cette époque on fumait, c'était probablement du beng, puisque le tabac n'a été connu que depuis la découverte de l'Amérique.

et plus belles que l'aurore, furent envoyées à Bagdhad, comme des ornemens convenables pour le harem du lieutenant du prophète. L'histoire de ces deux princesses est remarquable. A leur arrivée dans la cité sainte, elles déclarèrent que le général, dans l'ivresse de sa victoire, les avait déshonorées ; aussitôt le calife expédia l'ordre de sa mort. L'innocent musulman fut cousu tout vif dans la peau d'un animal qu'on venait d'écorcher, et son cadavre fut transporté ainsi des rives de l'Indus aux bords du Tigre. Ses ossemens ayant été exposés dans le harem, les filles de Dahr Bin Tchotch avouèrent volontairement la fausseté de leur accusation, en ajoutant qu'elles étaient satisfaites de mourir puisqu'elles avaient vengé le meurtre de leur père ; elles furent traînées dans les rues de Bagdhad jusqu'à ce qu'elles expirassent.

Nous avons parlé de la splendeur du royaume d'Alor, gouverné par des Brahmanes jusqu'au septième siècle de notre ère. Je crois, d'après les monumens historiques, que c'est le royaume de Musicanus; il avait pour souverains des brahmanes ; c'était le plus riche et le plus peuplé de l'Inde. Alexandre construisit un fort dans ce lieu, « parce qu'il était » dans une position commode pour tenir en bride » les nations voisines. » Ce fut là aussi que, dix siècles plus tard, Mohammed Ben Cassim subjugua les Brahmanes qui s'étaient jadis révoltés contre les Macédoniens. La prospérité du royaume d'Alor, à cette dernière époque, confirme la probabilité de son ancienne opulence. Bakkar est le Mansoura de l'Ayin Akberi. On a supposé également que c'était Minagor, mais cette conjecture me semble erronée. Arrien, dans son Périple, parle de cette cité comme de la métropole du Sindhi; les marchandises y arrivaient en remontant le fleuve, « depuis Barba- » riké, port situé sur le bras moyen de l'Indus. » On n'a pas fait attention probablement que Minagor correspond à Tatta, comme le démontre un fait singulier, mais convaincant. Les Radpouts Djha- redja du Cotch, qui se disent originaires de Tatta, désignent invariablement cette ville par le nom de Saminagor, dont Minagor est évidemment une abré- viation. Je regarde l'identité de Tatta et de Minagor comme manifeste, bien que l'auteur du Périple ne nomme jamais Pattala. Peut-être Ritchel est-il le port de Barbariké. Les historiens d'Alexandre ne nous instruisent pas du nom du pays de Musicanus; ils ne nous apprennent que celui du souverain. La po- sition de Larkhana sur la rive opposée de l'Indus, est bien marquée comme étant le pays d'Oxycanus, renommé pour sa fertilité, puisque ce fut de là qu'Alexandre fit partir ses soldats invalides pour traverser le pays des *Archoti* et des *Drangi*, et gagner la Carmanie, qui est le Kerman. Le grand chemin de l'ouest part de Larkhana, et traverse les montagnes de Kelat par le col de Bolan, ce qui est la route du Kerman. Les habitans modernes des bords de l'Indus n'ont conservé, sur la conquête des Macédoniens, au- cune tradition propre à aider les investigations sur un sujet qui excite un si vif intérêt chez les nations civi- lisées.

CHAPITRE IV.

PAYS DE BHAOUAL KHAN.

Départ de Bakkar. — Curiosité de la population. — Arrivée aux limites du Sindhi. — Bonne conduite de l'escorte. — Entrée sur le territoire de Bhaoual Khan.— On quitte l'Indus à Mittan. — Effet de ce fleuve sur le climat. — Navigation sur le Tchenab.—Incident à Outch.—Entrevue avec Bhaoual Khan, commerçans de Bhaoual. — Histoire d'Outch. — Montagnes. — On passe devant le Setledje. — Particularité des deux rivières. — Entrée dans le pays de Rendjit-Sing. — Réception honorable.

LE 21 mai nous partîmes de Bakkar; nous avions échangé nos bateaux contre d'autres nommés *zohrak*, qui ne sont pas usités sur le Sindhi inférieur. Ils sont de forme oblongue, arrondis à l'avant et à l'arrière, et construits en bois de tali, dont les pièces sont jointes par des morceaux de fer au lieu de clous, opération qui se fait avec beaucoup de propreté; quelques-uns de ces navires excèdent 80 pieds de longueur et 20 de largeur, ils sont à fond plat, et marchent plus vite que les *doundis*, quoiqu'ils n'aient qu'un mât. La description des bateaux dont

Alexandre se servit pour transporter sa cavalerie, me fait penser que c'était des zhoraks qui, en effet, sont bien adaptés à porter des troupes. Arrien dit qu'ils sont arrondis, et ajoute qu'ils ne souffrirent aucun dommage après avoir quitté l'*Hydaspes*, quand les longs bâtimens périrent ; leur construction particulière a sans doute eu pour cause les rapides violens que les Macédoniens rencontrèrent au confluent de l'*Acesines* et de l'*Hydaspes*.

La curiosité des habitans des deux rives de l'Indus pour nous voir était excessive. Un homme de la foule nous invita à nous arrêter et à nous montrer, parce qu'ils n'avaient jamais vu dans leur pays un homme blanc ; et, en conséquence du bon accueil que nous avions reçu, nous fûmes obligés de nous faire voir ; l'homme qui avait parlé ajouta : « J'ai vu « Chah Choudja, ex-roi de Caboul ; mais un Anglais, » jamais. » Notre aspect, je n'ai pas besoin de le dire, lui causa un plaisir infini, ainsi qu'à la foule dont il était l'orateur. « Bismillah » (au nom de Dieu !) était l'exclamation qui sortait de toutes les bouches quand nous paraissions ; nous nous entendions journellement qualifier rois et princes. Les femmes n'étaient pas moins curieuses que les hommes ; leurs boucles d'oreilles sont de très-grande dimension, et des turquoises y sont attachées ou suspendues, cette pierre ayant peu de valeur dans le voisinage du Khoraçan. Je dois citer, parmi les femmes, les Sindanis ou Bebis, qui descendent de Mahomet ; elles vont voilées ou plutôt vêtues d'une longue robe blanche qui leur couvre le corps entier, et qui a des ouvertures garnies d'un réseau pour les yeux et la bouche; toutes sont mendiantes et très-importunes par leurs vociférations pour obtenir des aumônes; une bande de ces femmes, car elles marchent par escouades, s'apercevant que je ne m'empressais pas de satisfaire à leurs demandes, exhiba, pour hâter ma charité, un certificat écrit qui leur avait été délivré au sépulcre de Lal Chah Baz à Sihouan. Le père Manrique, qui parcourut les rives de l'Indus il y a quelques siècles, se plaint, dans sa relation, des femmes fragiles qui le molestèrent sur la route. Au temps actuel, le costume des courtisanes que l'on rencontre dans tous les lieux considérables de cette contrée, donnerait une idée avantageuse de la richesse du Sindhi; écouter leurs chansons lascives, est un des amusemens peu nombreux des habitans de cette contrée, s'il n'est le seul. Ces femmes sont remarquablement belles, et déploient dans leur jeu une âme et un enthousiasme inconnus à celles de l'Inde.

Trois jours après notre départ de Bakkar, nous arrivâmes en vue des montagnes du Cotch Gondava, éloignées d'une centaine de milles de la rive droite de l'Indus; Gondavi fut le nom désigné pour le pic le plus élevé. Nous entrâmes ici dans une contrée habitée par diverses tribus beloutchies, adonnées depuis long-temps à la rapine et au pillage; mais leurs exploits ont été arrêtés par la puissance croissante des chefs de Khirpour; nous n'éprouvâmes de leur part ni obstacle ni insulte; beaucoup nous rendirent une visite amicale. Leur manière de se saluer entre eux, et qui du reste est générale parmi les Beloutchis, a quelque chose de particulier; en approchant de l'étranger, ils lui prennent la main, puis appliquent leur épaule droite contre son épaule droite, et la gauche contre la gauche ; ensuite, ils prononcent les mots : « Tu es le bien venu, » suivis d'une demi-douzaine de phrases, telles que celles-ci : « Es-tu heureux? Tout va-t-il convenablement? » Tout le monde se porte-t-il bien, grands et petits, » enfans et chevaux ? Tu es le bien venu. »

En peu de jours nous fûmes hors de la portée de ces Beloutchis et des états du Sindhi, car, dans la soirée du 26, nous laissâmes tomber l'ancre à 30 milles au nord de Sabzalcote, ville frontière sur la limite, entre le khan des Daoudpoutras et les émirs du Sindhi. Notre marche avait été extrêmement rapide, car le vent était favorable et frais; nous prenions les bras moins considérables du fleuve, afin d'éviter la violence du courant principal. Les bateaux voguaient avec vitesse, en effet nous avions parcouru 120 milles en six jours, en remontant le fleuve. Mir Nessir Khan, fils du principal émir de Khirpour, nous donna ici un régal d'adieu; il nous avait montré beaucoup de civilité durant le voyage. Après que tout le monde eut pris part au repas splendide, nos bateaux se trouvaient remplis comme des parcs à brebis. J'écrivis des lettres d'adieu aux émirs et à leurs principaux ministres, ainsi que des réponses à différentes personnes, car on aurait dit que la manie d'écrire s'était emparée des nobles du pays, et dans un seul jour je n'avais pas reçu moins de six lettres. Ces missives étaient pleines de métaphores et d'expressions exagérées d'inquiétude sur notre santé et notre sûreté, et d'une quantité de lieux communs sur les avantages de l'amitié, et toutes répétaient qu'une lettre équivaut à la moitié d'une entrevue.

Aucune différence, entre les usages de l'Europe et ceux de l'Asie, n'est aussi frappante que celle qu'offre la correspondance. Les Orientaux confient le soin d'écrire et de rédiger leurs compositions épistolaires à un secrétaire, se bornant à lui dire de faire une lettre d'amitié de félicitation, ou sur tel sujet que ce soit; ensuite ils y apposent leur sceau, souvent sans la lire. Si le cachet n'est pas lisible, on peut essayer vainement de trouver qui est le correspondant, car dans sa lettre il ne se nomme jamais.

Je dis aux chefs de Khirpour, dans ma dépêche, que, grâces à leur amitié et à leur bonté, nous étions arrivés sans accident, et avec une vitesse sans exemple, contre le courant de l'Indus; et je jugeai que ce ne serait pas mal d'ajouter pour l'instruction de l'émir de Haïderabad, que l'Indus était un fleuve navigable depuis l'Océan, et avait partout de l'eau en abondance. En quittant le Sindhi je n'emportai pas une idée favorable du caractère ni de la politique de ce prince; mais nous ne devrions pas juger un tel homme d'après la même règle que les Européens; sans doute ce fut par des motifs suffisamment fondés qu'il s'opposa à ce que nous prissions la route par eau.

Je me séparai à regret de nos amis de Khirpour, car nous n'avions qu'à nous louer de leur hospitalité et de leur bienveillance, et j'eus beaucoup de peine à obtenir la permission de récompenser les bateliers. Enaiet Khan Gouri, notre mehmandar, disait qu'il lui était ordonné de l'empêcher, le seul désir de son maître étant d'être agréable au gouvernement britannique. Cet homme était bien inférieur au Seïd, notre précédent compagnon; mais s'il lui cédait en savoir et en intelligence, il l'emportait sur lui en sincérité et en probité, qualités bien plus essentielles.

Nous renvoyâmes ici, avec un sentiment de chagrin, notre escorte sindhienne qui nous avait suivis depuis les bouches de l'Indus. Ces militaires semblaient avoir pris de l'attachement pour nous, et nous accompagnaient avec une gaieté extraordinaire dans nos promenades, soit à pied, soit à cheval; à notre départ ils vinrent avec nous jusqu'aux bords du fleuve, en exprimant à haute voix leur reconnaissance de notre bonté, et en priant pour notre heureux voyage et notre prospérité. Ils étaient au nombre de vingt-quatre, dont douze Beloutchis et douze Djokis, qui sont une tribu de montagnards voisine de Corachi. Je suis sûr que nous n'avions pas fait grand'chose pour mériter une telle gratitude; car ils avaient reçu seulement une paye additionnelle d'un mois, c'est-à-dire huit roupies par tête, pour retourner dans leur pays éloigné de 350 milles. Quelques-uns demandèrent à aller avec nous jusqu'à Lahor; mais le même principe qui nous avait décidés à les prendre à loyer dans le Sindhi, nous détermina également à engager à notre service des hommes du pays où nous entrions; et je refusai poliment leur offre. Ils tuaient du gibier pour nous, et se montraient toujours prêts à deviner nos désirs. Nous n'eûmes qu'à nous louer de leur honnêteté; dans notre voyage à travers un pays étranger, protégés par des hommes auxquels aucun lien ne nous attachait, et qui avaient été tirés des champs pour venir avec nous, nous ne perdîmes pas la moindre chose.

Les naturels des pays voisins, et les hommes de la classe supérieure du Sindhi, ont de singulières idées sur les effets de la nourriture des habitans de cette contrée qui mangent surtout du poisson. Ils croient qu'elle affaiblit l'intelligence, et souvent pour excuser l'ignorance de quelqu'un, ils disent qu'il ne se nourrit que de poisson. Les gens de la classe inférieure, dans le Sindhi, vivent uniquement de poisson et de riz, et le préjugé dont je parle doit être très-ancien, car on raconte qu'un empereur de Delhi, ayant demandé à un étranger venu à sa cour de quel pays il était, celui-ci répondit : De Tatta; là-dessus le monarque tourna la tête. L'étranger se rappelant la prévention vulgaire contre sa patrie, répliqua aussitôt: «Je ne suis pas un mangeur de poisson.» Je ne me trouve pas en état de discuter la question de savoir jusqu'à quel point l'habitude de se nourrir de poisson peut affecter l'intelligence des Sindhiens; mais j'ai remarqué qu'elle influe d'une manière manifeste sur la population, car les rives de l'Indus fourmillent de petits enfans. Le plus grand défaut qu'un Européen aurait à reprocher aux Sindhiens est leur malpropreté. Ils sont toujours vêtus, par motif de religion, d'habits de couleur sombre; mais ils se conforment très-peu aux préceptes du prophète concernant les ablutions.

Le changement de costume des habitans annonçait déjà que j'avais changé de pays. Depuis notre départ de Bakkar nous avions rencontré beaucoup d'Afghans et de Caboulis. Les bottes de quelques-uns de ces étrangers, faites de cuir de couleur bariolée et rayé quelquefois comme la peau d'un tigre, paraissaient un peu extraordinaire sur les jambes d'un vieillard à longue barbe.

Le 27, dans la soirée, nous sortîmes du Sindhi, et, après avoir remonté le fleuve pendant quelques milles, nous fûmes rencontrés par Gholam Kadir Khan-nabab, et personnage d'un rang élevé, que Bahoual Khan chef des Daoudpoutras, dans le pays duquel nous venions d'entrer, avait envoyé au devant de nous pour nous complimenter. C'était un petit vieillard à panse arrondie et à physionomie heureuse; il nous dit qu'il avait été expédié pour nous exprimer le contentement que son maître éprouvait de notre venue. Il nous apportait en même temps une excellente nouvelle; c'est qu'une flotte de quinze bateaux avait été réunie, et était prête à nous faire traverser le pays des Daoudpoutras, et que, de plus, le Khan avait fait équiper un bateau exprès pour nous. Il avait aussi pour nous une bourse de cent roupies, et nous dit qu'il était chargé de nous en remettre autant journellement; je refusai ce don en ajoutant que l'argent nous était inutile dans un endroit où toutes les nécessités, et même les aisances de la vie, nous étaient fournies par l'hospitalité de son maître. Nous fûmes bientôt familiers avec nos nouveaux hôtes; dans la soirée nous atteignîmes le village de la frontière et nous y fîmes halte. Beaucoup de Daoudpoutras y vinrent pour nous voir; leur aspect diffère de celui des Sindhiens; ils portent des turbans faits de plis de toile arrondis et serrés.

Le 30 mai, notre flotte, composée de 18 bateaux, quitta l'Indus à Mittancote, où ce fleuve reçoit les eaux des rivières du Pendjab réunies, et comme pour nous rappeler sa grandeur, il était ici plus large que dans toute autre partie de son cours, ayant plus de 6,000 pieds d'une rive à l'autre. Nous lui dîmes un dernier adieu et nous entrâmes dans le Tchénab, l'*Acesines* des Grecs. Alexandre descendit cette rivière jusqu'à son confluent avec l'Indus; mais nulle tradition de cet événement ne s'est conservée sur ses bords. Les Sindhiens désignent Caboul comme le théâtre de ses exploits; ce fut là que Sekander le Persan se distingua par beaucoup de prouesses mémorables. En Orient comme en Occident, il y a eu des siècles de ténèbres qui ont obscurci la vérité, et substitué, dans un langage poétique, les fables orientales à un des faits les plus authentiques de l'histoire, le voyage d'Alexandre sur l'Indus. Mittan est une petite ville à près d'un mille de l'Indus; je conjecture qu'elle occupe l'emplacement de l'une des villes grecques, les avantages de sa position ayant dû fixer l'attention du conquérant macédonien.

Dans le Sindhi inférieur, les tribus pastorales vivent dans des maisons de roseaux, et se transportent d'un lieu à un autre. Dans les cantons de la partie supérieure du fleuve, elles ont des habitations élevées de 8 à 10 pieds au-dessus du sol, pour éviter l'humidité et les insectes qui s'y engendrent; ces maisons sont également en roseaux, et on y entre par une échelle. Ce sont de petites cabanes fort propres, occupées par des tribus errantes qui fréquentent les rives du fleuve jusqu'à l'époque de l'inondation. Hérodote raconte que les Égyptiens, durant la crue du Nil, dormaient dans des tourelles. Les habitans des rives de l'Indus ont des idées singulières de son action sur le climat; ils croient qu'il occasionne un vent continuel, et en conséquence cherchent une habitation près de ses bords; parce que la chaleur dans le Sindhi est accablante. Le père de l'histoire énonce également le sentiment qu'il en était de même du Nil, et il est très-curieux qu'une opinion semblable règne parmi les habitans du Sindhi. En effet, je suis disposé à croire qu'un vaste volume d'eau courante doit rafraîchir l'air des terres situées sur ses bords, et on dit que la chaleur augmente à mesure qu'on s'éloigne du Nil.

Nous atteignîmes Outch, où les eaux réunies du Setledje et du Beyah, nommées ici Gorra, se jettent dans le Tchénab. Le nom de *Pendjned* (les cinq rivières) est inconnu aux naturels; nous naviguions maintenant sur le Tchénab (*Acesines*), le nom des cinq rivières étant perdu dans celui de la plus considérable. Or, cette observation est remarquable, Arrien cite expressément ce fait : « L'Acesines conserve son nom jusqu'à ce qu'enfin il tombe dans l'Indus après avoir reçu trois autres rivières. » Le Setledje (*Hesudrus*) n'est pas mentionné par les historiens d'Alexandre. Ces rivières réunies forment un cours d'eau magnifique, et les rives du Tchénab sont exemptes des épais taillis de tamarisc de l'Indus. Elles étaient garnies de hameaux innombrables, notamment du côté du grand fleuve, parce que la richesse des pâturages y attire les pasteurs.

Notre arrivée à Outch ayant été bien plus prompte qu'on ne le supposait, il en résulta un incident qui eût pu être sérieux. Les troupes de Bhaoual Khan étaient campées sur le bord de la rivière ; le jour était sombre ; elles prirent notre flotte pour l'armée des Seïks qui avaient menacé d'une invasion. Une volée de canon et une fusillade arrêtèrent la marche du bateau de l'avant-garde. Bientôt la méprise fut découverte ; le chagrin et le déplaisir qui s'ensuivirent nous amusèrent un peu : je crus que les excuses et les regrets n'auraient pas de termes.

Outch est dans une plaine fertile, à 4 milles du Tchénab ; de beaux arbres l'ombragent ; elle est composée de trois villes distinctes, à quelques centaines de pieds les unes des autres, et entourées chacune d'un mur en briques, maintenant en ruines. La population est de 20,000 âmes. Les rues sont étroites ; des nattes tendues en travers mettent à l'abri du soleil : en tout c'est une place chétive. On nous logea dans un jardin bien garni d'arbres fruitiers et de fleurs, ce qui était un changement bien agréable en comparaison des bateaux où nous étions confinés. Nous nous préparions à partir pour rendre visite au Khan, qui était à Diraoual, dans le désert, quand nous fûmes surpris par la venue d'un messager; il nous annonça que ce prince avait parcouru une distance de 60 milles, afin de nous épargner la peine de l'aller trouver, et afin de montrer son respect pour le gouvernement britannique, et était à Outch. Cet émissaire nous apportait un chevreuil que le Khan avait tué et qu'il nous priait d'accepter, ainsi que quarante vases de sorbets; autant de confitures et de fruits secs; et un sac de 200 roupies, qu'il me priait de distribuer en charités, pour marquer le joyeux événement de notre arrivée.

Le 3 juin, au matin, nous rendîmes visite à Bhaoual Khan, qui était descendu à une grande maison à un mille de distance de la ville. Il nous envoya une escorte de troupes régulières avec des chevaux, des palanquins et diverses autres voitures; une de celles-ci mérite qu'on la décrive. C'était une sorte de fauteuil, surmonté d'un dais en toile rouge, et porté par deux chevaux, l'un devant, l'autre derrière : c'était la machine la plus incommode qu'on puisse imaginer, car les chevaux ne pouvaient tourner que difficilement, et on voyait qu'ils ne s'accommodaient pas d'un tel fardeau. Nous passâmes devant une haie de 600 soldats, vêtus d'uniformes rouge, bleu, blanc et jaune ; quand nous entrâmes dans la cour, nous fûmes salués d'une salve de 80 coups de canon. Les passages étaient bordés d'officiers et de chefs. Le Khan était assis dans une cour ouverte, des tapis en couvraient le sol : il n'avait qu'une dizaine de personnes avec lui ; il se leva et nous embrassa. Il s'informa très-particulièrement de M. Elphinstone, par lequel, nous dit-il, une amitié sincère et durable avait été conclue entre sa famille et le gouvernement britannique.

Bhaoual Khan est un bel homme, d'une trentaine d'années, un peu sérieux, mais très-affable, et ayant des manières distinguées ; durant notre entrevue, il tenait un rosaire à la main ; néanmoins, tout en comptant les grains, il continuait la conversation. Il s'étendit beaucoup sur l'honneur dont Rendjit-Sing était comblé en recevant des présens du roi de la Grande-Bretagne, et il ne chercha nullement à cacher ses sentimens pour le Maharadjah de Lahor, sentimens qui ne sont nullement bienveillans. Bien différent de la plupart des indigènes, le Khan semblait éviter tous les sujets politiques. Il nous montra ses mousquets, nous expliqua la manière dont il chassait le chevreuil, ce qui est son exercice de prédilection, et exprima son vif désir que nous voulussions bien l'accompagner à sa résidence dans le désert. Nous nous retirâmes charmés de sa bonté et de la sincérité qu'il avait montrée. Le soir il nous envoya, pour que nous en prissions lecture, les certificats donnés par M. Elphinstone à son grand-père, et qui sont conservés avec grand soin et avec orgueil dans les archives du gouvernement. Quant à moi, j'éprouvai non moins de satisfaction de trouver le nom anglais aussi respecté dans ce coin reculé de l'Hindoustan, et de voir qu'on y appréciait convenablement le caractère élevé de l'homme distingué qui l'avait fait connaître si avantageusement.

Durant notre séjour à Outch, nous reçûmes la visite de quelques-uns des principaux marchands de Bhaoualpour, qui avaient suivi le Khan. Leur intelligence et l'étendue de leurs voyages me surprirent. Presque tous avaient parcouru le royaume de Caboul, et avaient visité Balkh et Boukhara; quelques-uns étaient même allés à Astrakhan, et ils nommaient aussi familièrement ces villes que si elles eussent été situées dans l'Hindoustan. Ils avaient rencontré des négocians russes à Boukhara, mais ils m'assurèrent que ceux-ci n'étendaient pas leurs courses à l'est de cette cité. Ils me représentèrent les pays intermédiaires comme parfaitement sûrs, et se louèrent beaucoup de Dost Mohammed, souverain de Caboul, ainsi que des chefs Ouzbeks qui encourageaient les relations commerciales. Ces marchands sont presque tous brahmanistes; leur caractère patient et persévérant les rend singulièrement propres à la profession pénible de commerçant dans les pays étrangers. Quelques-uns, qui sont juifs, conservent dans tous les pays et dans tous les lieux les marques distinctives de leur nation. Ce furent mes conversations avec tous ces marchands qui me décidèrent à entreprendre mon voyage dans l'Asie centrale, que j'effectuai plus tard.

Nous séjournâmes une semaine à Outch. Cette ville est ancienne et très-célèbre dans les pays voisins, par les tombeaux de deux saints, l'un de Boukhara, l'autre de Bagdhad. Les empereurs ghorides expulsèrent les radjahs brahmanistes d'Outch, et concédèrent les terres voisines à de pieux musulmans. Les sépulcres des deux saints sont beaux et très-respectés par le peuple; leur antiquité remonte à peu près à cinq siècles et au delà de cette époque; la tradition n'apprend rien sur Outch. La postérité de ces saints jouit encore aujourd'hui d'une puissance spirituelle et temporelle; mais au lieu de venir au secours des habitans qui sont pauvres et nécessiteux, elle prodigue ses richesses à la chasse, et entretient des chevaux et des chiens pour se divertir. Il y a quelques années, un débordement du Tchénab emporta la moitié du principal tombeau, ainsi qu'une partie de la ville; et, bien que la rentrée de cette rivière dans son lit soit attribuée à l'intervention miraculeuse du saint, les habitans ont jusqu'à présent oublié de manifester leur reconnaissance en réparant sa sépulture. Outch est bâti, de même que Tatta, sur un monticule de terre ou d'argile, que je crois avoir été formé par les décombres des maisons ruinées. Le Tchénab a enlevé une portion de ce tertre, et la coupe que présente ce qui en reste semble appuyer ma conjecture.

Le 3 juin, Bhaoual Khan nous rendit visite. Il in-

sista pour venir en personne, et envoya une grande tente qui fut dressée près de notre jardin; ce fut là que nous le reçûmes. Il resta avec nous à peu près une heure, et nous adressa de nombreuses questions sur les manufactures d'Europe. Il a un goût inné pour la mécanique; il nous montra un fusil à détonation, fabriqué sous sa direction d'après un modèle européen, et qui certainement fait honneur à l'artisan; il avait de même exécuté les capsules nécessaires et la poudre fulminante. Bhaoual Kan exprima, dans cette entrevue, sa vive satisfaction des présens que nous lui avions envoyés; c'était une paire de pistolets, une montre et quelques autres objets. Il était venu dans une sorte de fauteuil ouvert; à son départ nous l'accompagnâmes à sa voiture; il avait à sa suite à peu près mille personnes. Je remarquai qu'en passant il distribuait des aumônes. Après cette visite, notre mehmandar nous amena de la part du Khan deux chevaux armés de riches caparaçons en argent et en émail; il nous offrit aussi un faucon, des châles et des plateaux des fabriques de Bhaoualpour, et dont quelques-uns étaient très-riches; enfin une bourse de 2,000 roupies. A ces cadeaux furent ajoutés une somme de 400 roupies pour nos domestiques, et un très-beau mousquet dont la valeur fut doublée par la manière dont le mehmandar nous le présenta. « Le Khan, dit-il, a tué beaucoup de chevreuils
» avec cette arme, il vous prie de l'accepter, et quand
» vous vous en servirez, de vous souvenir que
» Bhaoual Khan est votre ami. »

Le soir nous eûmes une entrevue d'adieu avec le Khan ; je lui donnai un joli fusil à percussion, et je lui exprimai ce que j'éprouvais bien sincèrement, que nous nous souviendrions toujours de sa bienveillance et de son hospitalité. Quand nous nous séparâmes de lui, il nous embrassa, et nous conjura de lui écrire et de lui ordonner ce qu'il pourrait faire pour nous. Les courtisans et les sujets ne furent pas moins polis que leur maître.

Le lendemain matin nous partîmes d'Outch, et nous dressâmes notre camp au confluent du Tchénab et du Gorra.

Le pays autour d'Outch est plat et extrêmement fertile ; les marques d'inondation entre la ville et la rivière sont nombreuses. La poussière était insupportable ; mais l'atmosphère s'éclaircissait toujours dans la soirée, et on voyait le soleil dans toute sa splendeur se coucher derrière les monts de Souliman, éloignés de 80 milles ; leur hauteur ne paraissait pas considérable, et aucun pic remarquable ne les surmontait. C'est un peu au-dessus d'Outch qu'ils prennent une direction parallèle à celle de l'Indus, et ensuite ils la conservent. Le lendemain de notre départ d'Outch, nous les perdîmes de vue.

Le 7 au matin, nous passâmes devant l'embouchure du Setledje, et poursuivant notre route sur le Tchénab, nous parvînmes, le 8 dans la soirée, aux frontières des états de Bhaoual Khan. A son confluent avec le Setledje, le Tchénab n'éprouve aucun mouvement extraordinaire, et sa largeur paraît être aussi considérable au-dessous qu'au-dessus de ce point. Du reste, on peut distinguer les eaux de chaque rivière, par la différence de leur couleur, à quelques milles au-dessous de leur jonction; celles du Tchénab sont rougeâtres, et quand elles s'unissent à celles du Setledje, qui sont incolores, le contraste est remarquable. Pendant une certaine distance, la première de ces rivières coule le long de la rive droite, et l'autre le long de la gauche. La ligne de démarcation entre elles est marquée. La nature des terrains que traverse le Tchénab donne sans doute cette teinte à ses eaux. Cette particularité est bien connue des indigènes qui parlent de *l'eau rouge*; aucun des auteurs anciens ne fait mention de cette circonstance. La nature du pays entre Outch et l'Indus a été méconnue, car il n'est jamais inondé. Plusieurs canaux délabrés conduiraient encore, si on les nettoyait, l'eau du Tchénab dans l'Indus; c'est ce qui peut expliquer pourquoi le major Reunel a fait tomber cette rivière dans ce fleuve à un si grand nombre de milles au-dessus de leur confluent; cette erreur en géographie fut enfin rectifiée par la relation du voyage de M. Elphinstone au Caboul.

Avant d'entrer sur les terres des Seïks, nous nous séparâmes de Gholam Cadir Khan, notre mehmandar. C'était un homme très-instruit sur tous les sujets dont on pouvait supposer qu'il avait la connaissance. Il avait avec lui quatre ou cinq ouvrages historiques, parmi les lesquels se trouvait le *Tchatch Nameh*, ou l'*Histoire du Sindhi*, dont j'ai déjà fait

mention, un ou deux livres de médecine, et quelques volumes de poésie; toutefois, dans notre dernière entrevue, il me supplia de lui communiquer le secret de la magie, parce qu'il était certain que je le possédais. Je lui prouvai qu'il était dans l'erreur. « Mais, répliqua-t-il, comment se fait-il que
» vous avez toujours eu bon vent depuis que je suis
» avec vous, et qu'en cinq jours vous avez fait un
» voyage qui ordinairement en exige vingt, quand
» durant des mois entiers on ne sent pas, dans ce
» pays, le moindre souffle d'air?» Je lui dis que telle était l'heureuse chance des Anglais. Le Nabab, voyant que j'ignorais la sorcellerie, me dit tout bas qu'il se mêlait de charmes et de magie; mais il ajouta très-sensément qu'il n'avait aucune confiance dans ses propres incantations, quoique d'autres en eussent une très-haute opinion, et bien qu'il ne lui convînt pas de le dire. Il me pria de lui donner quelque médicament qui l'empêchât d'engraisser; mais, ni un exercice régulier, ni l'usage du vinaigre que je lui prescrivis, ne parurent être de son goût. Quelle bizarre créature que l'homme! Au Sindhi, tout personnage de distinction cherche à être corpulent pour soutenir sa dignité, et, seulement à quelques milles de ce pays, un homme menacé de l'obésité est réputé malheureux.

Il règne peu de cordialité entre Bahoual Khan et les Seïks, et ce ne fut qu'avec la plus grande difficulté que je pus décider le mehmandar à nous laisser aller, dans les bateaux de son maître, au camp

TOME I. 7

des Seïks, qui était à 6 milles de distance. « Les Seïks,
» me dit-il, sont les ennemis de mon maître, et
» aucun de nos bateaux ne doit dépasser leur fron-
» tière. » A la fin il donna son consentement, quand
je lui eus répondu du retour des embarcations.

Une navigation de quelques heures nous fit arriver bien avant dans la nuit au lieu du rendez-vous;
les feux des soldats, brillant dans l'obscurité, ne faisaient qu'accroître notre envie de nous trouver avec
nos nouveaux amis. C'était le camp du détachement
expédié de Lahor pour attendre notre venue; il était
là depuis long-temps. A notre débarquement nous
fûmes reçus par le serdar Léna Sing; il parut en
grande pompe, monté sur un éléphant, et accompagné
d'une suite nombreuse. Le serdar était richement
vêtu, il avait un collier d'émeraudes et des bracelets
garnis de diamans. D'une main il tenait un arc, et
de l'autre deux lettres en persan dans un sac de soie.
Il nous félicita, au nom du Maharadjah Rendjit
Sing, sur notre arrivée, et nous dit que ce prince
l'avait chargé de nous témoigner qu'il était profon-
dément sensible à l'honneur que lui faisait le roi
d'Angleterre, et que son armée se tenait depuis
quelque temps sur la frontière prête à aller châtier les
barbares du Sindhi, qui avaient si long-temps arrêté
notre marche. Alors il me remit la lettre qui le nommait notre mehmandar, avec deux autres officiers,
et en même temps il me présenta un arc, suivant
l'usage des Seïks. Cette cérémonie terminée, le serdar et d'autres placèrent à mes pieds des sacs d'ar-

gent, contenant 1,400 roupies, ensuite ils se retirèrent.

La première entrevue avec un peuple nouveau ne peut jamais être dénuée d'intérêt, et celle de ce jour en offrait beaucoup.

Les Seïks sont des hommes de grande taille et vigoureux. La partie la plus remarquable de leur costume est un petit turban plat qui leur sied bien; ils portent leur cheveux longs, et des genoux en bas ne couvrent pas leurs jambes.

Quand la députation nous eut quittés, une escorte de troupes régulières se rangea près de nous pour recevoir nos ordres, et des sentinelles furent placées autour de notre camp. Ce fut une nouveauté pour nous d'entendre les mots de commandement donnés en français.

A peine fit-il jour que les gens du Maharadjah montrèrent un vif désir de voir les chevaux que nous amenions; en conséquence nous les fîmes débarquer. La surprise de ces Seïks fut extrême; c'étaient, disaient-ils, de petits éléphans et non des chevaux. La crinière et la queue de ces animaux parurent leur plaire par la ressemblance de leurs crins à ceux des yâks ou bœufs du Tubet. Ce ne fut pas sans peine que je répondis aux questions multipliées qui les concernaient, car ces gens croyaient que les dons du roi d'Angleterre devaient être extraordinaires sous tous les rapports; et pour la première fois on s'attendit à ce qu'un cheval de trait galopât, carracolât, sautât, en un mot, fît toutes les évolutions du cheval le plus agile.

Mais l'étonnement des Seïks fut extrême quand ils examinèrent les pieds des chevaux ; ils m'adressèrent une requête spéciale pour avoir la permission d'envoyer à Lahor un des fers, parce qu'ils trouvèrent qu'il pesait cent roupies, ou quatre fois autant qu'un fer à cheval du pays. Cette curiosité fut dépêchée par un exprès, et accompagnée de la mesure la plus minutieuse de chacun des animaux, pour l'instruction spéciale de Rendjit Sing. On verra plus tard quelle haute estime on faisait de cette rareté, puisqu'on écrivit très-sérieusement que la nouvelle lune, en la voyant, pâlit d'envie.

Tout ce qui tenait à notre aisance et à notre agrément ne fut pas oublié au milieu de ces accès d'étonnement et d'admiration, car ces Seïks eurent pour nous des attentions très-particulières. Notre mehmandar nous dit qu'il avait les injonctions les plus strictes concernant notre réception, et il se conforma très-exactement à l'esprit de ses instructions. Je vais en donner la traduction, afin que l'on connaisse avec quelle bienveillance et quelle distinction nous fûmes traités dans les états de Rendjit Sing.

Copie du Parvana, ou commandement du Maharadjah à ses officiers.

« Qu'il soit notoire au Diouan Adjoudia Persad, à monsieur le chevalier Ventura et au sage serdar Léna Sing, et à Lalla Saouan Mall, soubadar du Moultan, que, lorsque M. Burnes arrivera à la frontière, vous ayez immédiatement à pourvoir à **tous** ses besoins, et vous expédierez préalablement 200 hommes d'infanterie et lanciers, sous les ordres de Tadji Sing, à Djelalpour, afin qu'ils soient prêts à sa venue pour lui servir d'escorte d'honneur, et en même temps vous ferez connaître votre arrivée dans le voisinage. Quand M. Burnes approchera, vous dépêcherez tout de suite un éléphant avec un houda d'argent, aux soins du Diouan, lequel expliquera à M. Burnes que l'animal a été envoyé pour son usage particulier, et le priera de s'y asseoir, ce qui sera satisfaisant, parce que l'amitié entre les deux états est grande.

» Quand M. Burnes sera monté sur l'éléphant, le serdar Léna Sing et Saouan Mall, assis sur d'autres éléphans, s'approcheront, et auront une entrevue avec ce personnage, lui montreront des égards et des attentions de toutes les manières qui seront en leur pouvoir, le féliciteront de mille façons sur son heureuse arrivée après un long et pénible voyage, et distribueront en même temps 225 roupies aux pauvres. Alors vous présenterez un joli arc, et chacun de vous 11 pièces d'or de Venise, et vous conduirez le voyageur au lieu où il doit faire halte, et là vous placerez devant lui 1,100 roupies et 50 pots de confitures. Ensuite vous lui fournirez les objets suivans : herbe, grain, son, lait, œufs, volaille, mouton (*doumbos*), lait caillé, plantes potagères, fruits, roses, épiceries, vases à eau, lit et toutes les choses qui peuvent être nécessaires, en telle quantité que ce puisse être. Et ne soyez ni négligens, ni indolens en rien. Quand vous rendrez visite à M. Burnes, vous rangerez en ligne les deux compagnies et la cavalerie, et vous saluerez, et ensuite vous placerez des gardes suivant son plaisir.

» Quand vous arriverez à Choudjaabad, vous ferez un salut de onze coups de canon, et vous fournirez chaque chose, ainsi qu'il a été indiqué auparavant, et vous présenterez 1,100 roupies, des confitures et des fruits, et vous vous conformerez à tout ce qui est prescrit. Si M. Burnes désire examiner le fort de Choudjaabad, vous l'accompagnerez, et vous le lui ferez voir, et vous veillerez à ce qu'il n'y ait aucun empêchement, et à ce que personne n'élève la voix.

» En venant à Moultan, vous conduirez M. Burnes avec grand respect, et vous dresserez sa tente dans le jardin qu'il choisira, soit le Hazouri, le Beghi, le Chasch Mahl, le Khass ou Am, ou tout autre. Vous lui présenterez une bourse de 2,500 roupies et 100 pots de confitures, et vous le ferez saluer par une salve de onze coups de canon des remparts du fort. Quand vous l'aurez complimenté sur son arrivée, vous le prierez de considérer s'il ne voudrait pas s'arrêter cinq ou six jours à Moultan après son long voyage, et vous agirez entièrement suivant ses désirs. S'il souhaite visiter le fort, vous l'y suivrez tous les trois en personne, et vous ne permettrez à personne de faire du bruit, et vous aurez un soin extrême pour que les Nihangs et autres gens à cerveau dérangé soient tenus à l'écart.

» En partant de Moultan, vous chargerez cent

chameaux de vivres pour l'approvisionnement de M. Burnes jusqu'à Lahor, le soubadar Saouan Mall l'accompagnera en personne jusqu'à la première halte, et, après voir pris congé de lui, se rendra au camp de M. le chevalier Ventura. Le serdar Léna Sing et Feth Sing Ramgorrie, suivis d'une escorte de deux compagnies et des lanciers, feront cortége à M. Burnes, et le conduiront à petites journées à Lahor; chaque jour ils dépêcheront un avis de son approche. A Déhra, le kardar Seïdoualla lui présentera 1,100 roupies avec les confitures accoutumées. Et vous êtes tous avertis de vous souvenir, en toute occasion et en tout lieu, de la grande amitié qui subsiste entre les deux états. »

Dans l'Orient, il y a toujours beaucoup d'étalage et une pompe excessive dans les choses de ce genre; mais on voit que, dans l'occurrence actuelle, non-seulement le Maharadjah montra sa libéralité dans les autres points, mais aussi fit ouvrir à notre examen les places fortes de son pays : ce qui ne peut être convenablement apprécié que par les personnes connaissant par expérience la méfiance extrême de la plupart des gouvernemens de l'Inde. Les serdars Seïks qui nous accompagnaient étaient de même très-communicatifs, ce qui est d'autant plus remarquable, que le Maharadjah avait dû s'apercevoir qu'en prenant une route aussi peu fréquentée que celle de remonter l'Indus, nous cherchions, conformément à l'esprit de notre pays, à nous procurer des renseignemens nouveaux.

CHAPITRE V.

VOYAGE DANS LE PAYS DES SEÏKS.

Choudjaabad. — Moultan, c'était probablement la capitale des *Malli*.—Climat.—Dattiers.—Le Pelou, arbuste.—Alexandre le Grand. — Nous entrons dans le Ravi. — Nous alons visiter le Djalem. —Son confluent avec le Tchenab.—Identité vraisemblable d'une tribut moderne avec les *Chatæi*. — Ruines de Chorkot. — Chaleur. — Ruines de Harappa. — Chasse au tigre. — Courage des Seïks. — Lettres reçues de Lahor. — Femmes Seïkes.

Le 12 juin, nos préparatifs terminés, nous nous rembarquâmes sur le Tchénab. Les bateaux étaient encore appelés *zohrak*, mais bien inférieurs aux précédens; au lieu de voile, une natte est hissée à un petit mât bien bas, leur plat-bord est à peine élevé d'un pied au-dessus de l'eau; ceux que l'on avait pu rassembler pour nous n'étaient que les bacs ordinaires. Dans ce pays, le commerce ne se faisant point par eau, on n'a pas besoin de bateaux. Une navigation de quelques heures nous conduisit au lieu de passage, vis-à-vis de Choudjaabad. Nous y fîmes halte. La campagne est extrêmement grasse et fertile, et les travaux de l'agriculture sont secondés par de grands canaux et acquéducs qui portent l'eau jusque dans les parties les plus reculées.

Le 13 au soir, nous visitâmes la ville de Choudjaabad, qui est à 4 milles à l'est de la rive du Tchénab. C'est un lieu vivant, entouré d'un beau mur en briques haut d'une trentaine de pieds ; cette place a la forme d'un parallélogramme ; les remparts sont fortifiés de tours octogones à égale distance l'une de l'autre. Les rues se coupent à angles droits ; au delà des murs on voit un faubourg composé de baraques. Le fort de Choudjaabad fut bâti, en 1808, par le Nabab du Moultan. L'esprit public de ce personnage éleva en dix ans cette ville à une grande opulence ; elle est située dans une contrée délicieuse, arrosée par deux canaux spacieux qui se prolongent à plusieurs milles, tant au-dessus qu'au-dessous. Cette cité fut, ainsi que Moultan, prise par les Seïks ; elle forme maintenant la place forte de la frontière du Maharadjah de ce côté. Nous fûmes accompagnés à Choudjaabad par notre mehmandar, qui parut en grande pompe pour cette occasion ; il était assis dans un fauteuil d'argent, sur un éléphant ; devant lui on menait en lesse deux chevaux avec des selles de velours rouge et jaune : son arc et son carquois étaient portés par un domestique, et son sabre par un autre ; lui-même était paré de joyaux précieux. Au palais de la ville, nous fûmes reçus par plusieurs des plus respectables habitans, devant lesquels le *ziafat*, ou cadeau en argent et en confitures du Maharadjah, nous fut présenté. On nous conduisit ensuite dans les principales rues ; partout où nous passâmes nous fûmes accueillis de la manière la plus gracieuse. Quand nous sortîmes de la forteresse, la garnison tira une salve pour nous saluer.

Le 15, nous aperçûmes les dômes de Moultan, qui de loin ont bonne apparence ; le soir, nous descendîmes au Hazouri Bagh, vaste jardin, ceint d'un mur peu épais en terre ; il est à un mille de la ville. Le terrain est disposé dans le style ordinaire du pays ; deux allées spacieuses se croisent à angles droits, et sont ombragées de grands arbres fruitiers, au feuillage extrêmement touffu. Nous logeâmes dans un pavillon à l'extrémité d'une de ces allées ; nous y fûmes reçus par les autorités de la ville d'une manière aussi hospitalière qu'à Choudjaabad. Elles placèrent devant nous une bourse de 2,500 roupies, 100 pots de confitures et une provision abondante de fruits. Nous ne pouvions qu'éprouver une bien vive satisfaction du changement de scène et des civilités que nous recevions des habitans de ce pays.

M. Elphinstone a décrit Moultan dans sa *Relation du Caboul*; et il peut paraître étranger à mon objet que je parle de cette ville ; toutefois, comme la légation à la tête de laquelle il était n'y fut reçue qu'avec une grande méfiance, elle n'eut pas la permission d'en visiter l'intérieur, ou le fort. Je vais donc citer quelques particularités que j'ai recueillies durant un séjour d'une semaine. Moultan a près de 3 milles de circonférence, et est ceinte d'un mur délabré; une citadelle assez forte la domine au nord. Sa population est d'environ 60,000 âmes; un tiers professe la religion de Brahma, les deux autres tiers sont musulmans. Quoique les Seïks soient les maîtres du pays, ils composent seulement la garnison, dont le nombre n'excède pas 500 hommes. Les Afghans ont quitté ce territoire depuis qu'ils ne le gouvernent plus. Beaucoup de maisons sont évidemment bâties sur les ruines d'habitations antérieures; elles sont en briques cuites et ont des toits plats; quelques-unes ont jusqu'à six étages, et leur élévation rend sombres les rues qui sont étroites. Les habitans sont généralement tisserands et teinturiers de toiles. Les soieries de Moultan sont désignées par le nom de *kaïs*; on peut s'en procurer de toutes les couleurs et du prix de 20 à 100 roupies; leur tissu est moins délicat que celui des lounghis de Bhaoualpour. Rendjit Sing, depuis qu'il s'est emparé de cette ville, a eu le bon esprit d'encourager ses manufactures, et, en ne donnant pas d'autres étoffes à sa cour, a considérablement augmenté la consommation de cet objet; les serdars Seïks portent les kaïs en écharpes et en ceintures; il s'en expédie aussi en Koraçan et en Hindoustan, et les droits qu'ils payent sont modérés. Celles qui vont dans ce dernier pays passent par Djesselmir et Bicanir; on préfère cette route à celle du Sindhi, parce que le commerce y est plus favorisé. Celui de Moultan est à peu près le même que celui de Bhaoualpour, mais plus considérable, car on y compte quarante serafs ou changeurs, pour la plupart natifs de Chikarpour.

Les tombeaux de Moultan sont célèbres; celui de Baoual Haq, qui florissait il y a près de cinq cents ans et était contemporain de Sadi, le poëte persan, est réputé le plus saint; mais il le cède pour l'architecture à celui de son petit-fils Roukn i Allem, qui repose sous un dôme solide, haut de 50 pieds; cet édifice fut érigé en 1323 par l'empereur Toughlack, qui se le destinait. Ses fondemens sont posés sur un terrain plus haut que le sommet du rempart du fort. On voit aussi un temple hindou d'une grande antiquité; on le nomme Gaïladpouri; Jean Thévenot, voyageur français, qui visita ces contrées en 1665, en fait mention.

La citadelle de Moultan mérite une description particulière : elle est sur une butte, et offre un hexagone irrégulier, le côté du nord-ouest, qui est le plus grand, ayant une longueur de 1,200 pieds. Le rempart, flanqué d'une trentaine de tours, est solidement bâti en briques cuites et haut de 40 pieds extérieurement; mais dans l'intérieur, l'espace compris entre son sommet et le sol n'est que de 4 à 5 pieds, et les fondemens de quelques-uns des édifices sont plus élevés que les murs, de sorte qu'on peut les voir de la plaine qui s'étend au-dessous. L'intérieur est rempli de maisons. Jusqu'à la prise de la ville par les Seïks en 1818, les habitans pouvaient y demeurer; mais ils n'ont plus la permission d'y entrer.

Quelques mosquées et des coupoles d'une meilleure construction que les autres bâtimens restent seules au milieu des ruines. La citadelle de Moultan n'a pas de fossés : la nature du sol ne permettrait pas d'en construire; et Rendjit Sing a dépensé de grosses sommes sans pouvoir y réussir. Le débordement du Tchénab, les canaux dérivés de cette rivière et les pluies font du territoire de Moultan un marais, même dans la saison chaude : et il y reste encore des flaques d'eau de l'année précédente, avant que l'inondation commence. Les remparts de la forteresse sont protégés, dans deux endroits, par des digues; la citadelle moderne de Moultan fut bâtie, vers 1640, sur l'emplacement de la vieille ville par Mourad Bakhsch, fils de Châh Djehan. Elle forma ensuite le djaghir de l'infortuné Dara Chékouh, frère de ce prince; et enfin celui du célèbre Aureng Zeb. Les Afghans s'en emparèrent du temps d'Ahmed Châh, et elle resta en leur pouvoir jusqu'en 1818, que les Seïks la leur enlevèrent après une lutte prolongée. La conduite du gouverneur Mouzaffar Khan pendant le siége mérite d'être citée : sommé de rendre les clefs sous la promesse d'un traitement considérable, il fit répondre qu'on les trouverait dans son cœur, mais qu'il ne voulait jamais céder à un infidèle. Il périt bravement sur la brèche. Son nom est révéré aujourd'hui comme celui d'un saint, et son tombeau est placé dans un des sanctuaires réputés les plus sacrés de la ville. Les Seïks abattirent en plusieurs endroits les murs du fort; mais plus tard ils les ont complétement rebâtis ou réparés. Ils ont à peu près 6 pieds d'épaisseur ; ils peuvent être aisément battus en brèches par les monceaux de terre laissés quand on cuisit les briques, et qui sont à portée de canon de la place.

Moultan est une des villes les plus anciennes de l'Hindoustan. L'histoire nous apprend qu'elle fut prise, dans le premier siècle de l'hégire, par Mohamed Ibn Cassim ; ensuite, sa richesse tenta les empereurs Ghaznevides, Gourides et Mogols de l'Hindoustan. Nous n'avons pas de motifs suffisans de douter qu'elle ait été la capitale des *Malli* du temps d'Alexandre. Rennell a supposé que cette métropole était située plus haut, et plus proche des rives du Ravi ; parce qu'Arrien dit que ses habitans traversèrent cette rivière dans leur fuite. Certes, cette autorité est imposante, mais Moultan est appelée encore aujourd'hui *Malli Than* ou *Malli Tharan*, la cité des *Malli* ; et il n'existe pas de ruines près de Toulamba, position fixée par Rennell comme étant celle de cette ancienne capitale. Arrien dit expressément qu'Alexandre traversa le Ravi (*Hydraotes*), et, après avoir pris deux villes, conduisit son armée contre la capitale des Malli. Moultan n'étant éloigné que de 30 milles du Ravi, et considéré comme une ville très-ancienne, je ne vois pas pourquoi on refuserait de voir l'antique capitale dans la moderne. Si nous n'avions pas des témoignages très-anciens de l'existence de Moultan, son aspect seul indiquerait qu'elle date d'un temps très-reculé : les maisons sont assises sur des ruines, et la ville est placée sur un monticule d'argile, provenant des matériaux des habitations antérieures, qui se sont graduellement écroulées; preuve infaillible d'antiquité, comme je l'ai déjà remarqué au sujet de Tatta et d'Outch. Le dernier Nabab de Moultan, en creusant un puits dans la ville, trouva un tambour de guerre à une profondeur de soixante pieds du sol. Plusieurs autres objets ont été rencontrés de temps en temps dans des fouilles, mais jusqu'à présent on n'a pas découvert de médailles. Moultan peut, jusqu'à un certain point, être considéré comme répondant à la description de la cité des Brahmanes et de son château, qu'Alexandre prit avant d'attaquer la capitale des *Malli* ; mais, dans ce cas, on ne saurait quelle position fixer comme étant celle de cette capitale. Les manufactures de Moultan et de Bhaoualpour, qui font des *kaïs* et des *lounghis*, semblent aider à déterminer le pays des *Malli*, puisque Quinte-Curce nous apprend que les ambassadeurs des *Malli* et des *Oxidracæ* (Moultan et Outch) « portaient des vêtemens de toiles de coton, de linon ou de mousseline (*lineæ vestes*), entrelacées d'or et ornées de pourpre. » Or, on peut certainement traduire *lineæ vestes* par étoffes de Moultan et de Bhaoualpour, qui sont lamées d'or, et très-souvent de couleur violette.

Durant notre séjour à Moultan, on nous montra sans réserve toutes les curiosités de cette capitale, bien déchue, d'une vice-royauté de l'empire mogol. Dans l'intérieur de la citadelle, on voit le temple hindou duquel j'ai parlé précédemment; les brahmamistes lui attribuent une antiquité sans borne, et racontent à son sujet la tradition suivante : Un certain Harnakas, géant, méprisait Dieu et s'adorait lui-même. Il aurait bien voulu que son fils Phaïlad suivît son exemple; mais celui-ci, ayant constamment refusé de se prêter à ses vœux impies, allait être égorgé en punition de son obstination, quand une incarnation de la Divinité, qui se montra sous la forme d'une créature moitié lion et moitié homme, vint sauver le jeune homme. Harnakas avait annoncé qu'il ne pourrait périr ni sur la terre, ni dans l'eau, ni dans l'air, ni dans le feu, ni par un coup de flèche ou de sabre, ni de nuit, ni de jour. Or, sans enfreindre aucune de ces conditions, Narsingavatar, ainsi se nommait l'Incarnation, saisit ce mécréant au déclin du jour, et, le plaçant sur ses genoux, le déchira en morceaux; ensuite elle prit le fils de Harnakas sous sa protection. Le Païladpouri est un édifice bas, soutenu par des colonnes en bois; les idoles de Houniman et de Ganésa sont placées des deux côtés du portail pour lui servir de gardiens. C'est le seul temple brahmanique de Moultan; on nous en refusa l'entrée.

On voit près des murs de Moultan un sépulcre assez célèbre, c'est celui de Chamsi-Tabrizi, saint de Bagdhad. On croit qu'il faisait nombreux miracles, et que même il ressuscitait les morts. Suivant la tradition, il fut écorché vif à cause de ses prétentions; il avait long-temps mendié son pain dans la ville;

dans sa faim il prit un poisson et l'exposa au soleil, qu'il approcha suffisamment pour le cuire; ce prodige établit sur une base solide sa mémoire et sa renommée un peu équivoques. Jusqu'à ce jour, les habitans de Moultan attribuent à cet incident la chaleur de leur pays, laquelle est proverbiale.

La croyance implicite accordée par les Moultanis à des absurdités aussi grossières, nous porte à ne pas leur assigner un rang bien élevé dans l'échelle des êtres raisonnables; du reste, il paraît être inhérent à leur nature de propager et de soutenir de telles fables, car ils racontent des histoires tout aussi improbables sur chaque tombeau de la ville. Ils disent, par exemple, que Roukn-i-Alem, fils de Bhaoual Haq, vint, étant mort, se placer dans le sépulcre où il repose maintenant.

Ce fut à Moultan que nous vîmes, pour la première fois, les cérémonies religieuses des Seïks. Un gourou, ou prêtre de cette religion, avait, depuis la conquête de la ville, établi sa demeure dans une galerie du tombeau de Chamsi Tabrizi. Nous le trouvâmes assis à terre, et ayant devant lui un énorme volume; à une extrémité de la salle, il y avait un endroit couvert d'une toile comme un autel, le gourou ouvrit le livre à ma demande, et répétant ces mots: « *Oua gouroudji kafeth* » (que le gourou soit victorieux! cri de guerre national des Seïks); il toucha le volume avec le front, et aussitôt tous les Seïks présens s'inclinèrent jusqu'à terre; ensuite le gourou lut et expliqua le premier passage qui lui tomba sous les

TOME I. 8

yeux, et qui était ainsi conçu : « Vous avez tous pé-
» ché; travaillez donc à vous purifier; si vous négli-
» gez cette précaution, le mal finira par s'emparer
» de vous. » Je n'ai pas besoin d'avertir que ce volume
était le *grinth*, ou livre saint des Seïks : le respect
qu'ils lui témoignent approche de l'adoration, et le
prêtre agite au-dessus un *tchóri*, c'est-à-dire une
queue de vache du Tubet, comme s'il éventait un empereur. Le gourou était simple dans son costume et
ses manières; il nous donna sans hésiter toutes les
explications que nous lui demandâmes; il ouvrit le
livre saint en reconnaissance d'un don de quelques
roupies que je lui avais fait dans une forme convenable, et me pria d'accepter en retour des fruits con-
fits.

La présence d'un prêtre seïk et de tout l'attirail de
sa profession sous le toit d'un tombeau musulman,
suffit pour donner une idée exacte de l'état de l'islamisme dans cette contrée; il n'y est que toléré. Dans
cette ville, où pendant près de huit cents ans les musulmans furent les maîtres, le *namaz* public n'a plus
lieu, le vrai croyant n'ose plus élever sa voix en public. Le *sids* et le moharem se passent sans que les
observances usitées soient pratiquées, et l'*Allah acbar* du mollah ne se fait jamais entendre. Les mosquées sont encore fréquentées; mais les fidèles sont
réduits à réciter leurs prières à voix basse. Tel a été
l'état des choses depuis que Moultan tomba, en 1818,
au pouvoir des Seïks; et cependant, ainsi que je l'ai
dit plus haut, il n'y a pas d'autres hommes de cette

nation que ceux qui composent la garnison. Les musulmans, dont le nombre est de 40,000, ne souffrent pas d'autre inconvénient de leurs nouveaux maîtres, qui accordent une protection entière à leur négoce. Les Seïks, pour excuser les gênes qu'ils leur imposent, disent qu'il ne leur ont pas infligé, par représaille, le quart de ce qu'ils avaient enduré de la part des musulmans. Je crois qu'en parlant ainsi ils ne disent que la vérité; mais la persécution religieuse est toujours odieuse, et exerce une influence pernicieuse dans tous les temps et dans tous les pays.

Le climat de Moultan diffère de celui des contrées baignées par l'Indus inférieur; les ondées de pluie y sont communes dans toutes les saisons, et néanmoins la poussière y est insupportable. Pendant neuf jours de suite, nous eûmes tous les soirs un tourbillon de vent d'ouest accompagné d'éclairs et de roulemens de tonnerre dans le lointain. On dit que ces orages sont fréquens; il paraît qu'ils prennent naissance dans les monts Souliman, entre lesquels et l'Indus s'élève ce tourbillon de sable ou de poussière. Celle de Moultan ainsi que la chaleur de cette ville sont passées en proverbe, et on y a ajouté, non sans raison, la multitude des mendians et le nombre des tombeaux.

La poussière obscurcissait le soleil; au mois de juin le thermomètre marquait 100° (30° 20) dans un pavillon rafraîchi par l'art; les mendians nous poursuivaient partout, et, de quelque côté que nous portassions nos pas, nous marchions sur la demeure des morts.

Le pays qui entoure Moultan est très-bien cultivé ; le Tchénab, dans ses débordemens, envoie ses eaux jusqu'aux murs de la ville, et durant les autres saisons un canal la leur fait traverser. La plaine comprise entre la rivière et les remparts présente l'apparence d'une riche prairie ; elle est couverte de dattiers qui donnent un profit considérable. Suivant une croyance populaire, ils y ont été introduits d'Arabie par l'armée de Mohammed Ibn Cassim, qui avait apporté une quantité de ces fruits pour sa provision. Un fait curieux, c'est que les dattiers se trouvent principalement le long de la route suivie par ce conquérant, qui vint d'Alor à Moultan. Si la tradition est véridique, le dévastateur musulman compensa en partie par-là les maux causés par l'invasion. Beaucoup de hameaux ruinés entourent Moultan ; ce sont les restes des djaghirs tenus par les Afghans ; mais, bien qu'ils soient abandonnés, les habitans ont seulement changé de demeure, et sont venus vivre dans la ville.

Le 20, notre camp fut transporté sur les rives du Tchénab, qui est à 4 milles de distance. Cette rivière a là 1,950 pieds de largeur; mais, au lieu où on la passe en bac, elle en a 3,000 dans cette saison. Il s'y trouvait 10 bateaux chargés de sel gemme de Pend Dadan Khan : ils avaient plus de 10 pieds de longueur. Quand ils ont complété leur cargaison, ils descendent de la mine à Moultan en douze jours.

Le 21 juin, nous nous embarquâmes sur un bateau que le Maharadjah avait fait équiper pour notre réception, avec deux cabanes en bois; et nous continuâmes notre voyage avec le reste de notre flotte. Depuis ce moment, nous ne changeâmes plus de bateau. En quittant le lieu de passage, nous aperçumes le désert qui s'étend entre le Tchénab et l'Indus. Il commence non pas à Outch, ainsi que nos cartes le représentent, mais près de la latitude de Moultan; et il court parallèlement avec le Tchénab à une distance d'à peu près 2 milles, laissant sur ses rives une bande de terrain cultivé. Ses dunes ressemblent à celles du bord de la mer; elles sont revêtues de maigres arbustes : cela ne peut pas s'appeler de la verdure. Leur élévation n'excède pas 20 pieds, mais, par l'effet de la réfraction, elles paraissent souvent plus hautes. Il existe un grand contraste entre l'espace stérile et les campagnes de la rive orientale, qui sont arrosées partout. Les villages sont situés à peu près à 2 milles du Tchénab; leurs champs sont fertilisés par des canaux, où l'eau est amenée par des roues persanes. Les puits sont communs le long de l'Indus, mais on n'en voit sur le Tchénab que sur le bord des canaux qui dérivent de cette rivière.

On trouve dans ces cantons le *pilou (salvatora persica)*, arbuste commun dans tous les terrains salans qui bordent l'Indus et les rivières du Pendjab. Il produit une baie rouge et blanche d'une saveur fade; le goût de la semence ressemble à celui du cresson d'eau. C'est maintenant la saison du fruit, qui est exposé en vente dans les bazars de Moultan.

Le pilou est extrêmement commun dans le Delta de l'Indus et dans le Sindhi inférieur; je suis persuadé qu'on ne le rencontre que dans l'espèce de terrain que je viens d'indiquer, et je crois qu'on peut le reconnaître dans ce passage de l'*Histoire de l'Inde* d'Arrien : « Ses feuilles ressemblent à celles du lau-
» rier; il croît principalement dans les lieux où la
» marée vient l'arroser, et qu'elle laisse à sec quand
» elle se retire. Sa fleur est blanche, et par la forme
» ressemble à une violette; mais elle l'emporte sur
» elle en douceur. »

Il ne manquait rien aux dispositions faites pour notre marche à travers le territoire des Seïks. Nous voyagions depuis le lever jusqu'au coucher du soleil; au point du jour, trente ou quarante villageois se trouvaient prêts sur le bord de la rivière pour haler chaque bateau. La fatigue et les efforts de ces hommes pour effectuer cette tâche par un soleil ardent étaient excessifs. Quand ils traversaient un champ de melon, ils en laissaient bien peu au propriétaire, et plus d'une vieille femme les querella hautement quand ils envahirent son champ. Les habitans de ce pays sont traités avec peu d'égards par le gouvernement; quoiqu'il ne les opprime pas, il les regarde, depuis la conquête, comme des domestiques. Sans notre intervention, ces pauvres gens, après avoir marché toute la journée dans l'eau et les sables mouvans, auraient été renvoyés le soir les mains vides. La munificence du maharadjah nous permit de régaler somptueusement, tous les jours, de farine et de ghi, 300 villageois affamés; et de plus, le mehmandar m'assura qu'ils seraient convenablement indemnisés du ravage de leurs champs. Pendant que nous avancions par eau, les éléphans, les chameaux et notre escorte suivaient la route de terre, et toujours nous les trouvions rangés en ligne de parade sur le terrain fixé pour notre campement. Avant qu'il fît sombre, nous montions sur nos éléphans, et nous allions aux villages voisins, où nous conversions avec les habitans. Ils sont d'une ignorance déplorable : presque tous sont Djats, tribu de musulmans qui s'occupe du labourage. Il ne leur est pas permis de prier à haute voix : quand ils travaillaient pour notre service, ils s'encourageaient mutuellement par de grands cris et des invocations à Bhaoual Haq, le saint si respecté de Moultan.

Le 23, au coucher du soleil, nos bateaux furent amenés au-dessous du village de Fazil Chah, à l'embouchure du Ravi (*Hydraotes*), appelé encore aujourd'hui *Iraoti* par les indigènes. Ce fut là qu'Alexandre, après avoir été blessé dangereusement, rencontra ses soldats inquiets, et leur fit voir que sa précieuse vie avait été conservée ; mais ces événemens ne sont rappelés que dans les ouvrages historiques de l'Europe ; ils sont inconnus des Asiatiques. Cependant je dois faire mention d'une circonstance qui corrobore le récit des historiens grecs ; je veux parler des champs de fèves que je remarquai sur les bords de cette rivière ; ils furent cause que pendant quelque temps Alexandre déçu prit les sources de l'Indus pour celles du Nil, et aujourd'hui, à une époque reculée, ils subsistent encore pour rendre témoignage de son expédition et de l'exactitude des écrivains qui l'ont racontée.

La nouvelle de notre arrivée sur le territoire des Seïks ne tarda pas à parvenir à Lahor; une paire de bracelets en or, enrichis de diamans et d'émeraudes, fut apportée en conséquence à notre mehmandar, de la part du maharadjah. Ce prince distribue des présens magnifiques à ses nobles, mais en moins grande quantité aujourd'hui que jadis. Il les gratifie encore de concessions de terres, et de cadeaux en bijoux et en argent. Ils attestent la richesse du pays et la sage politique du souverain.

Le 24 nous sortîmes du Tchénab, et nous entrâmes dans le Ravi; à leur confluent, la première de ces rivières a une largeur de trois quarts de mille, mais la partie profonde n'a pas plus de 1,500 pieds d'étendue.

Le lieutenant Macartney rapporte, dans son mémoire annexé à la relation du Caboul, qu'il avait entendu dire que dans la saison froide le Tchénab était guéable au-dessous de ce point; mais les indigènes m'ont assuré que de mémoire d'homme cela ne s'était jamais vu; je sondai et je trouvai douze pieds de profondeur. En effet, cette rivière ne le cède qu'à l'Indus, son courant est même plus fort que celui de ce fleuve, et quoique ses rives soient basses, elle conserve partout une profondeur de deux brasses. Le Ravi se joint au Tchénab par trois bouches très-proches les unes des autres : il est peu considérable et ressemble à un canal, car il a rarement plus de 450 pieds de largeur dans quelque partie de son cours que ce soit; ses bords sont escarpés, de sorte qu'il devient plus profond avant de déborder. Il est excessivement tortueux, ce qui apporte un grand obstacle à la navigation; car, après avoir voyagé toute une journée, nous ne nous trouvions qu'à 2 milles de distance du point d'où nous étions partis. L'eau du Ravi est plus rouge que celle du Tchénab; il est guéable presque partout pendant huit mois. Ses rives sont couvertes de roseaux et de tamariscs, et la moitié de l'espace, compris entre son estuaire et la capitale, n'offre pas de culture; il n'existe pas de canaux ou de dérivations de cette rivière au-dessous de Lahor; au-dessus de cette ville il y en a un très-grand, dont j'aurai occasion de parler.

Le 27 juin, nous parvînmes à Toulamba, petite ville située au milieu d'un bosquet de dattiers, à près de 3 milles au sud du Ravi. Scherif Eddin, historien de Timour, nous apprend que ce guerrier traversa le Ravi à Toulamba en allant à Delhi, de sorte que nous nous trouvions sur la route d'un autre conquérant.

Le souvenir du vainqueur tartare est encore conservé par ses offrandes aux sépulcres du voisinage. Au-dessous de Toulamba, le Ravi redresse son cours dans une étendue de 12 milles, et présente un coup d'œil magnifique, parce que ses rives sont bordées de grands arbres dont les branches s'avancent au-dessus des eaux. Les habitans du pays attribuent cette particularité du Ravi à l'influence divine. Les habits d'un saint qui se baignait furent emportés par le courant, l'homme de Dieu ayant regardé devant lui pour les chercher, la rivière se redressa !

Nous n'étions pas très-éloignés du point où l'Hydaspes se joint à l'Acesines, puisqu'il ne se trouvait qu'à 45 milles de distance ; des rapides y firent éprouver des dommages à la flotte d'Alexandre, et les hordes de Timour y furent effrayées par le fracas des eaux. A la grande surprise des Seïks, nos compagnons qui ne pouvaient comprendre le motif de notre curiosité, nous partîmes à cheval pour aller contempler le théâtre de ces événemens mémorables, et dans la soirée du second jour nous étions sur les bords de l'Hydaspes. Notre vif désir de voir le fabuleux Hydaspes était accru par l'idée que ce lieu, si célèbre dans l'histoire ancienne, n'avait été visité par aucun Européen depuis les jours du guerrier grec. Cette rivière se joint à l'Acesines avec un murmure bruyant ; mais la vitesse de son courant est peu considérable, et les navires y passent sans danger, excepté en juillet et en août. Il n'y a ni remous ni rochers, et le canal n'est pas resserré ; mais les récits des auteurs sont confirmés par le bruit du confluent, nulle autre part il n'est aussi fort.

Les bateliers du bac nous dirent que, durant le débordement, ils se plaçaient sous la protection d'un saint, dont le tombeau est au confluent des deux rivières. Cette confiance superstitieuse indique le danger. Nous restâmes à causer avec les habitans jusqu'au moment où le soleil se coucha dans le désert à l'ouest; pendant ce temps-là, nos compagnons les Seïks se baignaient au point de jonction de l'Acesines et de l'Hydaspes; s'ils furent privés du plaisir dont nous jouîmes, ils eurent une compensation dans la persuasion de faire leurs ablutions dans un endroit réputé saint, tel que le confluent de deux rivières.

L'Hydaspes est nommé par les habitans de ses rives *Behat* ou *Bedasta*, et aussi *Djalem*. Il se joint au Tchénab par 31° 11′ 30″ de latitude, à 45 milles au nord de Toulamba sur le Ravi. Ses bords ne ressemblent que faiblement à la description qu'Arrien en a donnée : ils ne resserrent pas ses eaux dans un lit rétréci, et on n'aperçoit dans le voisinage aucun rocher propre à marquer le point où les Grecs se retirèrent avec leur flotte démantelée. Le nom d'*Hydaspes* peut encore se reconnaître dans l'appellation moderne de *Bedasta*. Cette rivière est moins rapide, et en général moins considérable que le Tchénab, sa largeur étant à peu près de 1,500 pieds à l'endroit du confluent. Au delà, les eaux réunies du Djalem et du Tchénab coulent dans un canal qui a 1 mille d'une rive à l'autre, et à peu près 12 pieds de profondeur.

Le bois dont les bateaux du Pendjab sont construits vient du Caucase indien, et arrive principalement en flottant sur le Djalem, ce qui explique d'une manière très-satisfaisante pourquoi Alexandre choisit les bords de l'Hydaspes pour y établir un arsenal naval de préférence aux autres rivières, par lesquelles il aurait pu parvenir à l'Indus sans faire de mouvement rétrograde. Peu de bateaux naviguent sur le Djalem; une cinquantaine est employée au transport du sel des mines de Pend Dadan Khan; quelques-uns en portent 300 mâns; leur longueur est de 100 pieds; de même que les zohraks, ils sont arrondis aux deux extrémités; ils ne vont pas à la voile, et dépassent souvent le confluent sans accident. Arrien nous apprend que les bâtimens de guerre des Grecs rencontrèrent les plus grandes difficultés dans la navigation de cette rivière, et nous sommes naturellement enclins à attribuer les calamités de quelques-unes de ces embarcations à la forme de leur construction, puisque les bateaux chargés de vivres, qui sont décrits comme étant de figure ronde, et qui, je le présume, ressemblaient aux zohraks, passèrent sans éprouver de malheur. Il est certain qu'Alexandre fit construire la plus grande partie de sa flotte, car il commença son voyage sur l'Hydaspes avec 300 vaisseaux : et, quand il était arrivé sur les bords de cette rivière, il n'en avait pas un seul; de sorte qu'il ordonna que les bateaux avec lesquels il avait passé l'Indus fussent démontés et amenés par terre à travers le Douab. Les historiens parlent également de trirèmes et de birèmes, qui ne correspondent nullement à l'espèce de bateaux usités maintenant sur l'Indus. Ainsi, il est probable que les bateaux arrondis qui échappèrent au désastre du reste de la flotte étaient les bâtimens ordinaires du pays.

Le Tchénab et le Djalem sont passés à gué durant la saison froide, mais après leur réunion le trajet ne peut se faire que par bateaux. Timour, dans son expédition contre Delhi, jeta un pont en travers du confluent, à Trimo. Rendjit Sing passa le Djalem à la nage avec un gros de cavalerie. Mais ce chef entreprenant franchit l'Indus même, de cette manière, au-dessus d'Attok. Les marchands du Khoraçan font dans toutes les saisons le voyage de l'Inde, prenant leur route par Déra Ismael Khan, Mankeré et le désert sablonneux, et passant l'eau à Trimo pour gagner Toulamba. Le pays entre ces deux derniers endroits diffère de la rive droite du Djalem ; exempte de dunes, elle est presque aussi aride et déserte que s'il en était couvert. Une surface d'argile, durcie avec des touffes de tamarisc, de khaïr, de lan, de kedjra et d'autres arbustes semblables qui se trouvent dans le Tharr ou désert de l'Inde, s'étend du Tchénab au Ravi. On n'y aperçoit pas une seule feuille d'herbe, excepté sur le bord des rivières. On s'y procure de l'eau à des puits profonds d'une trentaine de pieds ; mais elle est rare, et toujours fétide et malfaisante, bien qu'à peine salée.

La population se compose principalement de la tribu pastorale des Kattia ou Djan, ainsi appelés de leur vie vagabonde, le mot de *djan* ayant cette signification. Ils possèdent d'immenses troupeaux de buffles et de chameaux, dont le lait fournit à leur subsistance ; ils cultivent à peine la terre, quoique l'on puisse voir près de leurs demeures quelques champs passables de tabac, qu'ils font venir par le moyen de l'irrigation. Ils sont grands et bien faits, ce qui peut être attribué à une règle qui chez eux interdit le mariage avant que les femmes aient atteint vingt ans. Ils croient que les enfans, provenant d'une de ces unions prématurées si communes parmi les autres tribus de l'Inde, sont chétifs et malingres. Les Kattia sont pillards et belliqueux : il en est bien peu qui soient exempts de cicatrices et de blessures. On les rencontre depuis les rives du Djalem, à travers le désert, jusqu'à Delhi; il sont aborigènes de cette contrée, et on retrouve en eux, je pense, les *Cathaei* d'Arrien, lesquels, suivant cet historien, « sont des » hommes robustes, et qui entendaient très-bien l'art » de la guerre. » On a supposé, je le sais, que ces *Cathaei* étaient les Kattris ou Radjpoutes; mais la patrie de ceux-ci est plus au sud, et, au temps de l'invasion des Macédoniens, n'occupait pas cette partie de l'Inde.

Dans l'intervalle compris entre le Djalem et le Ravi, et à peu près à égale distance de chacune de ces rivières, on rencontre les ruines de Chorkote, près d'une petite ville de ce nom. Elles couvrent un espace considérable, étant bien plus considérables que celles de Sihouan, auxquelles elles ressemblent absolument, offrant de même un monticule en terre, entouré d'un mur en briques, et assez haut pour être aperçu de 6 à 8 milles à la ronde. Suivant la tradition vulgaire, Chor, radjah hindou, régnait sur cette cité; il fut attaqué, il y a à peu près 1,300 ans, et vaincu par un roi d'Oualayat, ou des contrées occidentales, par des moyens surnaturels. Les historiens de Timour parlent de Chorkote, et sa position me porte à y fixer le lieu où Alexandre fut grièvement blessé, car il marcha vers la rive occidentale de l'Hydraotes, en poursuivant les Malli, qui s'étaient retirés dans une ville fortifiée, et peu éloignée, dont les murs étaient en briques. L'histoire du roi de l'Occident est certainement une tradition relative à Alexandre le Macédonien. La construction de cette place jette quelque jour sur les forteresses dont ce monarque se rendit maître. Les anciennes villes des rives de l'Indus paraissent avoir consisté en tertres de terre, entourés de murailles. J'eus le bonheur de me procurer à Chorkote plusieurs médailles : je crus longtemps qu'elles étaient hindoues; mais ma conjecture, concernant l'antiquité de ce lieu, fut confirmée de la manière la plus complète et la plus satisfaisante par les savantes recherches de M. James Prinsep, secrétaire de la société asiatique du Bengale. Il découvrit que ces médailles étaient bactriennes, ressemblant à celle d'un Appollodote, et de la même forme que celle d'un Ménandre; deux médailles de rois bactriens, trouvées par le colonel J. Tod, et gravées dans les *Mémoires de la société royale asiatique*. On peut y lire le mot *Bazileos* : ainsi, je pus me féliciter d'avoir, dans mon voyage à l'Hydaspes, trouvé, dans le Pendjab, les premiers restes d'antiquité.

En revenant des bords de cette rivière célèbre vers le Ravi, nous eûmes de fréquentes occasions de voir les Kattia. Ils furent grandement surpris de notre visite, et s'avancèrent en foule pour nous regarder. Ils vivent dans des villages épars, et transportent leurs maisons d'un lieu à un autre. Les hommes et les femmes étaient également grands et vigoureux, et avaient le teint bronzé. Les hommes laissent pousser leurs cheveux et en font des tresses qui pendent sur leurs épaules. Les femmes portent des pendeloques d'une dimension énorme, mais dont le poids ne semble pas du tout les incommoder.

Nous fûmes de retour à Toulamba le 1er. juillet, très-fatigués de la chaleur excessive, mais très-satisfaits de notre excursion. Nous nous rembarquâmes aussitôt pour continuer notre voyage. Durant notre absence, la rivière avait monté de deux pieds, par suite de pluies dans les montagnes; mais sa largeur ne paraissait pas avoir changé. Nous vîmes plus d'oiseaux sur le Ravi que pendant toute notre navigation : c'étaient des grues, des cicognes, des pélicans, des canards, des sarcelles et autres des mêmes familles; parmi les habitans des eaux le *bolon* était le plus remarquable; nous en aperçûmes plusieurs à l'embouchure du Ravi, ils étaient noirs et se jouaient comme des marsouins. Les indigènes classent ce poisson avec le crocodile; ils disent qu'il a quatre petites pates et un grouin alongé, comme celui du cochon ; ses habitudes ne le conduisent pas sur le rivage; il vit de petits poissons. Le grand crocodile est inconnu ici, mais l'espèce de ce reptile, qui a le museau étroit et fort alongé et qu'on nomme *gavial,* y est très-connu. On dit que cette rivière nourrit le *thandoua*, créature singulière, qui est décrite comme étant une espèce de tortue, et ayant dans la bouche un cordon qui lui donne le moyen d'enlacer un homme et même un éléphant; un des Chastra raconte que cet animal saisit un jour l'éléphant d'un dieu; je n'ai pas vu le thandoua et je ne puis ajouter foi aux récits dont il est l'objet.

Quoique nous fussions parvenus assez avant dans le pays des Seïks, nous n'avions pas encore rencontré un village qui fût entièrement habité par eux, et nous n'avions vu d'autres hommes de cette nation que ceux qui faisaient partie de notre suite. Le pays est faiblement peuplé, et inculte dans une étendue de plusieurs milles. Le moyen pris pour fournir à nos besoins était réellement bizarre. Un ordre, expédié à chaque villageois en charge, était accompagné d'une liste des denrées que mangent les *Firinghis*, et qui devaient être rassemblées. Des paniers d'œufs, gardés pendant des semaines entières, en nous attendant, nous étaient apportés journellement; il y en avait quelquefois quatre cents ou cinq cents; mais par malheur il s'en trouvait beaucoup de gâtés, et dans quelques-uns le petit poulet était déjà formé. Des bouchers avaient été amenés de Moultan pour nous approvisionner de viande; des charges de salpêtre étaient envoyées chaque jour pour rafraîchir le vin et l'eau; enfin, des objets nécessaires à l'entretien et à l'agrément de la vie nous étaient distribués avec profusion.

La chaleur devint accablante, ce qui, suivant les naturels, annonçait la moisson. Le 3 juillet, à quatre heures après midi, le thermomètre marqua 110° (34° 64), et au coucher du soleil un orage venant du nord-ouest nous offrit un spectacle réellement magnifique. Des nuages semblèrent s'approcher de nous pendant près d'une demi-heure, ils s'élevaient graduellement au-dessus de l'horizon; on aurait dit des montagnes en mouvement. Quand elles furent au-dessus de nos têtes, nous nous trouvâmes enveloppés d'un de ces tourbillons que nous avions éprouvés près de Moultan; il ne fut pas accompagné de pluie. Le vent était chaud et étouffant, et entraînait des masses de poussière extrêmement fine : tout fut passé en un heure; ensuite des éclairs extrêmement vifs brillèrent du même côté. Six jours après ce phénomène, la pluie commença à tomber avec une grande violence; jusqu'à ce moment nous avions eu tous les soirs une continuation de bouffées de poussière.

Notre mehmandar vint nous trouver au village de Tchitchaouatni avec un éléphant énorme; il nous dit que le Maharadjah l'avait chargé de le tenir à notre disposition, parce qu'il craignait que le *haouda* du pays ne convînt pas à notre goût; sa conjecture était juste, et nous le remerciâmes de sa civilité. L'animal était richement caparaçonné, et portait un grand fauteuil décoré d'ornemens en argent et en émail, et garni de velours rouge. Il était accompagné de six *orderlies* ou messagers du Maharadjah, vêtus d'écarlatte doublé de jaune, ce qui avait fort bon air. Dans les divers costumes militaires qu'ils ont adoptés, les Seïks n'ont pas abandonné le petit turban de leur nation, qui, je dois le dire, leur sied très-bien.

C'était pour nous une source intarissable de divertissement que d'observer combien les Seïks de notre suite aimaient à apprendre et à raconter des nouvelles. Un écrivain avait été expressément envoyé de la cour; chaque jour il y expédiait un rapport relatif à nos actions et à nos courses à cheval; les donneurs de nouvelles, habitans de Moultan, nous avaient suivis depuis cette ville, et chaque jour dépêchaient une gazette; j'avais aussi des lettres de donneurs de nouvelles de Lahor; ils me transmettaient un précis de celles de cette capitale, et me demandaient quelque morceau en retour. Notre diouan correspondait avec les chevaliers Ventura et Allard, et je fus tant soit peu surpris de recevoir du premier des réponses à beaucoup de mes questions relatives au pays; elles lui avaient été communiquées sans que j'en susse rien. Du reste, rien ne pouvait égaler la politesse que tout le monde nous montrait; la promptitude et la grâce avec laquelle nos souhaits étaient accomplis, nous rendaient très-discrets dans l'expression de nos désirs. Comme on peut le supposer, il n'y avait pas de bornes à la flatterie de tous ces gens-là; chaque jour on nous répétait que nous étions le second Alexandre (*Sekander Sani*), pour avoir fait un voyage aussi dangereux que celui de remonter l'Indus. Les peuples policés de cette contrée ne considèrent qu'avec effroi les usages et la barbarie des Sindhiens et des Beloutchis.

A peu près à 50 milles à l'est de Toulamba, je fis une excursion de 4 milles dans l'intérieur, pour examiner les rues d'une ville ancienne nommée *Harapa*; elles occupent un espace dont le circuit est de 8 milles; les maisons étaient en briques. Du côté de la rivière on aperçoit les restes d'une citadelle; mais d'ailleurs Harapa ne présente plus qu'un chaos complet, et il n'y a pas un seul bâtiment entier; les briques ont été emportées pour construire tout auprès une petite ville du même nom que l'ancienne. La tradition fait remonter la ruine de Harapa à 1,300 ans, même époque que celle de Chorkote; et sa destruction est attribuée à la vengeance de Dieu, qui voulut punir le gouverneur d'Harapa; ce monstre de sensualité réclamait sur tous les mariages le privilége connu en Europe, dans le moyen-âge, sous le nom de *droit du seigneur*. Il lui arriva de se rendre capable d'un inceste. Plus tard, Harapa devint une ville musulmane : on y voit le tombeau d'un saint; la longueur de la sépulture est de 18 pieds; on dit que c'était celle de la taille du croyant qui y est enterré. Une grande pierre de forme circulaire et creuse dans le milieu, ainsi qu'une grande dalle noire de figure ovale qui sont près du monument, représentent, suivant la croyance populaire, l'anneau et la pierre précieuse qui l'ornait; c'était la bague de ce géant; le tout a été converti en pierre. Dans les lieux où l'on ajoute foi à des fables aussi absurdes, on ne doit guères compter même sur des fictions raisonnables. Dans ces ruines je découvris des médailles persanes et hindoues, mais aucune d'elles n'offre rien qui puisse me fixer sur leur ancienneté.

A mesure que nous remontions le Ravi et que nous sortions du pays des Kattias, la population augmentait ; les hameaux quoique petits étaient nombreux. Quand nous approchions, une foule considérable accourait sur les bords de la rivière, et manifestait une envie démesurée de nous voir. Un homme s'écriait qu'il était un seïd, un autre un zemindar, celui-ci un pir ou saint, celui-là un Seïk ; les femmes même ne cachaient par leur curiosité à cet égard. Dans ces occasions, nous sortions toujours de notre cabane ; mais cette promptitude à nous montrer attirait un nouveau concours de spectateurs. Leurs idées à notre sujet étaient complétement extravagantes, on croyait que nous étions sous la garde de deux pigeons qui nous préservaient du soleil et de la pluie. Un homme nous demanda sérieusement de lui communiquer le secret de changer les pelures d'ognons en ducats d'or, art que, suivant ce qu'il avait appris, nous mettions en pratique.

Nous avions reconnu la bravoure de nos compagnons les Seïks, en les voyant attaquer à pied et avec leur sabre des sangliers ; mais ils donnèrent un exemple bien plus illustre de leur courage en tuant un tigre. Cet animal était dans un taillis de tamariscs, tout près de nos bateaux, il y fut découvert, et aussitôt notre mehmandar nous invita à assister à la chasse. M. Leckie accompagna la troupe ; mais notre éléphant n'étant pas là pour le moment, je restai.

Tout le monde était à cheval; le monstre ne tarda pas à être blessé; quelques cavaliers furent désarçonnés par la frayeur que prirent leurs montures. Alors les Seïks s'avancèrent à pied, et, l'épée à la main, poussèrent au tigre; celui-ci s'élança avec fureur sur l'un deux, et à l'instant où il lui appliquait sa griffe sur l'épaule gauche, cet homme intrépide lui asséna sur la tête un coup bien dirigé; le combat était inégal, et le Seïk tomba horriblement déchiré. Aussitôt ses camarades approchèrent, et le tigre succomba bientôt sous les blessures nombreuses qu'ils lui firent Il était énorme, ayant dix pieds de longueur, sa cuisse égalait en grosseur celle de l'homme le plus robuste. Le sang-froid et la valeur des Seïks surpassent toute croyance; ils reçoivent de grands encouragemens de leurs chefs. A toutes mes questions sur le malheureux qui avait été blessé, ils répondirent avec une ostentation d'indifférence : « Ce » n'est qu'un Seïk, il sera bien récompensé; il a déjà » obtenu un cheval, et sa paye annuelle a été aug- » mentée de cent roupies. » La peau du tigre, avec la tête et les pates, furent tout de suite expédiées au Maharadjah, qui étendra encore sa munificence sur le blessé, cette manière de rehausser la bravoure des Seïks, le peuple le plus valeureux de l'Inde.

Les facultés de médecine européennes seront surprises de la façon dont les Seïks guérissent les blessures faites par un tigre; car elle diffère totalement de ce qui se pratique dans nos climats. Ils pensent que si on permet à l'homme ainsi blessé de dormir, il verra le tigre en songe, ce qui lui ôtera le courage, et qu'il mourra inévitablement. En conséquence, ils donnent au malade les stimulans les plus actifs, et placent auprès de lui des gens pour l'empêcher de s'endormir pendant cinq ou six jours. A cette époque les blessures ayant pris un aspect déterminé, ils laissent au blessé la faculté de se livrer au sommeil. Dans la circonstance que je viens de citer, je puis répondre de l'usage copieux des stimulans, car nous fournîmes l'eau-de-vie.

L'intelligence de Sena-Sing, notre mehmandar, avait plus d'une fois attiré notre attention. La lecture de diverses traductions lui avait fait acquérir la connaissance de notre système astronomique et de l'astrolabe, ainsi que de plusieurs autres instrumens du même genre. Il exprima ses doutes sur quelques parties de la théorie, de l'astronomie, et me pria de lui expliquer comment on continuait à voir l'étoile polaire à la même place, tandis que l'on disait que la terre parcourait tant de milles chaque jour, en se mouvant dans son orbite autour du soleil. Parmi les différentes choses que je fus à même de lui faire connaître, je lui montrai un thermomètre, et je lui expliquai la nature de cet instrument. Il écrivit aussitôt toutes les particularités que je venais de lui apprendre; en voyant une avidité si manifeste et une soif si ardente de s'instruire, je ne pus m'empêcher de lui faire don de l'instrument. Ce serdar était également expert aux exercices belliqueux de sa nation; il maniait l'arc avec grâce et dextérité; il était excellent cavalier, et pouvait atteindre une marque en courant au galop; je l'ai vu faisant aller son cheval de ce pas, poser ses deux pieds à terre, puis se remettre en selle. Sa curiosité ne s'étendait pas exclusivement à ce qui concerne les sciences; l'art avec lequel nous conservons la viande, le poisson et autres substances organiques, avait excité son étonnement. Un jambon que je lui montrai était bien propre à satisfaire ses doutes; il ne fut content que lorsque je lui eus donné la recette complète de le préparer. Les Seïks aiment beaucoup le cochon, et le jambon promet d'être un mets habituel dans le Pendjab.

Le 11 juillet, nous avions quitté le pays des Kattias, et nous étions arrivés à Fattihpour, où la terre est labourée. Notre approche de Lahor semblait rendre tous les arrangemens concernant notre marche plus faciles; un détachement de cinquante lanciers avait été placé dans tous les villages intermédiaires, afin de rassembler les habitans, pour qu'ils vinssent haler les bateaux au moment où nous paraîtrions. Notre suite était portée à cinq cents personnes; nous avions toujours eu un tambour et un fifre, un cor y fut ajouté. Jamais n'avait été entendue discordance pareille à celle qui frappait l'air au moment de la retraite et à celui de la diane; et elle écorchait régulièrement nos oreilles.

On nous avait également pourvus d'un bateau de Cachemir, il est nommé *Parinda* (oiseau). C'était un bâtiment complet, long de 60 pieds, terminé en pointe aux deux extrémités, de sorte que la moitié du fond ne touchait pas même l'eau. J'appris que cette méthode de construction, assez semblable à celle des gondoles de Venise, est générale sur le lac de Cachemir. L'équipage était composé de gens de ce pays; ils faisaient avancer l'embarcation en frappant l'eau, d'une manière particulière, avec de petites rames peintes en vert. C'étaient de beaux hommes de structure athlétique, et vêtus de vestes rouges. Au milieu du bateau s'élevait la cabane à toit plat, où nous nous tenions assis pour jouir de la fraîcheur de la soirée. La marche imprimait à ce bateau un mouvement tremblotant qui n'était nullement agréable; mais en revanche il faut rendre justice à sa vitesse extrême.

Le 13 juillet, nous reçûmes une députation du kardar de Kot Kamalia qui nous envoyait un présent de fruits et d'autres denrées, avec une somme de 1,100 roupies. En même temps on nous apporta une lettre du Maharadjah, exprimant sa satisfaction de notre venue prochaine. Cette épitre était fleurie à un degré très-peu commun, même en persan, et remplie de comparaisons relatives aux jardins, aux roses, aux zéphirs et aux fontaines. Chaque mot d'une missive que j'avais adressée à ce prince était appelé un bouton duquel devait éclore une amitié durable à jamais; chaque lettre de chaque mot était une rose épanouie! mais ce morceau exigerait une traduction, et peut-être il ne la mérite pas.

Mais ni les félicitations, ni la munificence du Maharadjah ne purent maintenir nos gens en bonne santé; ils furent attaqués d'abcès : il n'y en eut pas moins de sept à huit à la fois obligés de rester couchés à cause de ce mal douloureux : ils l'attribuèrent à l'eau; mais j'étais plus enclin à l'imputer au manque d'eau et au défaut d'exercice, parce que leur voyage avait duré plus long-temps qu'une traversée de l'Inde en Angleterre.

Nous entrâmes alors dans le pays des Seïks: tous sont ou soldats ou laboureurs, de même que les anciens Romains. Ils étaient très-communicatifs, ils décrivaient avec une ardeur remarquable les campagnes où ils avaient combattu, et leurs fréquens chocs avec les fanatiques Euzoufzies au delà de l'Indus. Je crois que l'on aurait de la peine à ajouter foi à mes paroles si je rapportais beaucoup de circonstances qui m'ont été racontées, et le nombre d'hommes qui ont péri dans ces guerres religieuses. Les Euzoufzies nourrissent une haine si vive contre les Seïks infidèles, qu'ils se déclarent *Ghazi*, et dévouent leur vie à leur extinction : persuadés que la mort de l'un d'eux est plus méritoire que celle de tout autre mécréant. La religion des Seïks étant née plusieurs siècles après le temps de Mahomet, ils ne sont certainement pas aidés par leur prophète. Pour se servir d'une expression des Seïks, les Euzoufzies rient de la mort. On a remarqué avec raison que nous connaissons peu de tels événemens et que nous prenons encore moins d'intérêt à leur histoire quand nous n'avons nulle liaison avec les peuples qu'ils concernent.

Le 15 au soir nous vînmes à Tchanga, qui est à 25 milles de Lahor, et où nous fûmes reçus par une députation du Maharadjah : elle était composée de deux serdars Seïks, et de Nour Ed Din - Fakir, d'une famille musulmane, lequel jouit de crédit et de considération à la cour. L'entrevue eut lieu, ainsi qu'il était requis, sur des éléphans; il y en avait cinq pour les grands personnages et pour nous. Chacun des envoyés nous remit une bourse remplie d'espèces d'or et d'argent, et s'informa, de la part du prince, de la santé du roi d'Angleterre, ainsi que du temps écoulé depuis notre départ de Londres, car le Maharadjah avait l'air de croire que notre souverain nous avait dépêchés directement. Je répondis comme la circonstance l'exigeait. Cham Sing, le principal des deux Seïks, nous présenta un arc. Les députés nous montrèrent aussi une lettre par laquelle le Maharadjah les chargeait de nous féliciter sur notre arrivée, et d'employer en cette occasion toutes les expressions qui pouvaient être agréables à l'esprit; puis venait un tissu de flatteries que j'avoue n'être pas capable de rapporter convenablement.

« Les saisons, me dit le fakir, ont été changées
» pour aider à votre heureuse arrivée : et à l'époque
» où il pleut ordinairement, le soleil a lui; mais c'est
» le soleil de l'Angleterre. Vous devez maintenant
» vous regarder comme chez vous et dans un jardin
» dont vous êtes les roses; une amitié si intime
» existe entre les Anglais et les Seïks, que les habi-
» tans de l'Iran et du Roum l'entendront proclamer

» dans leurs contrées lointaines : la lumière a suc-
» cédé aux ténèbres quand vous êtes sortis de chez les
» barbares du Sindhi, et c'est son influence salutaire
» qui a fait éclore le bouton et développé la rose. »
J'épuiserais un vocabulaire entier si je rappelais toutes
les expressions employées par le harangueur. Je lui
répondis, autant qu'il me fut possible, dans le même
style ; je m'enquis de la santé du Maharadjah, et j'assurai les députés de notre satisfaction des bontés et
des attentions qu'on nous avait montrées dans le
pays des Seïks. Avant leur départ je leur fis voir les
chevaux dont ils furent charmés.

Les serdars avaient amené une escorte de lanciers
et de cavaliers ; ceux-ci étaient complètement habillés de jaune. Cham Sing revenait avec eux d'une
campagne contre Seïd Ahmed, qui, ayant long-temps
soutenu dans cette contrée une guerre de fanatisme,
avait été tué récemment.

On nous indiqua dans cette troupe un jeune
garçon qui avait été nommé commandant, après
la mort de son père tué sur le champ de bataille ;
cette règle adoptée parmi les Seïks est admirablement calculée pour entretenir l'esprit militaire de
leur nation. Nous continuâmes notre route à cheval
au milieu de ces cavaliers, ce qui leur plut infiniment
et ne nous divertit pas moins. Les chefs portaient
beaucoup de joyaux d'un grand prix ; mais ces ornemens ne nous semblaient pas parer d'une manière
séante les poignets et le front de ces guerriers intré-
pides.

Nous eûmes alors une occasion de voir les femmes des Seïks; leur aspect n'est pas moins remarquable que celui de leurs époux. Elles attachent leur chevelure en touffe sur le haut du front, et jettent par-dessus une robe blanche qui enveloppe entièrement le corps, et donne une forme conique à leur tête. Elle tirent tellement leurs cheveux pour former ce nœud, que la peau du front du visage est attirée toute à la fois, et que les sourcils sont considérablement éloignés des yeux. On imagine que cette mode ne contribue pas à augmenter l'agrément de leur physionomie; néanmoins elle est générale dans toutes les classes. Elles n'égalent pas leurs maris en beauté, leurs traits sont réguliers, mais trop prononcés; elles ne sont pas renfermées aussi strictement que les musulmanes, parce que, pour le mariage comme pour la religion, les Seïks diffèrent grandement des sectateurs du prophète arabe.

Le 18 au soir, les députés du Maharadjah nous rendirent une seconde visite, et nous présentèrent une somme de 700 roupies, en nous annonçant que leur souverain avait décidé qu'elle nous serait allouée journellement durant notre séjour dans le Penjab. J'acceptai ce qu'ils me remirent, mais je ne jugeai pas à propos de consentir à ce qu'une munificence si exorbitante fût continuée à l'avenir.

Le 17 à midi, nous aperçûmes les hauts minarets de la mosquée royale de Lahor; nous eussions pu arriver le même jour à cette ancienne capitale de l'empire mogol, et terminer notre voyage si prolongé;

mais le cérémonial de notre entrée exigeait des arrangemens; nous fîmes donc, à la demande expresse de nos conducteurs, halte à 3 ou 4 milles de la cité. Au coucher du soleil, je vis, pour la première fois, les immenses montagnes qui entourent le Cachemir, revêtues d'une couverture de neige éclatante de blancheur. J'éprouvai un sentiment prodigieux de joie en contemplant ces Himalayas, que mon œil n'avait pas encore aperçus. L'aspect de ces imposans ouvrages de la nature me fit presque oublier nos obligations envers les Seïks, envoyés pour diriger notre marche.

CHAPITRE VI.

LAHOR.

Entrée à Lahor. — Présentation à Rendjit Sing. — Les présens du roi d'Angleterre lui sont remis. — Salle d'audience. — Revue de troupes. — Conversation de Rendjit Sing. — Singulières amazones. — Officiers français. — Ville de Lahor. — Tombeau de Djihan Ghir. — Revue de l'artillerie à cheval. — Caractère de Rendjit Sing. — Audience de congé. — Présens du Maharadjah. — Sa lettre au roi de la Grande-Bretagne. — Départ de Lahor. — Amritsir. — Arrivée sur les rives du Beyah. — Fête donnée par un chef Seïk. — Arrivée sur les rives du Setledje. — Antiquités du Pendjab. — Lodiana. — Les ex-rois du Caboul. — Voyage aux monts Himalaya. — Entrevue avec le gouverneur général. — Témoignage de satisfaction donné à l'auteur

Le 18 juin au matin, nous fîmes notre entrée publique dans Lahor. Ouzez Ed Din, ministre du Maharadjah, et Radjah Ghoulab Sing, avec les principaux personnages de l'état, escortés d'un détachement de cavalerie et d'un régiment d'infanterie, vinrent au devant de nous à 3 milles de cette ville. Nous fûmes présentés par le capitaine Wade, agent politique de notre gouvernement à Lodiana; il avait été envoyé à cette occasion à Lahor; le docteur A. Murray l'accompagnait. La vue de ces deux Anglais excita chez nous, qui avions été si long-temps privés de la société des Européens, la sensation la plus agréable. Notre réception fut très-satisfaisante, et ce qui rehaussait encore notre contentement était la réflexion que notre entreprise obtenait en ce jour un succès complet. Nous descendîmes à un jardin éloigné d'un mille de Lahor; c'était le séjour de M. le chevalier Allard, dont les manières et l'allure n'étaient pas moins attrayantes que distinguées. Nous nous séparâmes là des députés du Maharadjah, après avoir reçu une grosse somme d'argent, et une profusion de confitures de la part du monarque.

M. Allard nous conduisit en haut dans un appartement où fut servi un déjeuner exquis à la fourchette.

M. Court, autre Français, était de la partie. La scène était totalement nouvelle pour nous, les parois et le plafond de la salle étaient entièrement incrustés de petits miroirs. Le vin de Champagne remplaça le thé et le café. M. Allard est général de cavalerie du Maharadjah; les trompettes de sa division firent le service au déjeuner. Notre temps fut employé aux préparatifs de notre présentation à la cour; cette cérémonie avait été fixée au 20 du mois.

Vers neuf heures du matin, quand le Maharadjah fut arrivé à l'ancien palais situé dans l'intérieur de Lahor, il envoya une députation de ses nobles, pour nous conduire à la cour. Tous les serdars et les officiers, qui de temps à autre nous avaient été expédiés, s'étaient préalablement réunis auprès de nous; une nombreuse escorte les avait accompagnés; le cortége fut encore augmenté d'un détachement de cipayes du Bengale, que le capitaine Wade avait amenés de Lodiana. Le carrosse, qui était très-beau, ouvrait la marche; les chevaux de trait destinés en présent étaient suivis des éléphans montés par nous et par les officiers du Maharadjah. Nous passâmes entre les murs de la ville et le fossé, et nous entrâmes dans Lahor par la porte du palais. Les rues étaient bordées de cavalerie, d'artillerie et d'infanterie : quand nous passâmes devant ces troupes elles nous saluèrent. Le concours du peuple était immense : les spectateurs étaient principalement placés sur les balcons des maisons, et gardaient le silence le plus respectueux.

A notre entrée dans la principale cour du palais, nous fûmes reçus par Radjah Dihan Sing, bel homme à la tournure martiale, et revêtu d'une armure; il nous conduisit à la porte du palais. Tandis que je me baissais pour ôter mes souliers, avant de poser mes pieds sur le seuil, je me trouvai dans les bras d'un petit vieillard qui me serrait étroitement; c'était le Maharadjah en personne. Il était accompagné de deux de ses fils, qui embrassèrent également M. Leckie et moi: ensuite le Maharadjah me mena par la main dans l'intérieur de sa cour. Certes, notre réception était du genre le plus distingué, puisque le monarque s'était avancé aussi loin pour nous faire honneur. M. Wade et M. Murray se trouvaient déjà dans la salle d'audience; nous nous assîmes tous sur des chaises d'argent, en face du Maharadjah. Ce prince fit plusieurs remarques obligeantes et flatteuses : il s'enquit particulièrement de la santé du roi de la Grande-Bretagne; et comme nous venions de Bombay, il s'informa de sir John Malcolm. Quelques momens après que nous eûmes pris place, j'annonçai au Maharadjah que j'avais amené sains et saufs à Lahor cinq chevaux, que sa très-gracieuse majesté le roi d'Angleterre, en considération des relations d'amitié et de concorde subsistant entre les deux états, lui envoyait en don; j'ajoutai que j'offrais aussi à son altesse, de la part du gouverneur général de l'Inde, un carrosse, en signe d'estime de sa seigneurie. Je dis ensuite que les chevaux étaient accompagnés d'une lettre amicale du ministre des affaires étrangères de notre souverain; et que je tenais en main cette dépêche serrée dans un sac de brocard d'or, scellé du sceau des armes d'Angleterre. Là-dessus le Maharadjah, sa cour et nous-mêmes nous nous levâmes, il prit la lettre et fit toucher le sceau à son front; puis il remit la dépêche à Ouez Ed Din, son ministre, qui en lut tout haut la traduction en langue persane. Les envoyés des états voisins étaient présens. Voici la teneur de la lettre :

« A son altesse le Maharadjah Rendjit Sing, chef de la nation des Seïks, et seigneur du Cachemir.

« Maharadjah,

» Le roi, mon très-gracieux maître, m'a commandé d'exprimer à votre altesse combien sa majesté est sensible à l'attention de votre altesse, en lui transmettant par le très-estimé et très-excellent seigneur comte Amherst, les magnifiques produits des manufactures des sujets de votre altesse, habitans du Cachemir.

» Le roi, sachant que votre altesse possède les plus beaux chevaux des races les plus renommées de l'Asie, a pensé qu'il pourrait être agréable à votre altesse d'être possesseur de quelques chevaux de la race la plus remarquable de l'Europe; et, souhaitant de satisfaire votre altesse sur ce point, il m'a commandé de choisir pour votre altesse quelques chevaux de la race gigantesque qui est particulière à l'Angleterre.

» Ce sont ces chevaux, choisis avec un soin exigeant beaucoup de temps, que j'envoie présentement à votre altesse, et comme vu leur poids considérable, ils seraient très-incommodés s'ils enduraient la fatigue d'une longue marche dans un climat chaud, j'ai ordonné qu'ils fussent conduits à votre altesse par l'Indus, et par celles des rivières du Pendjab dont la navigation sera la plus facile.

» Le roi m'a donné le commandement spécial de notifier à votre altesse la satisfaction sincère avec laquelle sa majesté a vu la bonne intelligence qui a subsisté depuis tant d'années, et que Dieu veuille conserver toujours, entre le gouvernement britannique et votre altesse.

» Sa majesté compte avec confiance sur la continuation de la paix si salutaire aux sujets des deux états, et sa majesté fait des vœux ardens pour que votre altesse vive long-temps en bonne santé et comblée d'honneur, et étende les bienfaits d'un gouvernement paternel à toutes les nations soumises au pouvoir de votre altesse.

» Par le commandement du roi;

» *Signé*,   Ellenborough. »

Durant la lecture de cette dépêche, le Maharadjah donna des signes évidens de sa satisfaction, et quand la moitié en eut été lue, il dit qu'il voulait accueillir son arrivée par un salut. Aussitôt une salve de vingt-un coups de canon, répétée par soixante pièces d'artillerie, annonça aux habitans de Lahor la joie de leur roi. Ensuite le Maharadjah manifesta son intention de voir les présens qui lui étaient annoncés, et nous l'accompagnâmes. La vue des chevaux excita au plus haut degré sa surprise et son admiration; leur taille et leur couleur lui plurent; il dit que c'étaient de petits éléphans; et à mesure qu'on les fit passer l'un après l'autre devant lui, il s'adressait à ses serdars et à ses officiers, qui tous partageaient ses sentimens.

Rien ne pouvait l'emporter sur l'affabilité du Maharadjah; il soutint constamment la conversation pendant une heure et demie que l'entrevue dura; il s'enquit particulièrement de la profondeur de l'Indus et de la possibilité d'y naviguer; il fit plusieurs questions sur les peuples vivant le long de ses rives, sur leur puissance politique et militaire. Je parlai des richesses du Sindhi, qui semblèrent exciter chez lui une ardente cupidité. Il nous présenta à tous les envoyés des états voisins, et finit par nous demander si nous désirions de voir son haras. Immédiatement trente chevaux furent amenés, et on les fit passer en revue devant nous. Ils étaient caparaçonnés de la manière la plus riche et la plus magnifique; quelques-uns étaient même ornés de joyaux précieux; Rendjit Sing nomma chaque cheval et décrivit sa généalogie à mesure qu'on l'approchait de nous. Il y en avait de tous les pays; leurs crinières étant bien arrangées, ils avaient certainement bon air; mais ce n'était pas le haras que je me serais attendu à trouver à Lahor; tous les chevaux me parurent être un peu petits.

Les mouvemens que le Maharadjah s'était donnés semblèrent l'avoir épuisé; nous nous retirâmes. La nature a été réellement avare de ses dons envers ce prince, et il doit y avoir un contraste prodigieux entre son esprit et son corps. Il a perdu un œil, il est marqué de la petite vérole, et sa taille ne dépasse sûrement pas cinq pieds trois pouces. Il est entièrement exempt de pompe et de faste; mais l'attitude respectueuse de sa cour est remarquable; personne ne prenait la parole sans en avoir obtenu la permission par un signe, quoique la presse ressemblât plutôt à celle d'un bazar qu'à celle des appartemens du plus puissant des princes indigènes de cette contrée dans les temps actuels.

La salle d'audience où nous fûmes reçus est entièrement construite en marbre; c'est un ouvrage des empereurs mogols; une partie du plafond était décorée d'un ciel de soie garni de pierreries, ce qui produisait un effet superbe. Le Maharadjah lui-même portait un collier, des brassards et des bracelets ornés d'émeraudes, dont quelques-unes étaient très-grosses. Son épée était montée en pierres très-précieuses. Les nobles étaient également resplendissans de joyaux pour cette occasion, et toute la cour était vêtue de jaune, couleur de prédilection de la nation, et qui produit un effet bizarre mais frappant.

Le lendemain matin le Maharadjah manifesta le désir que nous fussions présens à une revue militaire en honneur des événemens présens. Nous trouvâmes le prince déjà arrivé sur le terrain; il était assis sur une terrasse à peu de distance des remparts de Lahôr. Cinq régimens d'infanterie régulière étaient rangés en ligne, sur trois hommes de hauteur. Rendjit Sing nous invita à passer le long de la ligne et à l'inspecter. Les soldats avaient des habits blancs, la buffleterie en travers et de couleur noire; ils étaient armés de fusils des manufactures de Cachemir ou de Lahor; dans chaque corps il y avait un mélange d'Hindoustanis et de Seïks. L'inspection finie, la brigade manœuvra sous les ordres d'un officier général indigène; les évolutions furent exécutées avec une exactitude et une précision complétement égales à celles de notre armée de l'Inde; le commandement se faisait en français.

Pendant ce spectacle le prince parla beaucoup,

et nous demanda notre opinion sur ses troupes et leur équipement. Il nous dit que les fusils lui coûtaient dix-sept roupies la pièce. Il était surtout curieux de savoir si une colonne de soldats anglais pourrait s'avancer contre l'artillerie. De ce sujet il passa à celui des revenus du Cachemir; ce pays lui avait rapporté cette année trente-six lacs de roupies, ce qui était une augmentation de six lacs. « Tous » les gens que j'envoie à Cachemir, continua-t-il, » deviennent des coquins (*haramzadé*); c'est une » contrée qui offre trop de plaisirs et de jouissances. » Quand il réfléchissait à son importance, il pensait qu'il devait y placer un de ses fils ou y aller lui-même. Tel est le style des conversations de Rendjit Sing; mais son inclination à interroger et la justesse de ses questions marquent la force de son caractère. Il découvrit parmi les gens de notre suite un Hindoustani qui était allé en Angleterre; il le questionna d'abord en notre présence, et ensuite il l'envoya chercher en particulier, pour savoir si la richesse et la puissance de la nation anglaise étaient aussi grandes qu'on les lui avaient représentées. Nous quittâmes Rendjit Sing en apercevant des préparatifs de déjeuner, repas qu'il prend ordinairement en plein air, et en présence de ses troupes, souvent même à cheval. Sa passion pour monter à cheval et faire des voyages lointains est extrême; et dans ces occasions il déjeune en restant en selle plutôt que de descendre.

Nous logeâmes dans le pavillon du jardin de

M. le chevalier Ventura, autre général fançais, qui dans ce moment était absent avec sa légion, sur les rives de l'Indus. Cette maison était construite à l'européenne, seulement M. Ventura y avait ajouté une terrasse avec quatre-vingt-dix jets d'eau pour rafraîchir l'atmosphère. Nous vivions sur le pied le plus amical avec les officiers français, ce qui rendit notre séjour à Lahor singulièrement agréable. M. Court me frappa surtout par son esprit vif et ses connaissances ; il est également versé en géographie et en archéologie. De même que les autres officiers ses compatriotes, il était auparavant au service d'un des princes de Perse, et ce fut comme un naturel de ce pays qu'il vint dans l'Inde, ce qui lui fournit une occasion de recueillir d'excellens renseignemens sur les contrées intermédiaires. Il me montra la route de Kermanchâh à Attok, par Herat, Candahar, Ghazna et Caboul, tracée topographiquement avec le plus grand soin, et il me dit en même temps qu'il avait désiré moins de donner une carte complète de cette partie de l'Asie, que de faire counaître une bonne route avec ses détours et les ressources du pays sous les rapports militaire et statistique : les Français possèdent de meilleurs détails que nous sur ces contrées, et M. Court, en m'expliquant sa carte, m'indiqua les chemins préférables pour l'infanterie et la cavalerie. Il avait également employé un séjour de quatre ans dans le Pendjab, à éclaircir la géographie de cette contrée ; il avait excité des méfiances chez

Rendjit Sing, et néanmoins il continuait à faire son relevé du terrain depuis Attok jusqu'à notre frontière. Je ne doute pas que, grâce aux soins de cet habile officier, la géographie et les antiquités du Pendjab ne soient éclairées d'un nouveau jour; et je dois dire à son honneur qu'il ajoute, à son zèle infatigable dans ses investigations, le désir le plus vif de communiquer ce qu'il fait et d'aiguillonner les autres. Espérons que le fruit des travaux importans de M. Court ne tardera pas à être publié dans sa patrie par quelqu'un des corps savant de la capitale, tel que la société de géographie.

Dans nos promenades du soir à Lahor, nous eûmes de fréquentes occasions d'examiner cette ville. L'ancienne capitale avait de l'est à l'ouest une étendue de cinq milles, et une largeur moyenne de trois; on peut encore suivre ces dimensions par la vue des ruines. Les mosquées et les tombeaux, plus solidement bâtis que les maisons, restent au milieu des champs cultivés, comme des caravanserails dans la campagne. La cité moderne occupe l'angle occidental de l'ancienne, et est ceinte d'une forte muraille. Les maisons sont très-hautes, les rues étroites, sales et puantes, à cause d'un égout qui passe au milieu. Les bazars ne déploient pas beaucoup de richesse, mais on observe l'importance commerciale du Pendjab à Amritsir, métropole moderne du pays. Quelques monumens de Lahor méritent d'être mentionnés. La mosquée royale est un vaste édifice en grès rouge, apporté des environs de Delhi par les ordres d'Aurengzeb. Les quatre minarets très-hauts de ce temple sont encore debout, mais le corps du bâtiment a été converti en magasin à poudre. On voit aussi deux autres mosquées avec leurs minarets, comme pour proclamer la grandeur déchue de l'empire musulman; car ici, comme dans tout le Pendjab, les croyans sont obligés de réciter leurs prières à voix basse.

Quand l'étranger passe le Ravi, il contemple le plus bel ornement de Lahor, le Chah dara ou mausolée de l'empereur Djihan Ghir : c'est un monument superbe, de forme carrée, avec un minaret haut de 70 pieds à chaque angle; il est bâti principalement en marbre et en pierres rouges disposées alternativement. C'est un ouvrage du style le plus pur, orné d'inscriptions et d'autres décorations arrangées en mosaïques magnifiques; les nuances de quelques roses et d'autres fleurs sont même conservées par la diversité des teintes de la pierre. Deux lignes de caractères en noir, sur un fond de marbre blanc, annoncent le nom et le titre du conquérant du monde, signification des mots Djihan Ghir; et une centaine de termes différens, arabes et persans, qui signifient simplement Dieu, sont distribués sur diverses parties du sépulcre; le pavé est également en mosaïque. Ce tombeau était jadis couvert d'un dôme, Bahadour Châh le fit abattre, afin que la rosée et la pluie du ciel pussent tomber sur la tombe de Djihan Ghir, son grand-père. Il est probable que ce beau monument sera bientôt emporté par les eaux du Ravi, qui a un cours très-capricieux près de Lahor, et qui récemment a inondé une partie du mur du jardin qui environne le tombeau.

L'objet qui ensuite mérite le plus d'intérêt à Lahor est le jardin de Chah Djihan ; on le nomme *Chalimar* (maison de joie). C'est un reste magnifique de la grandeur mogole : il a près d'un demi-mille de longueur, et offre trois terrasses qui s'élèvent l'une au-dessus de l'autre. Un canal, qui est dérivé d'une distance considérable, traverse ce beau jardin, et alimente quatre cent cinquante jets d'eau qui rafraîchissent l'atmosphère. Le lit de marbre des empereurs mogols subsiste encore ; mais le jardin a souffert de grands dommages avant que Rendjit Sing parvînt au pouvoir suprême. Il a bien enlevé quelques-unes des maisons de marbre ; mais il a eu le bon sens de les faire rebâtir, quoique ce soit simplement en pierre.

Un matin, que nous allions examiner le tombeau de Djihan Ghir, nous trouvâmes Rendjit Sing assis dans la plaine et entouré de ses troupes. Il dépêcha un de ses officiers pour nous appeler, et nous passâmes une demi-heure avec lui. Il nous raconta les incursions des Afghans dans le Pendjab, et nous apprit que nous étions présentement sur le terrain de leur campement. Zeman Châh, aujourd'hui aveugle et demeurant à Lodiana, avait saccagé trois fois Lahor, nous dit-il, et conçu des projets sur l'Inde. Le Maharadjah parla aussi des vicissitudes auxquelles

les rois sont sujets. Il était l'homme le plus simplement mis de sa cour, ses habits étaient mesquins et usés.

Le 25 au soir, il nous donna une audience particulière : nous l'y vîmes bien à notre aise, car il fit retirer les personnes qui étaient avec lui. A notre arrivée, il était assis dans un fauteuil, autour de lui étaient une quarantaine de danseuses, toutes vêtues uniformément en hommes. Elles étaient, pour la plupart, natives du Cachemir ou des montagnes voisines. On peut dire que la nature ne s'était pas montrée avare envers elles : on ne pouvait qu'admirer leur grâce et leur beauté ; la délicatesse de leurs traits était en harmonie avec celle de toute leur personne. Leur habillement en soie, de couleur vive, leur allait à merveille, et un arc avec un carquois dans la main de chacune ajoutait encore à l'agrément de ce costume. Les yeux des Cachemiriennes sont célèbres dans les poésies de l'Orient, et ceux de ces jeunes filles, noirs et brillans, confirmaient les éloges qu'on leur prodigue ; par malheur, elles les avaient défigurés par une espèce de poudre d'or éclatante dont elles les avaient entourés au moyen d'un enduit. » C'est, nous dit Rendjit Sing, un de mes *paltans* (régimens) ; mais elles me disent que c'en est un que je ne puis pas discipliner. » Remarque qui nous divertit et plut infiniment à ces belles. Il désigna deux d'entre elles, qu'il appelait les commandantes de cette arme, auxquelles il avait donné des villages et un traitement de cinq et de dix roupies par jour.

Bientôt il fit appeler quatre ou cinq éléphans pour emmener à leur demeure ces militaires indisciplinables.

Alors le Maharadjah s'entretint avec nous de sujets plus importans ; et, entre autres choses, il nous exposa toute l'histoire de ses liaisons avec le gouvernement britannique. Elles avaient d'abord excité des soupçons et des mécontentemens parmi les serdars Seïks; mais dès le principe, il avait été persuadé des avantages de cette union. Sir John Malcolm s'était le premier montré son ami en 1805 ; sir Charles Metcalfe avait complété son bonheur. Sir Charles Ochterlony avait cimenté plus fortement l'amitié existante, et la lettre que je lui avais remise de la part du ministre du roi de la Grande-Bretagne participait plutôt de la nature d'un traité que de celle d'une dépêche ordinaire, et lui avait causé un plaisir qu'il n'était pas en son pouvoir d'exprimer. Ici il en revint aux richesses du Sindhi, et ne cacha pas son vif désir de les approprier à son usage. Il m'adressa les questions les plus directes sur les sentimens de notre gouvernement concernant ce point. Rendjit Sing aime beaucoup à comparer la force respective des nations de l'Europe; et, dans l'occasion actuelle, il me demanda laquelle de la France ou de l'Angleterre était la puissance la plus considérable. Je lui répondis qu'elles étaient grandes toutes les deux; mais qu'il n'avait seulement qu'à considérer notre force dans l'Inde pour bien connaître le caractère militaire de la Grande-Brétagne : « Bon, bon, ajouta-t-il, que

»penses-tu de mes officiers français? Mais as-tu en-
»tendu parler de mes campagnes au delà de l'Indus,
»contre les Ghazis (musulmans fanatiques)? Je dois
»tous mes succès à la bravoure de ma nation. Elle
»est exempte de préjugés. Mes soldats Seïks empor-
»tent, sur leur dos, des vivres pour huit jours, creu-
»sent un puits si l'eau est rare, et construisent un fort
»si les circonstances l'exigent : c'est une besogne que
»je ne puis engager les Hindoustanis à effectuer. La
»valeur de mon armée a conquis le Cachemir pour
»moi. Comment crois-tu que je dispose des châles et
»des autres productions de ce pays dans l'état actuel
»d'encombrement du commerce? C'est avec ces cho-
»ses que je paye mes officiers; et comme je donne,
»à un chef, qui peut avoir droit à une solde de 300
»roupies, des châles pour une valeur de 500, il est
»très-content, et l'état y gagne.» Des châles de Cachemir, Rendjit Sing passa aux louanges du vin et
des liqueurs fortes, qu'il aime immodérement. Il
voulut savoir si j'avais bu la provision qu'il nous
avait envoyée; et, par manière d'éloge, il ajouta que
ce vin était mêlé de perles et de pierres précieuses.
C'est, je dois le dire, un breuvage ordinaire dans
l'Orient, une mode qui probablement a tiré son
origine du désir du donneur d'ajouter au prix de
ses présens. Cette conversation sur toutes sortes de
sujets se continua très-avant dans la soirée; alors le
Maharadjah fit venir un arc et un carquois magnifiques, ainsi qu'un cheval richement caparaçonné,
le corps couvert d'un beau châle, le cou entouré d'un

collier d'agates, et la tête surmontée d'une plume de héron. «C'est, me dit-il, un de mes chevaux de selle que je te prie d'accepter. » Il fit aussi un don semblable à M. Leckie, et pendant que nous regardions ces animaux, on amena un des chevaux de trait revêtu de brocard d'or, et portant sur le dos une selle d'éléphant; spectacle qui m'arracha involontairement un sourire. Rendjit Sing nous arrosa, de sa propre main, d'huile de sandal et d'eau de roses, ce qui termina l'entrevue. Comme nous nous en allions, il nous rappela pour nous inviter à venir le trouver le lendemain, de bonne heure, parce qu'il voulait nous faire assister, pour notre amusement, à une revue de son artillerie à cheval.

Nous nous rendîmes auprès du Maharadjah, à l'heure indiquée, sur le terrain de la parade; il y avait un train de cinquante-une pièces d'artillerie qu'il avait rassemblées pour l'occasion; c'étaient des pièces de six en bronze, chacune tirée par six chevaux. L'ensemble était commandé par un officier Seïk, qui fit exécuter les mouvemens de l'artillerie à cheval, et fit former les lignes et les colonnes dans toutes les directions; les évolutions ne furent pas effectuées avec rapidité, mais la célérité fut considérable, et de toute la matinée il n'arriva pas le moindre accident, soit en tournant, soit en tirant. Il n'y avait pas de fourgon sur le champ de parade. Les chevaux et les équipemens étaient médiocres, mais les canons bien fondus, les affûts en bon état; ils avaient été faits à Lahor et coûtaient 1,000 rou-

pies la pièce. Pendant que les troupes passaient en revue, il nous demanda de lui dire franchement notre opinion sur leur tenue. « Chaque canon que vous
» voyez, nous dit-il, me coûte 5,000 roupies par
» an, par la solde des officiers et des soldats et l'en-
» tretien des chevaux. J'ai cent pièces d'artillerie de
» campagne, indépendamment de canons de rem-
» part et de mortiers; mes officiers français me di-
» sent que j'en ai trop. Je puis en diminuer le nom-
» bre, mais ce n'est pas chose aisée de l'augmenter. »

Il n'y avait pas long-temps que nous étions assis avec lui, quand il nous dit : « Il faut que vous dé-
» jeuniez avec moi. » Honneur dont nous nous serions volontiers dispensé, mais il n'y avait pas moyen de reculer. Les chaises furent emportées, on plaça pour chacun de nous un coussin de velours vis-à-vis du Maharadjah, et le repas simple de ce potentat fut apporté. Il consistait en différentes espèces de riz avec du lait, du sucre, et quelques mangues confites; tout cela fut servi sur des feuilles cousues ensemble. Rendjit Sing choisit les meilleures portions et nous les présenta lui-même; la politesse nous forçait de lui tenir compagnie. Certainement le pouce et les doigts remplacent bien imparfaitement le couteau et la fourchette. Ce déjeuner fini Renjdit Sing nous demanda si nous voulions accepter de lui un dîner, et en même temps il donna ses ordres pour qu'on le préparât; il nous fut envoyé le soir. Il ressemblait beaucoup au déjeuner et fut servi de la même manière.

Rendjit Sing est, sous tous les rapports, un homme extraordinaire. J'ai entendu ses officiers français dire qu'il n'a pas son égal de Constantinople à l'Indus, et tous ont vu les monarques qui règnent dans cet intervalle.

Nous restâmes à Lahor jusqu'au 16 août, et nous eûmes beaucoup d'occasions de voir le Maharadjah. L'histoire de son élévation a été écrite par feu le capitaine William Murray agent politique à Ambala, je ne puis rien y ajouter. Le trait le plus honorable du caractère de Rendjit Sing est son humanité; depuis son avénement au pouvoir, il n'a jamais puni de mort un criminel; cependant il n'hésite pas à faire mutiler un malfaiteur; mais ordinairement il l'envoie en bannissement dans les montagnes. L'emploi de la ruse et de la conciliation a été la principale arme de sa diplomatie. Il n'est que trop probable que la carrière de ce chef est près de sa fin; son corps est amaigri, son dos voûté, ses membres se dessèchent, et il n'est pas vraisemblable qu'il puisse résister long-temps à la dose nocturne de liqueurs spiritueuses plus ardentes que l'eau-de-vie la plus forte.

Le 16 août, nous eûmes notre audience de congé de Rendjit Sing, mais une indisposition empêcha mon compagnon de voyage de s'y trouver; le capitaine Wade m'y accompagna. Le Maharadjah nous reçut d'une manière singulière, sous un portique ouvert conduisant au palais. Une pièce de toile blanche était étendue sous nos chaises, en guise de tapis : peu de personnes de la cour étaient présentes. Conformément à un souhait que je lui avais exprimé, il me montra le *koh i nour* (le mont de la lumière) un des plus grands diamans du monde, qu'il avait extorqué de Chah Choudja, ex-roi de Caboul. On ne peut rien s'imaginer de plus superbe que cette pierre ; elle est de la plus belle eau et grosse comme la moitié d'un œuf. Son poids est de trois roupies et demie, et si on peut faire une évaluation d'un tel joyau, j'apprends qu'il vaut trois millions et demi ; mais c'est une exagération trop forte. Le koh i nour est monté en brasselet, et a de chaque côté un diamant de la grosseur d'un œuf de moineau.

Rendjit Sing semblait désirer de nous faire voir ses joyaux avant notre départ : on apporta avec les diamans un grand rubis pesant quatorze roupies. Les noms de plusieurs rois y étaient gravés, entre autres ceux d'Aureng-Zeb et d'Ahmed Châh. Il y avait aussi une grosse topaze du poids d'onze roupies, et de la dimension d'une bille de billard ; le Maharadjâh l'avait achetée 20,000 roupies.

Ce prince, après m'avoir assuré combien il était satisfait de ce qu'une communication eût été ouverte entre Lahor et un lieu de l'Inde aussi reculé que Bombay, puisqu'elle cimentait son amitié avec le gouvernement britannique, me passa au cou un collier de perles, me plaça une bague en diamant à une main et une d'émeraude à l'autre ; enfin me fit don de quatre autres joyaux d'émeraudes et de perles. Ensuite il me ceignit la taille d'un magnifique sabre orné d'un nœud de perles. Après cela, on amena un cheval revêtu d'une couverture de brocard d'or, et paré d'ornemens en or à la bride et à la selle. Un *kelaat* (habit d'honneur) fait en châles, et d'autres objets des manufactures de Cachemir, me furent remis, ainsi que des présens du même genre pour M. Leckie. Trois personnes de notre suite reçurent également des marques de la munificence du prince, qui l'étendit au reste de notre suite, en envoyant 2,000 roupies pour lui être distribuées.

Alors le Maharadjah montra sa lettre en réponse à celle du ministre du roi de la Grande-Bretagne, et me pria d'en être le porteur, comme je l'avais été de l'autre. Elle était serrée dans un sac de soie : deux petites perles étaient suspendues aux cordons qui le fermait; elle tenait un rouleau long de cinq pieds. Je vais en donner la traduction verbale : je n'ai pas besoin de faire remarquer qu'avec beaucoup de fleurs inutiles et de ce mauvais goût qui déplaisent à un Européen, on y découvre des traces d'un sens et d'un jugement exquis. On sourira sans doute des titres que le Maharadjah me faisait l'honneur de me donner.

« Au moment heureux où les zéphyrs parfumés du
» printemps soufflaient du jardin de l'amitié, et por-
» taient à mes sens le baume agréable de ses fleurs,
» la missive de votre excellence, missive dont chaque
» lettre est une rose fraîchement éclose sur la branche
» des égards, et chaque mot un fruit vermeil sur l'ar-
» bre de l'estime, m'a été remise par M. Burnes et
» M. John Leckie, qui avaient été chargés de m'ame-
» ner des chevaux d'une qualité supérieure, d'une

» beauté singulière, d'une forme alpine, d'une sta-
» ture d'éléphant, admirables même dans leur propre
» pays, et qui m'avaient été envoyés en présent par
» sa majesté le roi de la Grande-Bretagne, avec un
» grand et élégant carrosse. Les présens, grâces aux
» soins des deux personnes que je viens de nommer,
» sont arrivés en très-bon état, et m'ont été remis
» ainsi que la lettre de votre excellence, qui exhale
» l'esprit de l'amitié, par ce rossignol du jardin de
» l'éloquence, cet oiseau aux mots ailés de la douce
» parole, M. Burnes: leur réception a fait naître un
» millier d'émotions, de plaisirs et de délices dans
» mon sein.

» La nouvelle contenue dans la lettre de votre ex-
» cellence, que sa gracieuse majesté le roi d'Angle-
» terre a été très-satisfait de la tente en châles sortis
» des manufactures de Cachemir, que j'ai eu l'hon-
» neur d'envoyer en présent, m'a causé le plus grand
» contentement : mais mon cœur est tellement plein
» des sensations de joie et de gratitude pour ces mar-
» ques de bienveillance et d'attention de la part de
» sa majesté, que je me trouve dans l'impossibilité
» de leur donner l'essor par des expressions conve-
» nables.

» Par la grâce de Sri Akal Pourakh Dji (Dieu),
» j'ai dans mes écuries des chevaux de races pré-
» cieuses et estimées, venant des divers cantons de
» l'Hindoustan, du Turkestan et de la Perse, mais
» aucun ne peut soutenir la comparaison avec ceux
» dont le roi m'a fait présent par l'intermédiaire de

» votre excellence, car ces animaux, par leur beauté,
» leur taille et leurs qualités, l'emportent sur les che-
» vaux de chaque ville et de chaque pays du monde.
» En regardant leurs pieds, la nouvelle lune pâlit
» d'envie, et disparut presque du ciel. L'œil du soleil,
» dans sa course au travers de l'univers, n'a jamais
» contemplé de tels chevaux. Incapable de leur don-
» ner par écrit les louanges qu'ils méritent, je suis
» obligé de laisser flotter les rênes sur le cou du cour-
» sier de la description, et d'abandonner l'entreprise.

« Votre excellence a dit qu'elle était chargée par
» sa majesté de me témoigner son vœu sincère pour
» la durée éternelle de l'amitié qui a régné si long-
» temps entre les deux états, et qui a contribué si
» puissamment à la prospérité et au bonheur de leurs
» sujets respectifs. Votre excellence m'a dit encore
» que sa majesté espère que je vivrai encore long-
» temps en santé et en honneur pour gouverner et
» protéger le peuple de ce pays. Je vous prie de vou-
» loir bien assurer à sa majesté que ces sentimens
» correspondent entièrement avec ceux que je nour-
» ris, tant pour ce qui concerne nos relations exis-
» tantes, que pour ce qui est relatif au bonheur et à
» la prospérité de sa majesté et de ses sujets.

» Les fondemens de l'amitié entre les deux états
» furent d'abord posés par la conspiration de sir
» C. T. Metcalfe, homme doué de toutes les qualités
» excellentes; et, après ce temps, en conséquence du
» long séjour de sir C. T. Metcalfe dans l'Hindoustan,
» l'édifice de l'affection mutuelle et de la bonne in-

» telligence fut fortifié et complété par son attention
» et ses efforts.

» Quand le très-honorable comte d'Amherst vint
» dans sa visite de l'Hindoustan aux monts de Simla,
» les cérémonies et les usages de l'amitié réciproques
» furent si bien observés, que la renommée s'en ré-
» pandit dans tout le pays.

» Le capitaine Wade, depuis qu'il occupe son poste
» à Lodiana, a toujours été soigneux de ne rien omet-
» tre de ce qui était calculé pour accroître et fortifier
» les sentimens d'unanimité entre les deux puissances.

» Le très-honorable lord William Bentinck, gou-
» verneur général actuel, étant venu il y a quelque
» temps à Simla, je saisis l'occasion de députer des
» officiers recommandables et affidés, en compagnie
» du capitaine Wade, pour présenter mes compli-
» mens à sa seigneurie, et lui remettre une lettre qui
» s'enquérait de sa santé. Ces officiers, après avoir eu
» l'honneur d'une entrevue, ont été congédiés par sa
» seigneurie, avec des marques de grande distinction
» et d'honneur. A leur retour, ils m'ont raconté les
» détails du gracieux accueil qu'ils avaient reçu. Ils
» m'ont parlé des excellentes qualités de sa seigneurie,
» ainsi que des sentimens d'amitié et d'égards qu'il
» avait exprimés pour cet état. Ces circonstances ont
» excité en moi une impression très-satisfaisante.
» Par la grâce du Tout-Puissant, le gouverneur gé-
» néral actuel est, de même que le comte d'Amherst,
» disposé, sous tous les rapports, à élever et à main-
» tenir l'étendard de l'harmonie et de la concorde

» subsistant entre les deux états : bien plus, d'après
» ses excellentes qualités, je suis enclin à concevoir
» l'espérance qu'il sera même sur ce point plus at-
» tentif que son prédécesseur. M. Burnes et M. Leckie
» dont j'ai fait mention plus haut, comme m'ayant
» apporté les présens de sa majesté, m'ont plu ex-
» trêmement par leur conversation amicale et agréa-
» ble. Les marques de bienveillance et d'attention de
» la part du gouvernement britannique, manifestées
» par la mission de ces deux officiers, ont accru mon
» amitié et mon respect pour lui au centuple ; cir-
» constance qui, étant devenue notoire dans tout le
» pays, a causé infiniment de satisfaction et de plaisir
» aux amis des deux états et à tous ceux qui leur veu-
» lent du bien, et un dépit proportionné dans le
» cœur de leurs ennemis. J'espère que vous porterez
» toutes ces particularités à la connaissance de sa
» gracieuse majesté.

» Je suis convaincu que, par la grâce de Dieu, notre
» amitié et notre attachement réciproque, qui sont
» aussi évidens que le soleil à midi, conserveront tou-
» jours la même solidité, et s'accroîtront chaque jour
» sous les auspices de sa majesté.

» J'ai congédié M. Burnes et M. Leckie avec cette
» lettre amicale, en réponse à celle de votre excel-
» lence, et j'espère que ces officiers, après leur heu-
» reuse arrivée à leur destination, vous rendront un
» compte exact des sentimens de considération et
» d'estime que j'ai pour votre excellence. En finissant,
» je suis convaincu que, sachant que j'ai toujours le

» vif désir de recevoir des nouvelles favorables de la
» santé et de la prospérité de sa majesté, ainsi que de
» la vôtre, votre excellence continuera à me rendre
» satisfait en me transmettant des lettres, tant du
» roi que de vous-même. »

En me remettant cette dépêche, le Maharadjah m'embrassa, et me pria d'exprimer les sentimens de sa haute considération au gouverneur général de l'Inde. Je pris congé de ce prince, et le soir même je quittai Lahor pour aller à Simla, dans les monts Himalaya. Je devais rendre compte de ma mission à lord William Bentinck qui s'y trouvait alors.

Le lendemain matin, nous arrivâmes à Amritsir, la cité sainte des Seïks; elle est à 30 milles de Lahor. Le pays intermédiaire que l'on nomme le *Mandja* est très-bien cultivé. Le *nahr* ou grand canal, qui fut dérivé du Ravi par un des empereurs de l'Hindoustan et qui amène l'eau d'une distance de 80 milles, passe à Amritsir et court parallèlement à la route de Lahor. Il est peu profond, et souvent sa largeur n'excède pas 8 pieds; cependant de petits bateaux y naviguent. Nous restâmes un jour à Amritsir pour voir les cérémonies religieuses des Seïks, et notre curiosité fut complètement satisfaite.

Le soir, les principaux personnages de la ville nous conduisirent au temple national; c'est un joli édifice couvert en or bruni et placé au milieu d'un lac. Après en avoir fait le tour, nous entrâmes et nous présentâmes notre offrande au *Grinth Sahib* (livre saint), qui était ouvert devant un prêtre; celui-ci l'éventait avec une queue de vache du Tubet, afin d'en écarter toute espèce d'impureté et d'ajouter au respect qui lui est dû. Quand nous nous fûmes assis, un Seïk se leva et s'adressa à l'assemblée : il invoqua le gourou Govind Sing, et chacun joignit les mains; il dit que tout ce dont les Seïks jouissaient sur la terre provenait de la bonté du gourou, et que les étrangers qui se trouvaient présens étaient venus d'une longue distance, avaient apporté des présens du roi d'Angleterre pour cimenter l'amitié réciproque, et paraissaient maintenant dans le temple avec une offrande de 250 roupies. Cette somme fut alors placée sur le Grinth, et une acclamation universelle de *Ouagroudji ka feth* termina le discours. Ensuite nous fûmes revêtus de châles de Cachemir, et avant de sortir je priai l'orateur d'exprimer notre vœu pour la continuation de l'amitié avec la nation des Seïks, ce qui occasiona une nouvelle acclamation de *Ouagroudji ka feth! Khalsadji ka feth!* (que la religion des Seïks prospère!)

Du grand temple, nous fûmes menés à l'*Acali bounga* (maison des immortels), où nous fîmes une offrande semblable. Nous n'obtînmes pas la permission d'entrer dans ce lieu, parce que les Acalis ou Nihangs sont une secte de fanatiques extravagans auxquels il ne fait pas bon se fier. En retour de notre cadeau, le prêtre nous envoya du sucre. Les Acalis sont coiffés d'un turban de toile bleue, se terminant en pointe, ils y attachent plusieurs morceaux de fer de forme ronde; ce sont des armes défensives employées comme des palets. Ces bigots accablent constamment leur prochain d'invectives, d'insultes et même d'actes de violence; il ne se passe pas dans le Pendjab une semaine sans que quelqu'un perde la vie par leur fait; mais Rendjit Sing réprime leurs excès d'une main ferme et résolue, quoiqu'ils fassent partie du système de la religion de laquelle il se montre observateur scrupuleux. Il a attaché quelques-uns des plus pétulans à ses bataillons, et a banni les autres. Dea Sing Madjitia, notre conducteur, vieillard vénérable, père de notre mehmandar, et Seïk de la confédération, se montra plein de sollicitude pour notre sûreté; il nous mena par la main, qu'il tenait fortement, à travers la foule assemblée.

Sortis du temple, nous fîmes le tour d'Amritsir, qui est une ville plus grande que Lahor. C'est le grand entrepôt du commerce entre l'Inde et le Caboul. Les négocians sont principalement des Hindous, devant la porte desquels on voit de grands blocs de sel gemme de couleur rouge; on s'en étonne, et on se demande quelle est leur utilité? Mais la surprise cesse quand on apprend qu'ils sont placés là pour que les vaches sacrées de la ville, qui aiment beaucoup cette substance minérale, puissent venir la lécher. En retournant à notre logis, nous visitâmes le Rambagh, le séjour de prédilection du Maharadjah quand il réside à Amritsir. Sa passion pour les ouvrages militaires se déploie également en cet endroit, et il a entouré un jardin de plaisance d'une grosse butte de terre qui est maintenant renforcée par un fossé.

Après avoir pourcouru 23 milles depuis notre départ d'Amritsir, nous arrivâmes sur les rives du Béyah, l'*Hyphasis* des historiens d'Alexandre. Le pays est diversifié par des arbres, mais peu fertile, car le sol est graveleux. Le 21 nous passâmes le Béyah à Djelalabad, où, gonflé par les pluies, il avait un mille de largeur. Sa vitesse était de plus de 5 milles à l'heure; le trajet nous prit près de deux heures, et nous débarquâmes à 2 milles au-dessous du point opposé à celui d'où nous étions partis; la plus grande profondeur du Béyah était de 18 pieds. Les bateaux dont on se sert sur cette rivière ne sont que des radeaux avec une proue; ils penchent terriblement, et sont très-peu sûrs : cependant, c'est par leur moyen qu'on transporte d'un bord à l'autre les éléphans, les chevaux, le bétail et l'artillerie. Il ne nous arriva pas d'accident, mais un incident survenu dans un des petits bras de cette rivière aurait pu devenir sérieux. Il avait 90 pieds de largeur, et 18 de profondeur; nous essayâmes de le traverser assis sur un éléphant. L'animal n'eut pas plutôt perdu pied, qu'il fit la culbute et nous précipita, M. Leckie et moi, la tête en avant dans l'eau, et, se retournant en même temps, regagna la rive de laquelle il était venu; le docteur Murray seul resta en place. Nous ne fûmes pas long-temps à revenir sur la terre ferme, sans autre inconvénient que celui d'avoir été trempés. Nous n'essayâmes pas de faire de nouveau le trajet sur un éléphant : ce fut sur une peau de buffle enflée et supportant un châssis.

Nous fîmes halte à Kappertalla, à 10 milles du Béyah; ce lieu appartient à Feth Sing Alououala, un des chefs Seïks, qui se trouva ici en 1805 avec l'armée du lord Lake quand elle campait dans ce canton. C'est un homme encore jeune. Il nous reçut avec beaucoup d'égards et de bienveillance, et, quand nous approchions envoya ses deux fils au devant de nous. Le soir il vint nous faire visite, et le lendemain, quand nous la lui rendîmes, il nous donna une grande fête dans le pavillon de son jardin qui était illuminé; un feu d'artifice très-varié fut tiré, et nous le vîmes très-bien de dessus une terrasse. Feth Sing est le personnage que sir John Malcolm, dans son *Tableau des Seïks*, décrit comme aimant à boire un petit coup; les années n'ont rien changé à son goût pour les liqueurs. Aussitôt que nous fûmes assis, il fit apporter sa bouteille, en usa sans réserve, et insista pour que nous bussions aussi; cette liqueur était trop forte pour un Anglais; mais il nous assura que, quelle que fût la quantité que nous en boirions, elle ne nous altérerait jamais. Nous vidâmes un verre à la santé du serdar et de sa famille; nous étions sur le point de nous retirer, quand il nous offrit des présens magnifiques qu'il n'y avait pas moyen de refuser. Il me donna un collier de perles et d'autres joyaux, avec un sabre, un cheval et plusieurs châles. Feth Sing est un homme peu façonné, mais son allure est martiale. Son revenu annuel se monte à peu près à quatre lacs de roupies; il le dépense entièrement, car il a une forte passion pour la bâtisse. Indépendamment des travaux qu'on exécutait dans deux de ses jardins, il construisait une maison dans le style anglais, mais en homme de bon sens, il y ajoutait une suite d'appartemens souterrains pour la saison des chaleurs. Quand nous lui fîmes nos adieux, il nous pria d'être auprès de sir John Malcolm, son vieil ami, les interprètes des sentimens de sa considération sincère.

En trois marches nous parcourûmes la distance de Kapertalla à Falaour, qui est de 36 milles; nous passâmes par Djallinder et par Djemchir. La première de ces villes est grande; dans un temps elle fut habitée par les Afghans. Elle est entourée d'un mur en briques, le pavé des rues est de la même matière. Djallinder donne son nom au *Douab*, ou pays compris entre le Béyah et le Setledje, tandis que les autres Douabs sont désignés par des dénominations composées qui se forment par la contraction de l'appellation des deux rivières. Ainsi, entre le Tchénab et le Djalem ou Béhat, nous avons le Tchénat : entre le Ravi et le Tchénab, le Ritchna, et entre le Beyah et le Ravi, le Bani. De Djallinder aux bords du Setledje, le pays est très-bien cultivé et très-peuplé. Tous les villages sont entourés de murs en terre, beaucoup même ont de plus un fossé; ce qui annonce l'état de désordre auquel cette contrée était livrée jadis. Les maisons sont construites en bois, et ont des toits plats revêtus en terre, ce qui les fait ressembler à de chétives cabanes.

Falaour est sur le Setledje; c'est la ville frontière

du Maharadjah des Seïks; nous y laissâmes l'escorte qui nous avait accompagnés depuis Moultan. Nous distribuâmes des habits aux officiers et une somme de 1,000 roupies aux soldats; tout le monde fut satisfait. Le Maharadjah continua, jusqu'au dernier moment, à se montrer magnifique, et avant que nous eussions passé le Setledje, il ne nous avait pas envoyé moins de 24,000 roupies en espèces, quoique nous eussions refusé de recevoir la somme de 700 roupies qui avait été fixée pour notre rétribution journalière depuis que nous étions arrivés à Lahor.

Avant de quitter définitivement le Pendjab, je ne dois pas oublier quelques particularités relatives à ses antiquités, et bien propres à attirer toujours l'attention. Il paraît certain qu'Alexandre le Grand a visité Lahor, et jusqu'à ce jour on voit au sud-est de cette capitale les restes d'une ville qui répond à *Singala*, et qui a un lac dans son voisinage. Le tope de Manikiala, décrit premièrement par M. Elphinstone, et récemment examiné par M. Ventura, a excité un grand intérêt dans l'Orient. M. Court et M. Allard pensaient que ces restes remontaient à un temps plus ancien que celui de l'expédition d'Alexandre, parce que les médailles qu'on y a trouvées offrent une figure assez semblable au trident de Neptune, que l'on aperçoit sur les pierres des monumens de Persepolis. Durant mon voyage dans le Pendjab, je ne réussis pas à me procurer une médaille d'Alexandre, ni aucune autre que la pièce bactrienne que j'ai décrite; les deux officiers français, malgré leur long séjour dans le pays et leur position, n'ont pas été plus heureux. Par bonheur, je puis assurer qu'il existe deux autres édifices semblables au tope de Manikiala, et récemment découverts dans les montagnes à l'ouest de l'Indus, dans le canton habité par les Eusoufzis; leur ouverture pourra jeter quelque lumière sur les antiquités du Pendjab, sujet si intéressant. Les habitans de cette contrée regardaient Sialcote, ville située à une quarantaine de milles au nord de Lahor, comme la plus ancienne. On dit qu'il en est question dans le *Sekander naméh*, ouvrage persan.

Le 26 août à midi, nous partîmes de Falaour pour Lodiana, et nous traversâmes le Setledje, qui est l'*Hesudrus* des anciens. On le nomme encore *Chittoudar* (les cent rivières), à cause du grand nombre de canaux entre lesquels il se partage. Dans l'endroit où nous le passâmes, sa largeur n'excédait pas 2,100 pieds, quoique deux jours avant notre arrivée il eût grossi. La plus grande profondeur donnée par la sonde fut de 18 pieds; mais la moyenne fut de 12. Il est moins rapide que le Béyah, ses eaux sont plus froides que celles des autres rivières du Pendjab, probablement à cause de la longueur considérable de son cours, dont une grande partie se trouve au milieu des montagnes neigeuses. Le lit du Setledje change souvent, et ses eaux se portent tantôt vers une rive, tantôt vers une autre. Le pays qui le sépare du cantonnement anglais à Lodiana, est coupé de *nallas* ou ravins; celui qui passe près du camp formait il y a cinquante ans le lit du Setledje; cette rivière est généralement guéable après le mois de novembre. L'armée de lord Lake la traversa en 1805, à deux milles au-dessus de Lodiana; mais les gués varient, et les bateliers examinent chaque année leur emplacement avant que les voyageurs tentent le trajet, parce qu'il y a beaucoup de sables mouvans. Quand le Béyah s'est joint au Setledje, et que leurs eaux réunies, ainsi que je l'ai dit précédemment, ont pris le nom de Gorra, celui-ci n'est plus guéable. Les bateaux du Setledje ont la même forme que ceux du Béyah; il y en a dix-sept au lieu du passage à Falaour. Le pays entre le Setledje et Lodiana est très-bas; j'ai remarqué que c'est un trait caractéristique de la rive gauche de cette rivière jusqu'aux montagnes. On s'attendrait à trouver le terrain de cet espace alluvial, mais il est sablonneux.

A Lodiana nous rencontrâmes deux personnages qui ont exercé de l'influence sur le monde dans l'Orient, et qui aujourd'hui sont pensionnaires du gouvernement britannique; l'un est Chah Zéman, ex-roi de Caboul, l'autre Chah Choudja oul Moulk. Le cérémonial de notre présentation à Chah Choudja fut à peu près le même que celui qui a été décrit par M. Elphinstone dans sa *Relation du Caboul;* car dans son exil le monarque déchu n'a pas abandonné l'étiquette de la royauté. Les officiers de sa cour continuent à se montrer coiffés des mêmes bonnets bizarres, et à un signal donné en turc (*ghatchan*, sortez), les gardes s'empressent de s'en aller en faisant du bruit avec les hauts talons de leurs bottes. La personne du Chah a été décrite avec tant de fidélité, que je n'ai que peu de chose à dire sur ce point. Dans son infortune, il conserve la même dignité et les mêmes manières engageantes que lorsqu'il était sur le trône. Quand nous le vîmes, il était assis dans un fauteuil placé dans un lieu ombragé de son jardin; nous restâmes debout. Il est devenu un peu corpulent, et sa physionomie est mélancolique; il parla beaucoup et avec une grande affabilité. Il nous adressa une infinité de questions sur le Sindhi et sur les pays baignés par l'Indus; il nous dit qu'il avait réprimandé les émirs de leurs soupçons et de leur méfiance au sujet de nos intentions en faisant le voyage de Lahor. « Si j'avais mon » royaume, continua-t-il, que j'aurais de plaisir à » voir un Anglais à Caboul, et à ouvrir la route » entre l'Europe et l'Inde. » Ensuite le Chah en vint à ses propres affaires et exprima son espoir de pouvoir bientôt recouvrer ce qui lui avait été enlevé. En réponse à une de ses questions, je lui appris que dans le Sindhi beaucoup de monde faisait des vœux pour lui. « Ah! s'écria-t-il, les gens de cette espèce » ne valent pas mieux que des ennemis; ils mani- » festent par leurs discours une affection et une fidé- » lité extrêmes, mais ils ne me rendent aucun ser- » vice. Ils oublient que j'ai à réclamer d'eux deux » crores de roupies pour arrérages de tribut. »

Chah Choudja était simplement vêtu d'une tunique de gaze couleur de rose, et coiffé d'un bonnet de velours vert, ressemblant un peu à une couronne; quelques émeraudes y étaient suspendues. On est naturellement porté à faire des réflexions sur les vicissitudes de la vie humaine, quand on visite un personnage de ce genre. D'après ce que j'apprends, je ne crois pas que le Chah soit doué d'une énergie suffisante pour se placer de nouveau sur le trône de Caboul; et s'il le regagnait, il n'a pas le tact nécessaire pour remplir les devoirs d'une position si difficile.

Chah Zéman, frère de Chah Choudja, est un objet de grande compassion par son âge, son apparence et sa cécité. Nous lui rendîmes également visite. Il était assis dans une salle, ayant près de lui une seule personne; celle-ci nous annonça; le Chah leva les yeux en l'air et nous dit que nous étions les bienvenus. Il est complétement aveugle et ne peut distinguer le jour de la nuit. Il parla autant que son frère, et se plaignit de ne pouvoir passer le reste de ses jours dans sa patrie, où la chaleur était moins accablante.

Chah Zeman est devenu extrêmement dévot; il passe la plus grande partie de son temps à écouter la lecture du Coran et de ses commentaires. Ce pauvre homme est heureux de pouvoir puiser des consolations à une source quelconque. Quand nous prîmes congé de lui, Chah Zéman me pria de lui rendre visite avant de quitter Lodiana, parce qu'il avait du plaisir à se trouver avec un étranger. Je ne

manquai pas de remplir ses vœux; je le vis seul.
J'avais pensé que son âge et ses infirmités le rendaient indifférent à toutes les choses d'un intérêt politique; mais il me demanda de la manière la plus pitoyable si je ne pouvais pas intercéder auprès du gouverneur général en faveur de son frère, afin de le délivrer de son exil. Je l'assurai de la sympathie de notre gouvernement, et je lui dis que son frère devait jeter les yeux sur le Sindhi et sur les autres provinces de l'empire dourani pour en tirer du secours; mais le Chah secoua la tête en disant que c'était une affaire désespérée. Après un moment de silence, il me pria de regarder ses yeux, qui souffraient d'une inflammation; elle le tourmente depuis que son frère l'a fait aveugler avec une lancette. A mesure qu'il a avancé en âge, l'organe semble avoir subi un grand changement, et la pupille est presque entièrement disparue. Il est impossible de contempler Zéman Chah sans éprouver la plus sincère compassion; et quand on est en sa présence il est difficile de croire que l'on a devant soi le monarque dont le nom, à la fin du siècle dernier, ébranla l'Asie centrale, et répandit la crainte et la terreur dans nos possessions de l'Inde. Infirme, aveugle et exilé, il vit maintenant des bienfaits du gouvernement britannique.

Après huit jours passés agréablement à Lodiana, où nous nous retrouvâmes de nouveau avec nos compatriotes, nous continuâmes notre voyage vers Simla dans les monts Himalaya; nous en étions éloignés de 100 milles. Nous y arrivâmes en peu de jours, et nous y contemplâmes des tableaux d'une sublimité et d'une beauté naturelles qui l'emportaient infiniment sur la cour brillante que nous avions vue récemment. C'est ici que je dois terminer mon récit. A Simla nous eûmes l'honneur de rencontrer lord William Bentinck, gouverneur général de l'Inde : il nous témoigna sa satisfaction du résultat de notre mission, et de notre empressement à entamer les négociations tendantes à ouvrir la navigation de l'Indus au commerce de la Grande-Bretagne, mesure d'une politique éclairée, sous le rapport du commerce et de l'intérêt général de l'état.

Mes travaux pour éclaircir la géographie de l'Indus, et pour faire connaître la condition des princes et des peuples qui habitent sur ses bords, furent récompensés par le témoignage suivant :

Delhi, 6 décembre 1831.

Département politique.

Au lieutenant Alexandre Burnes, etc., etc., etc.

« Monsieur,

» Je suis chargé par le gouverneur général de vous accuser la réception de plusieurs lettres de vous, accompagnant un mémoire sur l'Indus, et une relation de votre voyage à Lahor.

» La première copie de votre carte de l'Indus vient également de parvenir à sa seigneurie, ce qui complète les renseignemens recueillis durant votre légation à Lahor, quand vous avez conduit les présens du feu roi d'Angleterre au Maharadjah Rendjit Sing.

» Le gouverneur général ayant examiné et attentivement considéré tous ces documens, me charge de vous exprimer qu'il approuve hautement la manière dont vous vous êtes acquitté de la tâche importante qui vous avait été assignée, et qu'il est très-satisfait des détails étendus et complets que vous avez fournis sur tous les points pour lesquels le gouvernement désirait obtenir des lumières.

» Vos rapports avec les chefs du Sindhi et les autres serdars et personnages avec lesquels vous avez été en contact dans votre voyage en remontant l'Indus, paraissent au gouverneur général avoir été conduits avec une prudence et une discrétion extrêmes, de façon que vous avez laissé une impression favorable dans toutes les classes, et que vous avez fait prendre une tournure heureuse à tous les objets, soit immédiatement liés à votre mission, soit dépendans de l'avenir; en effet, pendant que vos rapports envers les habitans étaient calculés pour en tirer des renseignemens complets relativement à leurs espérances et à leurs souhaits, vous avez très-judicieusement évité de prendre aucun caractère politique qui pût tendre à encourager une confiance vaine et extravagante, ou vous envelopper dans aucune des intrigues qui ont lieu. L'ensemble de votre conduite et de votre correspondance avec les chefs des pays que vous avez traversés dans votre voyage, a obtenu l'approbation entière et sans réserve du gouverneur général.

» De même, sa seigneurie pense que vous méritez des éloges, tant pour l'étendue des renseignemens sur la géographie et sur d'autres sujets instructifs que vous avez recueillis dans votre voyage, que pour la circonspection dont vous avez usé pour vous les procurer, et non moins pour la forme claire et complète sous laquelle vous en avez présenté les résultats à la lecture et à l'examen. La carte que vous avez dressée est une addition très-utile et très-importante à la géographie de l'Inde, et ne peut manquer de vous assigner un rang éminent pour vos travaux dans cette partie de la science.

» Le résultat de votre voyage, contenu dans les rapports, les mémoires et les cartes dont il vient d'être question, sera porté sans délai à la connaissance des autorités en Angleterre, vous savez que c'est par leur ordre que l'expédition a été entreprise. Sa seigneurie ne doute pas qu'elles ne soient d'accord avec lui pour louer le zèle, la diligence et l'intelligence que vous avez déployés dans l'exécution de cette mission, et qu'elles n'expriment leur satisfaction de la manière dont leurs intentions ont été remplies, et de ce que les objets qu'elles avaient en vue en vous envoyant à Lahor, ont été complétement et pleinement atteints.

» J'ai l'honneur d'être, etc.

» *Signé* H. T. Prinsep.
» *Secrétaire du gouverneur général.* »

MÉMOIRE
SUR L'INDUS
ET SUR SES AFFLUENS
DANS LE PENDJAB.

MÉMOIRE
SUR L'INDUS
ET SUR SES AFFLUENS
DANS LE PENDJAB.

Notice relative à la carte de l'Indus.

UNE carte nouvelle de l'Indus et des rivières du Pendjab, depuis la mer jusqu'à Lahor, semble exiger quelque notice préliminaire sur sa construction; voici les observations que j'ai à présenter sur ce sujet.

L'Indus, par la direction de sa marche vers le sud pour arriver à l'Océan, ne présente que peu de difficultés à l'homme qui veut faire la carte de son cours, puisqu'une observation de latitude fixe les progrès journaliers du voyage, et que la ligne comparativement droite, qu'il suit, peut être aisément dessinée. La carte repose sur une suite d'observations d'étoiles. J'aurais préféré des hauteurs du soleil, mais avec des peuples aussi ombrageux que ceux au milieu desquels nous nous sommes trouvés, il était impossible de se servir d'un instrument pendant le jour, et il aurait fallu que je fisse faire halte deux fois à la flotte, pour obtenir des hauteurs égales; puisqu'à l'époque de notre voyage, le soleil était au sud de l'équateur. Plusieurs des grandes villes, telles que Tatta, Sihouan, Outch, Moultan et autres, où nécessairement nous nous arrêtâmes, ont été placées d'après une moyenne de huit ou dix observations d'étoiles.

La longitude et la délinéation générale des détours du fleuve sont basées sur un relèvement minutieux de ses sinuosités, observées avec soin de demi-heure en demi-heure et quelquefois plus souvent, avec l'excellente boussole de Schmalcalder. On pourra se faire une idée de l'attention donnée à cette partie importante de l'entreprise, quand je dirai que mes livres de croquis offrent, terme moyen, vingt relèvemens pris chaque jour, depuis le lever jusqu'au coucher du soleil. Je fus bientôt en état d'évaluer la marche des bateaux en l'examinant d'après une ligne mesurée le long de la rive. Je répartissais, en conséquence, la distance en heures et en minutes. Je trouvai que, lorsque nous étions halés ou tirés par des hommes, nous pouvions parcourir un mille et demi à l'heure; que, lorsque nous avancions par un vent doux et favorable, notre vitesse était de deux milles dans le même espace de temps, et enfin de trois milles quand le vent soufflait avec violence. D'ailleurs tout excès dans mon calcul, soit en moins soit en plus, était indiqué par la latitude du lieu où nous faisions halte.

La base sur laquelle mon travail repose est la ligne comprise entre Mandivi et Coratchi. La première ville est le port de mer de la province du Cotch, duquel partit la légation ; la seconde est également un port en vue de la bouche occidentale de l'Indus et dont nous eûmes connaissance avant d'entrer dans ce fleuve. Mandivi est par 22° 50′ et Coratchi par 24° 56′ de latitude nord ; les longitudes respectives sont pour Mandivi 69° 34′ et pour Coratchi 67° 19′, à l'est de Greenwich. Elles ont été déterminées en 1809, à l'aide des chronomètres de l'ambassade au Sindhi, par le capitaine Maxfield.

En prenant ces deux points comme exacts, la ligne de côte intermédiaire, dans le Cotch, a été placée d'après mes propres relèvemens ; celle du Sindhi repose sur des observations de la hauteur méridienne du soleil et sur la marche quotidienne des bateaux, déterminée en jetant le loch d'heure en heure. Nous ne marchions que le jour, et constamment en serrant la côte, souvent dans un petit canot, et nous avions avec nous six à huit pilotes qui passaient leur vie à naviguer dans ces parages.

La grande dissemblance de la topographie des bouches de l'Indus entre mon tracé et celui des autres cartes fixera sans doute l'attention ; mais il est bon de remarquer que je ne mets en question aucun des relèvemens antérieurs au mien ; puisque le fleuve a été jusqu'à présent dessiné, dans cette partie de son cours, d'après des renseignemens fournis par les indigènes, et je puis rendre témoignage de l'exactitude de la portion de l'Indus traversée par l'ambassade de 1809. Le caractère ombrageux du gouvernement du Sindhi nous força de passer et repasser cinq fois le long de la côte, ce qui nous fournit de nombreuses occasions de l'examiner; d'ailleurs j'ai un fait très-significatif à alléguer en faveur de la fidélité de la carte que je présente : dans notre troisième traversée nous descendîmes jusqu'à 20° 30′ de latitude nord, et nous perdîmes la terre de vue pendant six jours. Le dernier jour, qui était le 17 mai, à midi, faisant route droit au nord, je trouvai notre latitude de 23° 50′, ou à quelques milles au-dessous de la bouche dans laquelle j'étais décidé à entrer. Aussitôt je dis au pilote de gouverner au nord-est de la terre. Nous en approchâmes à un couple de milles au-dessus du Hadjamri, qui était la bouche que je voulais atteindre. Au point du jour, la sonde ne rapporta pas fond à 50 brasses; à sept heures du matin, nous trouvâmes fond à 42, et à onze heures à 34. A deux heures après midi, nous étions par 21 brasses, et à la brune nous laissâmes tomber l'ancre par 12 pieds d'eau devant Ritchel, après avoir eu connaissance de la terre à quatre heures et demie.

Pour dessiner le Delta de l'Indus au-dessous de Tatta, j'ai non-seulement eu l'avantage de naviguer sur un de ses bras jusque vis-à-vis de cette ville, mais j'y suis arrivé par terre en suivant un chemin, et je m'en suis retourné par un autre. J'ai aussi remonté jusqu'à une distance de 30 milles le Pitti ou la bouche occidentale de l'Indus. Les empêchemens que nous opposa le gouvernement de Sindhi occasionèrent ces variations dans notre route : il essaya long-temps d'arrêter notre marche ; mais heureusement le résultat de ses hésitations fut d'augmenter notre connaissance de son pays à un degré que nos espérances les plus vives n'auraient pu se promettre. J'ai ajouté à ma route celle de l'ambassade au Sindhi, de Coratchi à Haïderabad, et de cette ville à Lockpot dans le Cotch. Mes propres relèvemens dans cette province, qui remontent le long du Kori ou bras oriental de l'Indus, ainsi que divers renseignemens positifs, me forcent de placer le Gouni ou la rivière Pharràn, qui est le nom du Kori au-dessus d'Alibender, sous une longitude plus occidentale que les cartes ne l'ont donnée jusqu'à présent. Sindri et Alibender sont situés au nord de Narra, ville du Cotch ; de sorte que le Pharrân ne peut pas s'étendre dans le désert aussi loin qu'on l'a représenté.

Au-dessus de Haïderabad, et je puis ajouter dans toutes les parties de la carte, la position des différentes villes repose sur des latitudes déterminées par le sextant. La plupart sont placées par des latitudes plus hautes que celles que leur attribuent les cartes ; mais j'éprouvai de la satisfaction à mon arrivée à Outch, de trouver que la longitude de ce lieu, déterminée par mon travail, coïncidait assez bien avec celle qui lui avait été assignée par les ingénieurs de l'ambassade de M. Elphinstone ; ceux-ci ont dû la déterminer de Bhaoualpour. Il n'en était pas de même de Bakkar, mais la latitude assignée à cette ville étant de vingt-deux minutes au-dessous du véritable parallèle, j'ai des motifs d'être satisfait du résultat exposé ci-dessus. J'ai trouvé également que l'Indus reçoit les rivières du Pendjab à Mittan par 28° 55' de latitude N., au lieu de 28° 20', comme l'indique la carte de la *Relation du Caboul*; mais personne ne peut examiner cette production sans rendre justice au zèle infatigable de M. Macartney qui l'a construite, et sans s'étonner de ce qu'il a commis si peu d'erreurs, puisqu'il n'a vu qu'un petit nombre des lieux qui y sont placés, et qu'il n'a obtenu ses renseignemens que de sources dont l'exactitude était souvent problématique.

Les rivières du Pendjab ont été placées d'après le même principe que l'Indus. Le Tchénab (*Acesines*), qui a été à tort nommé *Pendjned*, après avoir été grossi par les autres rivières, a un cours très-droit; mais en revanche le Ravi (*Hydraotes*) est très-tortueux; il paraît tel que je le représente, après un travail incroyable qui m'a pris vingt jours en le remontant. La latitude de son confluent avec le Tchénab et celle de Lahor, qui est par 31° 35' 30" nord et par 70° 20' de longitude est, m'a aidé considérablement dans ma tâche. J'ai également placé le confluent du Djalem ou Béhat (*Hydaspes*) avec le Tchénab à 12 milles au-dessus de la latitude sous laquelle on l'a mis jusqu'à présent. Mes relèvemens vers l'est se terminent sur la rive gauche du Setledje (*Hesudrus*), à Lodiana, poste anglais dont je trouve que la position est par 30° 55' 30" de latitude nord. J'ai employé la longitude de la carte la plus récente et la meilleure, et je l'ai établie à 75° 54' est.

J'ai incorporé à mon travail sur l'Indus et les rivières du Pendjab, un relèvement du pays de Djesselmir, que j'achevai en 1830, quand je visitai le Radjpoutana méridional avec le lieutenant James Holland. La province de Cotch et le Ren reposent sur les relèvemens que j'ai effectués sur les lieux en 1825, 1826, 1827 et 1828.

Au lieu de donner des cartes séparées de l'Indus et de l'Asie centrale, j'ai combiné l'ensemble de mes matériaux géographiques dans une seule carte, ainsi que je l'ai dit au commencement de cette notice.

MÉMOIRE
SUR L'INDUS.

CHAPITRE PREMIER.

TABLEAU GÉNÉRAL DE L'INDUS.

On peut naviguer sans interruption de la mer à Lahor ; la distance que l'on parcourt ainsi en remontant l'Indus est à peu près de 1,000 milles anglais. Dans les chapitres qui vont suivre, je m'attacherai à donner des renseignemens détaillés sur la possibilité de cette navigation ; et je crois qu'ils ne seront pas trop minutieux pour l'importance du sujet. Je ferai également connaître l'état du pays et des habitans.

L'Indus, après avoir reçu les rivières du Péndjab, ne baisse jamais, dans la saison sèche, au-dessous de quinze pieds, et conserve rarement une largeur d'un demi-mille. Le Tchénab (*Acesines*) a une profondeur moyenne de douze pieds, et celle du Ravi (*Hydraotes*) n'est que de six pieds. Tels sont les *minima* des sondes obtenues dans ma navigation, mais la profondeur ordinaire du fleuve et des deux rivières ne peut pas être évaluée à moins de quatre, trois et deux brasses.

La vaste navigation intérieure que j'ai représentée comme étant possible, ne peut être regardée comme praticable que pour les bateaux du pays qui sont à fond plat, et qui, lorsqu'ils sont pesamment chargés, ne tirent pas plus de quatre pieds d'eau. Les plus gros sont à peu près du port de soixante-quinze tonneaux anglais; la science et l'argent pourront perfectionner la construction de ces bâtimens; mais soit pour donner de l'extension à notre commerce, soit pour armer une flottille, le modèle actuel sera toujours trouvé le plus convenable. Les navires d'une construction fine sont sujets à chavirer quand ils échouent sur des bancs de sable. Les bâtimens à vapeur pourraient marcher s'ils étaient bâtis à la manière du pays; mais aucun navire à quille ne pourrait naviguer avec sûreté.

Notre voyage de la mer à Lahor a pris exactement soixante jours; mais la saison fut très-favorable, parce que le vent du sud-ouest soufflait déjà, tandis que l'inondation produite par la crue périodique des eaux n'avait pas encore commencé. Nous arrivâmes à Moultan le quarantième jours, et le reste du temps fut employé à remonter le Ravi, qui est une rivière très-sinueuse. Les bateaux étaient en marche depuis le lever jusqu'au coucher du soleil, et quand le vent n'était pas favorable, des hommes les tiraient à la cordelle.

Aucun rocher, aucun rapide, n'obstrue la navigation, et le courant n'excède pas 2 milles et demi à l'heure. Notre marche moyenne, quotidienne, était quelquefois de 20 milles, parce qu'un navire peut, étant halé contre le courant, parcourir 1 mille et demi à l'heure. Avec de petits vents, notre vitesse était de 2 milles à l'heure, et avec un vent très-fort de 3 milles. Les bateaux à vapeur ne seraient pas sujets à l'inconvénient de cette navigation lente et ennuyeuse; et je ne doute pas que par leur moyen on ne pût atteindre Moultan en dix jours au lieu de quarante. Cette ville est très-favorablement située pour ouvrir des relations commerciales avec les pays voisins.

Un bateau peut descendre de Lahor à la mer en quinze jours; voici le détail de cette navigation : à Moultan en six jours, à Haïderabad en trois, et à un des ports de mer en deux. Ceci est naturellement la vitesse la plus grande pour descendre le fleuve; et je puis ajouter que récemment nulle tentative n'a été faite à cet égard, puisqu'il n'existe aucun commerce par eau entre le Pendjab et le Sindhi.

Des obstacles politiques s'opposent à ce qu'on se serve de l'Indus comme d'une voie commerciale. Les peuples et les princes qui habitent ses bords sont ignorans et barbares, les premiers pillent le commerçant, et ceux-ci imposent des droits excessifs sur ses marchandises, de sorte qu'elles sont expédiées par terre et par des routes détournées; l'absence de commerce ne provient pas d'obstacles physiques; elle doit être principalement imputée à la politique erronée du gouvernement sindhien. On compte à peu près sept cents bateaux entre la mer et Lahor, et cette quantité suffit pour passer les voyageurs et pour les autres objets.

La défense de l'Indus, la grande limite de l'Inde britannique dans l'ouest, ne souffre nullement de ces empêchemens insignifians; et nous pouvons commander sa navigation sans obstacle, tant par le Cotch que par le Setledje. Les avantages militaires de l'Indus sont considérables; il est navigable pour une flotte, depuis Attok jusqu'à la mer. La forteresse de Bakkar, située dans une île, est une position très-importante.

CHAPITRE II.

COMPARAISON DE L'INDUS ET DU GANGE.

Dimensions du Gange.— De l'Indus.— Sa pente.— Conclusions. — Marées dans les deux fleuves.

J'AI rapporté avec soin et avec attention les renseignemens que j'ai recueillis sur l'Indus et sur ses affluens. Cependant, c'est en comparant ce fleuve aux plus considérables du monde que l'on doit juger de sa grandeur immense. Mais un Européen en Orient peut convenablement rétrécir son champ et se borner à comparer entre eux deux des fleuves principaux de cette région, le Gange et l'Indus, qui enveloppent pour ainsi dire entre leurs bras le puissant empire britannique dans l'Inde [1].

[1] Un écrit que M. G.-A. Prinsep a publié assez récemment à Calcutta sur l'introduction de la navigation par les bateaux à vapeur dans l'Inde, contient des documens nouveaux et précieux, sous le rapport de la science et l'intérêt général, sur tout ce qui concerne le Gange; en les joignant aux écrits de Rennel et de Colebrooke, déjà connus, on a des renseignemens précis sur ce fleuve. C'est pourquoi j'ai hasardé, malgré mon incompétence,

Le Gange et l'Indus prennent leur source dans les mêmes montagnes, et traversent par un cours de longueur inégale les mêmes latitudes; les deux fleuves, quoique atteignant à peine la zone torride, sont à la même époque, qui est fixe, sujets à un débordement annuel. Par conséquent, la quantité d'eau qu'ils roulent respectivement déterminera leur dimension relative, et nous considérerons la pente ou la chute par laquelle ils descendent vers l'Océan. Sicrigali sur le Gange, et Tatta sur l'Indus, me semblent être les lieux à préférer pour établir une comparaison, puisque ces deux villes sont situées chacune sur un point supérieur à celui où les fleuves se partagent pour former un delta, et inférieur à celui où ils ont reçu tous leurs affluens. Certainement l'Indus, au-dessus de Tatta, envoie à gauche deux bras qui sont le Falaïli et le Piniari; mais ce sont des rivières considérables dans la saison des pluies seulement.

Il paraît, d'après *l'essai* publié par M. G.-A. Prinsep, qu'au mois d'avril la quantité d'eau que le Gange roule dans une seconde à Sicrigali est à peu près de 21,500 pieds cubes. La largeur de ce fleuve est à cet endroit, suivant l'ouvrage précité, de 5,000 pieds, ce qui est également sa vitesse par seconde, tandis que sa profondeur moyenne n'excède pas 3 pieds. Ce qui prouve que ce résultat donne une évaluation assez

d'exposer les observations qui se sont présentées à nous sur l'Indus, afin que l'on puisse établir entre les deux fleuves les parallèles nécessaires.

exacte de la grandeur du Gange, est l'état de ce fleuve, également au mois d'avril, à Benarès, quoique sa largeur n'y soit que de 1,400 pieds. Sa profondeur dépasse 34 pieds, et il roule 20,000 pieds cubes d'eau par seconde, ce qui ne diffère pas beaucoup de son volume à Sicrigali.

Au milieu d'avril je trouvai que l'Indus avait à Tatta une longueur de 2,010 pieds, et coulait avec une vitesse de 2 milles et demi par heure : ses rives, de chaque côté, sont escarpées dans cette partie de son cours, de sorte que les sondes sont régulières d'une rive à l'autre, si on en excepte un espace de quelques pieds de chaque côté, où l'eau est tranquille; la profondeur est de 15 pieds; ce qui donne un volume d'eau de 110,500 pieds cubes par seconde; mais d'après l'équation de Buat pour la diminution de vitesse du courant près du fond, comparée à celle de la surface, la quantité doit être réduite à 93,465 pieds cubes. On pourrait encore faire quelques déductions pour la diminution de profondeur près des rivages; ainsi on peut adopter 80,000 pieds cubes d'eau pour le volume que l'Indus roule par seconde au mois d'avril à Tatta [1]. Je regrette infiniment de n'avoir pu étendre mes observations sur ce fleuve à la saison pluvieuse, mais je n'ai pas eu l'occasion de le voir durant cette période, et mon intention n'est pas de mettre des opinions en opposition

---

[1] Pour cette partie de mon travail, j'ai à exprimer ma vive reconnaissance à M. James Prinsep, secrétaire de la société de Calcutta, lequel m'a obligeamment offert son secours précieux.

avec les faits. Toutefois, je crois pouvoir dire qu'à Sihouan, où l'Indus a 1,500 pieds de largeur, une profondeur de 36 pieds, et lave avec une grande vitesse la base d'un promontoire rocailleux qui s'avance dans le courant, on aperçoit sur l'escarpement une marque qui indique une élévation de 12 pieds pendant le débordement. Cela donne une profondeur de 8 brasses pour cette partie de l'Indus au temps des pluies. Si je pouvais ajouter l'accroissement de largeur, d'après un fait aussi certain que celui que j'ai cité pour l'élévation perpendiculaire ou la profondeur de l'eau, nous pourrions déterminer la différence relative entre les volumes d'eau que le fleuve roule dans les saisons opposées ; mais n'ayant sur cette matière que le témoignage vague des indigènes pour me guider, je laisserai ce sujet de côté.

D'après ce que j'ai exposé plus haut, on verra que le volume d'eau roulé par l'Indus en une seconde excède quatre fois celui du Gange dans la saison sèche, et égale presque celui du Mississipi, le grand fleuve de l'Amérique du nord. La longueur considérable de son cours, et de celui de ses affluens à travers de hautes montagnes neigeuses qui doivent toujours leur fournir d'immenses quantités d'eau, nous a préparés à ce résultat, et il ne semble pas extraordinaire quand nous réfléchissons à la vaste surface embrassée par quelques-unes de ces rivières, ainsi qu'à la prodigieuse hauteur des points où se trouvent leurs sources. Le Setledje, entre autres, sort du Mansarovar lac sacré du Tubet, et situé à 17,000 pieds au-dessus du niveau de la mer.

L'Indus traverse un pays comparativement stérile et désert, mal peuplé et faiblement cultivé, tandis que le Gange répand ses eaux par des irrigations, et prodigue aux habitans de ses bords des moissons riches et abondantes. Même dans la saison du débordement, l'Indus est resserré dans son lit par des rives plus escarpées et plus solides que celles du Gange, et, ainsi que je l'ai dit, sa largeur excède rarement un demi-mille; le Gange au contraire est représenté comme formant une mer intérieure dans une partie de son cours, de sorte que parfois un de ses bords n'est pas visible du côté opposé, circonstance qui doit grandement accroître l'évaporation. La nature aride et sablonneuse des contrées qui bordent l'Indus ne tarde pas à absorber l'excédant des eaux, et le fleuve rentre plus promptement dans son lit. De plus, le Gange et ses affluens sont alimentés par des eaux coulant du versant méridional de l'Himalaya, tandis que l'Indus reçoit celles des deux versans de cette chaîne énorme, et, de plus, est grossi par les eaux des pluies du Caboul et par celles des neiges et des pluies d'une partie du Tubet. Ses eaux ont été accrues long-temps avant le commencement de la saison pluvieuse; et quand nous considérons la grande distance de sa source, nous ne pouvons attribuer ce débordement hâtif qu'à la fonte des neiges et des glaces.

La pente de l'Indus jusqu'à l'Océan paraît douce comme celle de la plupart des grands fleuves. La vitesse moyenne de son cours n'excède pas deux milles et demi à l'heure, tandis que celle de toutes les rivières du Pendjab, que nous avons remontées dans notre voyage à Lahor, est de trois milles et demi. Nous attribuons cet accroissement de vélocité à leur proximité des montagnes, et il servira de guide pour estimer la pente du fleuve. Lahor est, par eau, à une distance de 1,000 milles anglais de l'Océan. Le docteur J.-G. Gérard a bien voulu me communiquer une suite d'observations barométriques faites il y a peu d'années à Amritsir, ville située à une trentaine de milles à l'est de Lahor.

La moyenne de dix-huit observations donne pour la hauteur du baromètre à Amritsir.   28,861.3
Les observations correspondantes à
Calcutta donnent 29,711.5

Différence. 850.2

J'apprends que l'élévation de l'instrument employé à Calcutta peut être de 25 pieds au-dessus du niveau de la mer, et comme Amritsir est à peu près au niveau de Lahor, puisque toutes deux se trouvent sur les plaines du Pendjab, son élévation doit être de 900 pieds au-dessus de l'Océan.

Ayant présenté la somme de nos connaissances sur ce sujet, il reste à examiner comment et dans quelle proportion la pente doit être répartie entre les rivières, au-dessous de Lahor; en comparant ensemble ce que Rennel dit du Gange dans sa *Description de l'Inde*, et ce que j'ai lu dans les traités récens que j'ai cités plus haut, et aidé des mêmes savans envers lesquels j'ai précédemment exprimé ma reconnaissance, je ne puis donner à l'Indus, au-dessous de Mittan, point où il reçoit les eaux réunies des rivières du Pendjab, plus de six ou peut-être cinq pouces de pente par mille; je ne puis pas non plus évaluer à plus du quart de 900 pieds l'élévation de Mittan au-dessus du niveau de la mer, puisque la vitesse du courant n'y est pas plus considérable, quoique l'on y soit plus proche des montagnes. Mittan est à moitié chemin entre Lahor et l'embouchure de l'Indus, ou à peu près à 500 milles anglais de la mer, et à 220 pieds au-dessus de son niveau. On peut raisonnablement attribuer les 680 pieds restant aux rivières du Pendjab, d'après la rapidité plus considérable de leur cours, ce qui leur donnerait une pente de 12 pouces par mille anglais.

Ces faits nous procurent une preuve nouvelle du volume plus considérable de l'Indus comparé au Gange : quand ses eaux sont au point le plus bas, il conserve une vitesse de deux milles et demi à l'heure, avec une profondeur moyenne de 15 pieds, et quoique sa pente soit aussi forte et peut-être même plus forte que celle du Gange, il ne diminue jamais au même degré, bien qu'il suive une ligne beaucoup plus droite. L'Indus n'a aucun de ces hauts fonds qui ont été récemment découverts comme une des particularités du Gange, et dont M. Prinsep parle comme « faisant du lit de ce fleuve une suite d'étangs sé- » parés par des bancs ou barrages de sable quand on » traverse chaque coude. » Si les eaux de l'Indus n'étaient pas plus abondantes que celles du Gange, il nous offrirait sans doute un état de choses tout semblable; et bien que le lit de l'un des fleuves parût l'emporter beaucoup en étendue sur l'autre, on trouverait que le Gange participe plus de la nature des torrens de montagne, débordé dans une saison et insignifiant dans une autre, tandis que l'Indus roule majestueusement le volume de ses eaux jusqu'à l'Océan durant toute l'année.

Avant de terminer ces remarques sur l'Indus, je veux ajouter quelques mots concernant l'effet de la marée sur les deux fleuves. Dans le Gange elle remonte bien loin au-dessus de Calcutta, tandis qu'elle ne se fait nullement sentir sur l'Indus à 25 milles au-dessous de Tatta, ou à peu près à 75 milles de la mer. On peut attribuer ce fait, soit à une colonne plus considérable d'eau résistant à l'approche de la mer, dont le courant vaincu, reculant devant le choc, cède au poids du liquide, soit à la pente du delta de l'un des fleuves, qui est plus grande que celle de l'autre. La marée descend certainement dans l'Indus avec une vitesse incroyable qui augmente encore à mesure qu'on vient plus près de la mer. Il paraît que la hauteur moyenne de la marée dans le Gange est de 12 pieds; j'ai trouvé que celle de l'Indus n'était que de 7 pieds à la pleine lune; mais naturellement je n'ai pas eu l'occasion de déterminer la hauteur moyenne de la marée comme dans le Gange. On sait que les marées de la côte occidentale de l'Inde sont plus fortes que celles du golfe de Bengale, ainsi que le démontre la construction des bassins de Bombay; et je serais enclin à penser que la hauteur de la marée aux bouches de l'Indus et à celles du Gange est à peu près la même. Les deux fleuves doivent, par la direction de leurs embouchures en entrant dans l'Océan, être également sujettes à des crues extraordinaires de marée, occasionées par des coups de vents, et des tempêtes et quant à la côte entière du Sindhi, la mousson du sud-ouest y souffle avec tant de violence, même en mars, qu'elle produit des brisans dans la mer à une profondeur de trois à cinq brasses de la terre, et avant que sa côte très-plate ait été aperçue par le navigateur.

CHAPITRE III.

BOUCHES DE L'INDUS.

Partage de l'Indus en deux grands bras au-dessous de Tatta. — Le Delta. — L'Indus a onze bouches. — Leurs noms. — Elles sont un avantage pour le Sindhi. — Côte de ce pays. — Marées de l'Indus. — Coratchi. — Bateaux de l'Indus. — Remarques sur ce fleuve.

L'Indus, de même que le Nil et le Gange, arrive à la mer par plusieurs bouches qui, s'écartant du corps du fleuve, forment un delta dont le terrain alluvial est très-gras. A 5 milles au-dessous de Tatta et à 60 milles de la mer, l'Indus se partage en deux bras; le Baggâr à droite et le Sata à gauche. Cette séparation est aussi ancienne que l'époque d'Alexandre le Grand, puisque ses historiens en font mention.

Le Sata, continuant à suivre la direction du grand fleuve duquel il dérive, poursuit sa marche presque au sud jusqu'à l'Océan, tandis que le Baggâr, s'écartant brusquement du corps de l'Indus et formant avec lui un angle presque droit, court à l'ouest pour arriver à la mer.

Le Sata est le plus considérable des deux bras, et au-dessous du point de partage sa largeur est de 3,000 pieds; il procure une issue au principal volume d'eau; et quoiqu'il se divise et subdivise ensuite en canaux nombreux, et parvienne à la mer par sept bouches dans un espace de 35 milles, cependant, telle est la violence de son courant, qu'il forme des barres ou bancs de sable, et que les navires, dont le port est de plus de cinquante tonneaux, ne peuvent pénétrer que dans une seule de ses embouchures; le Gora, qui est la plus grande de celles-ci, a déposé un banc de sable dangereux qui s'étend directement à 15 milles au large de la terre.

Le Baggâr au contraire coule par un seul bras et passe par Pir Patta, Bohâr et Daradji, jusqu'à 5 ou 6 milles de la mer; là il se partage en deux bras navigables, le Pitti et le Pietieni, qui arrivent à l'Océan à 25 milles de distance l'un de l'autre. Ils sont regardés comme les deux grandes bouches de l'Indus; il n'y a pas long-temps que les plus gros navires du pays les fréquentaient. Ils sont encore accessibles, mais il y a trois ans le canal du Baggâr a été abandonné par les eaux du fleuve, et quoiqu'elles aient deux brasses de profondeur, de la mer à Daradji, elles baissent beaucoup au-dessus de cette ville. Dans la saison sèche elles ne vont, en quelques endroits, que jusqu'au genou; et leur lit, qui continue à avoir près d'un mille de largeur, n'en a à cette époque qu'un de 300 pieds. Le nom de Baggâr signifie *détruire*. Quoique ce changement dans la partie inférieure du fleuve ait éloigné le commerce de Daradji pour le porter sur les rives du Sata, le pays que traverse le Baggâr est aussi riche qu'auparavant; et bien qu'on ne navigue plus sur ce bras du fleuve, son canal a souvent deux brasses d'eau, et partout elle est assez profonde pour les bateaux à fond plat. Durant l'inondation c'est une belle rivière, et probablement il regagnera bientôt son ancienne prééminence.

Le pays, embrassé par ces deux bras du Delta, a, au point où ils arrivent à la mer, une étendue de 70 milles anglais; et tel est, pour parler exactement, le Delta comme il existe actuellement. La direction de la côte maritime le long de cette ligne est au nord-nord-ouest.

Mais l'Indus couvre de ses eaux un espace beaucoup plus vaste que celui que je viens de décrire, car à l'est des bouches formées par le Sata, il envoie le Sir et le Kori, deux bras dont le dernier fait la ligne de frontière entre le Cotch et le Sindhi, quoique les souverains de ce dernier pays aient, par des canaux d'irrigation, dérivé les eaux de ces deux bras, de sorte qu'aucun ne parvient à la mer. En comptant ces bras maintenant abandonnés, le Delta offre une longueur de 125 milles anglais du côté de la mer, où on peut dire qu'il entre par onze bouches. La latitude de la plus occidentale est de 24° 40′ N., et celle de l'orientale est au-dessous de 23° 30′ : ainsi en latitude on peut évaluer l'étendue du Delta à 80 milles.

Cette dimension est bien inférieure à celle qu'Arrien assigne au Delta de l'Indus. Cet historien nous apprend que les deux grands bras de ce fleuve, au-dessous de Pattala, sont éloignés l'un de l'autre de 1,800 stades; « et que c'est également l'étendue de » l'île de Pattala le long de la côte maritime. » La longueur de 125 milles anglais, qui est, ainsi que je l'ai dit plus haut, celle de la côte maritime du Delta moderne, n'équivaut pas à 1,125 stades, et ne donne qu'un peu plus de la moitié de la distance énoncée par Arrien. Les Grecs n'avaient pas des observations personnelles pour les guider sur ce point, puisque Néarque fit voiles de la bouche occidentale de l'Indus, et qu'Alexandre n'effectua qu'un voyage de trois journées de marche entre les deux bras du fleuve; ainsi il ne put entrer dans le Cotch, comme l'a supposé le docteur Vincent.

L'inconstance du cours de l'Indus à travers le Delta est proverbiale, et sa navigation dans cette partie est également difficile et dangereuse. De nos jours ce fleuve a parmi les Sindhiens un aussi mauvais renom que celui que lui ont fait les historiens grecs. Ses eaux sont poussées avec tant de violence d'une rive à l'autre, que les terres s'éboulent constamment, et qu'à chaque instant d'énormes masses d'argile sont précipitées dans le fleuve souvent avec un fracas terrible. Dans quelques endroits, l'eau, quand la solidité d'une rive lui oppose de la résistance, forme des remous et des affaissemens d'une grande profondeur où s'établit une espèce de tourbillon dans lequel les navires tournent sur eux-mêmes et ont besoin d'être manœuvrés avec beaucoup d'attention pour prévenir les accidens. Dans ces lieux le courant est réellement effrayant, et quand le vent est fort, les vagues sont aussi tumultueuses que dans l'Océan. Éviter ces remous et les parties du rivage qui menaçaient ruines paraissaient être le principal objet du soin des bateliers.

Un fait digne de remarque, c'est que les bouches de l'Indus, où l'eau douce est la moins abondante, sont le plus accessibles aux bâtimens venant de la mer, parce qu'elles sont plus exemptes des bancs de sable que l'eau du fleuve, se précipitant avec impétuosité, ne manque jamais d'élever. Ainsi le Baggàr, que j'ai représenté comme rempli de hauts fonds, offre un canal profond et net de Daradji à la mer. Le Hougli, bras du Gange, est, je le crois, navigable par la même cause.

Je vais maintenant décrire les différentes bouches de l'Indus, ainsi que leurs ports; je noterai la profondeur de l'eau et les autres faits que j'ai eu l'occasion d'observer.

En commençant à l'ouest, nous trouvons le Pitti qui est une bouche du Baggàr; il a son embouchure dans ce qu'on peut appeler la baie de Coratchi; il n'y a point de barre, mais un grand banc de sable avec une île au delà, empêchent qu'on y entre directement en venant de la mer, et rétrécissent le canal tellement, qu'à son extrémité il n'a plus qu'un demi-mille de largeur; de mer basse elle est même au plus de 1,500 pieds; en remontant elle diminue jusqu'à 500, mais généralement elle est de 900. Dans la partie la moins profonde du Pitti, j'ai trouvé 9 pieds d'eau de mer basse; aux pleines lunes, la marée s'élevait à 9 pieds de plus. De mer haute la profondeur est partout de deux brasses jusqu'à Daradji, et plus fréquemment de cinq et de six, parfois de sept et de huit. Aux endroits où deux bras se rencontrent, l'eau est constamment profonde. A une distance de 6 milles de l'embouchure du Pitti, un rocher s'étend en travers de son lit; de mer basse il est couvert de 9 pieds d'eau. La direction générale du Pitti, dans les 30 derniers milles, est ouest-nord-ouest, mais il tourne droit au sud pour entrer dans la mer. Le Pitti est extrêmement tortueux et offre une suite de coudes très-courts qui tournent dans les directions les plus opposées : même du sud au nord l'eau est rejetée d'un angle à l'autre, ce qui laisse alternativement de la profondeur de chaque côté. On trouve un chenal bien rempli le long des rives escarpées, mais quand elles s'abaissent par une pente insensible, on est sûr qu'il n'y a pas beaucoup d'eau; c'est du reste ce qu'on peut remarquer dans tous les fleuves qui arrosent un pays plat. On ne rencontre de l'eau douce, dans le Pitti, qu'à 30 milles de la mer; les broussailles de ses rives sont très-touffues, et, jusqu'à 15 milles en le remontant, s'étendent jusqu'au bord de l'eau. Nous avons navigué sur ce bras jusqu'à cette distance, et nous l'avons traversé à Daradji et à Bohâr, lieux situés plus haut et où sa profondeur était de deux brasses.

Le Piëtiani se détache du Pitti à peu près à 20 milles de l'Océan, où il entre au-dessous de 24° 20' de latitude ; il est plus étroit que le Pitti, et sous tous les rapports moins considérable, parce qu'à son embouchure il y a des bancs de sable entassés les uns sur les autres, qui rendent la navigation difficile et dangereuse. Nous trouvâmes que sur sa barre il y a six pieds d'eau de marrée basse, et quinze quand elle est haute; tandis que dans le canal même sa profondeur est de trois brasses. A son embouchure, sa largeur. est de 900 pieds, et plus haut elle diminue jusqu'à 150; mais sa profondeur est la même jusqu'au point où il se détache du Pitti. Le Piëtiani coule du nord-est au sud-ouest, et son cours étant peu prolongé, le phénomène de la marée s'y effectue plus tôt que dans le Pitti, ce qui présentait le singulier spectacle d'un fleuve dans l'un des bras duquel elle montait, tandis que dans l'autre elle descendait dans le même temps.

Trois issues moindres ou criques dépendent de ces deux bras, ce sont le Koudi, le Khaou et le Dabbou, les deux premiers se détachent du Pitti ; autrefois le Dabbou était une des grandes embouchures par lesquelles on arrivait à Daradji, mais aujourd'hui il est bouché et remplacé par le Piëtiani. Le Dabbou n'est qu'une entrée qui mène au Piëtiani.

Quelque accessibles que ces deux bras aient été trouvés, ils ne sont ni l'un ni l'autre navigables que pour les bateaux à fond plat qui portent la cargaison entière à l'embouchure ou l'y prennent, lorsque les navires de mer sont à l'ancre dans le fleuve. Ce fut un événement inouï que celui de bateaux semblables à ceux que nous montions, et dont aucun n'était du port de 25 tonneaux, remontant le Pitti aussi haut, c'est-à-dire à 30 milles; cependant nous ne rencontrâmes aucun obstacle.

Sept bouches donnent issue au Sata, ou bras qui, au-dessous de Tatta, se détache vers l'est ou la gauche; trois de ces bouches, le Djoua, le Ritchel et le Hadjamri, ne sont éloignées l'une de l'autre que de dix lieues. L'une d'elles a été de tout temps navigable. Elles sont les estuaires des eaux du Sata; cependant une portion de celles du Baggâr vient, dans la saison du débordement, les joindre par beaucoup de criques, ce qui forme une admirable navigation intérieure dans toutes les parties du Delta. Les embouchures du Djoua et du Ritchel sont bouchées; mais il n'y a pas encore long-temps que la dernière était la plus fréquentée de toutes les bouches de l'Indus. Elle était autrefois indiquée par un minaret qui, je suppose, s'est écroulé; car nos anciens navigateurs notent spécialement ce monument. Le Hadjamri est aujourd'hui accessible à des bateaux de cinquante tonneaux; son port est Vikkar, à 24 milles de la mer, lequel avec Chah-Bender, encore plus à l'est, semble partager alternativement le commerce du Delta. Dans une saison, il est à peine possible de s'approcher de Chah-Bender; et, dans la saison suivante, Vikkar sera peut-être abandonné. Nous entrâmes dans l'Indus par le

Hadjamri et nous débarquâmes à Vikkar. Sur la barre nous eûmes 15 pieds d'eau de mer haute et une profondeur de quatre brasses jusqu'à Vikkar, quoique ce fût le temps de la marée descendante.

Le Khediouari est la bouche la plus proche à l'est du Hadjamri, avec lequel il communique par de petites criques; il est peu profond et peu fréquenté par les bateaux, excepté pour couper du bois.

Le Gora que l'on rencontre ensuite en allant à l'est, est la plus grande de toutes les bouches. Il est le prolongement direct du Sata qui, près de la mer, alimente un grand nombre de petites criques, et est appelé Ouaniani. Il a partout une profondeur de quatre brasses; il n'a pas plus de 1,500 pieds de largeur et coule avec une grande vitesse. Il est passablement tortueux; mais il court, au sud, vers la mer, et passe devant Kelàn, beau village de la rive gauche. Quoique le Gora offre de telles facilités à la navigation, cependant les plus petits bateaux venant de la mer ne peuvent y entrer à cause du dangereux banc de sable dont j'ai parlé précédemment. Il est évident que ces bancs sont produits par l'impétuosité du courant; puisque le Ritchel, jusqu'au moment où il fut abandonné par le corps principal de l'Indus, avait une barre aussi considérable que celle qui traverse maintenant le Gora; elle disparut entièrement quand l'eau douce cessa d'y couler. Dans le siècle dernier, ce bras de l'Indus était ouvert aux grands bateaux. Un navire de soixante-dix tonneaux et à voiles carrées est maintenant échoué sur le sable aride où le caprice du fleuve l'a laissé.

Au-dessous du Gora, on rencontre le Khaïr et le Mall, bouches avec lesquelles il communique ; toutes trois sont éloignées de 12 milles l'une de l'autre. Le Khaïr, de même que le Gora, n'est pas navigable. Le Mall est sûr pour des bateaux de vingt-cinq tonneaux, et, comme c'est la seule entrée ouverte maintenant pour arriver à Châh-Bender, elle est fréquentée. Les bateaux jettent l'ancre dans le Lipta, crique artificielle, creusée à quatre milles de la mer, et y attendent les embarcations à fond plat envoyées de Châh-Bender, qui est éloigné d'une vingtaine de milles au nord-est.

A peu près à 25 milles au-dessous du Mall, on trouve le Sir; mais l'eau de cette bouche de l'Indus, au lieu d'être douce, est salée. Plusieurs petites criques coupent l'espace intermédiaire, sans former aucune communication. Le Sir est un des bras de l'Indus qui ont été détruits. On a établi, en travers de son lit, un barrage au-dessous de Maghribi, à 50 milles de la mer, et quoique par suite de cette opération il ait cessé de couler à pleins bords, le superflu des eaux douces supérieures se fraie un passage par de petites criques jusqu'à ce qu'il rejoigne le Sir, qui contient ainsi de l'eau douce à 20 milles de son embouchure, quoiqu'il communique directement avec la mer. Immédiatement au-dessous de Maghribi, ce bras du fleuve est appelé Goungra; plus haut Piniari, il se détache du corps principal de l'Indus entre Haïderabad et Tatta. Le

Sir est accessible à des bateaux de 150 candis (38 tonneaux) jusqu'à Ganda ; là ils reçoivent leur charge des bateaux à fond plat de Maghribi. Au moyen de quelques travaux extraordinaires, ces bateaux pourraient aller jusqu'au barrage de Maghribi ; depuis cette ville, la navigation intérieure, pour les bateaux à fond plat, continue sans interruption jusqu'à l'Indus, quoiqu'elle devienne trop difficile dans la saison sèche. La digue de Maghribi a 40 pieds de largeur. Le Sir, à son embouchure, a une étendue de deux milles d'une rive à l'autre; mais en remontant il se rétrécit beaucoup. Sa profondeur est de quatre et six brasses; mais, au-dessous de Ganda, on trouve un banc de sable sur lequel il n'y a qu'une brasse d'eau. Un commerce considérable se fait par le bras de l'Indus avec le Cotch et le Kattiouar, pays limitrophes, parce qu'on peut se procurer abondamment à Maghribi le ris, principale denrée d'exportation du Sindhi.

Le Kori, ou le bras le plus oriental de l'Indus, complète le nombre des onze bouches de ce fleuve; il servait autrefois d'issue à une partie des eaux du Falaïli, qui passe à Haïderabad, et à une partie de celles d'un bras qui se détache de l'Indus près de Bakkar, et traverse le désert durant le débordement ; mais depuis 1762 la communication avec ces deux bras a été fermée, les Sindhiens ayant élevé des digues pour causer du tort à leurs rivaux, les habitans du Cotch [1]. De toutes

---

[1] Voyez à la fin du volume, au mémoire sur le Kori.

les bouches de l'Indus, le Kori est celle qui donne l'idée la plus complète d'un grand fleuve. Un peu au-dessous de Locpot, il s'ouvre en forme d'entonnoir, et à Cotasir il a sept milles de largeur, puis il continue à s'élargir jusqu'à ce que les côtes du Cotch et celles du Sindhi ne soient plus visibles d'un côté à l'autre; quand cet espace était rempli par l'eau douce, ce devait être un fleuve majestueux. La profondeur de ce bras de mer, car on ne peut lui donner un autre nom, est considérable. Nous eûmes 20 pieds d'eau jusqu'à Cotasir, et il y en a autant jusqu'à Basta, qui n'est qu'à huit milles de Locpot. Une fois un navire croiseur de la compagnie des Indes est remonté jusqu'à Cotasir ; mais cela est regardé comme dangereux, parce qu'à l'embouchure s'étend l'Adhieri, immense banc de sable, sur lequel, de marée basse, l'eau ne va que jusqu'au genou. On rencontre aussi plusieurs bancs entre la mer et Cotasir; et un grand vis-à-vis de ce lieu. Le Kori ne communique ni avec le Sir, ni avec les autres bouches de l'Indus; mais il s'en détache un bras qui passe derrière le Cotch, et qui offre une navigation intérieure très-sûre, aux petites embarcations allant de Locpot à Djackô sur l'Océan oriental, à l'issue de la baie de Cotch.

Il paraît, d'après ce qui précède, que les Sindhiens ont bouché les deux bras orientaux de l'Indus. Comme il n'existe pas de communication entre l'Indus et le Kori, ce n'est pas par cette bouche que le commerce d'exportation du Sindhi a lieu, c'est par le Sir, mais il n'en est pas résulté la construction d'une ville nouvelle sur ses bords. Telle est l'humidité de cette contrée, qu'on ne peut y demeurer que pendant une partie de l'année.

Nous avons complété l'énumération et la description des bouches de l'Indus. Au large la mer est peu profonde, mais les sondes sont régulières, et un navire trouvera de douze à quinze pieds d'eau à un mille et demi de la terre. Le banc de Gora offre la seule difficulté à la navigation de cette côte, de Mandivi sur celle du Cotch jusqu'à Coratchi. On y aperçoit des brisans sur une longueur de douze milles. Les marins l'évitent en portant au large jusqu'à ce qu'ils aient perdu la terre de vue, et en restant par douze brasses d'eau jusqu'à ce que le danger soit passé; ils disent même qu'un navire de vingt-cinq tonneaux se perdrait en s'avançant dans les endroits où la profondeur est de dix brasses. Ce banc est très-fréquenté par les pêcheurs, on peut généralement les distinguer à leurs canots et à leurs filets.

La côte du Sindhi étant entièrement ouverte à la mer des Indes, est si peu protégée contre les mauvais temps, que la navigation y est suspendue plus tôt que dans les pays voisins. Peu de bâtimens s'en approchent passé le mois de mars, parce que la mousson du sud-ouest, qui commence alors en partie, soulève tellement la mer que les lames brisent sur trois et quatre brasses de profondeur, tandis que l'on ne peut distinguer la côte à cause de son peu d'élévation, que lorsque l'on en est tout près, et l'on court un grand risque de manquer le port. Or, si un tel événement arrive, il n'y pas d'abri que l'on puisse gagner.

La marée monte à neuf pieds aux pleines lunes dans les bouches de l'Indus; elle coule avec une grande violence, soit de flot, soit de jusant, notamment près de la mer, où elle inonde, ou bien abandonne les bancs de sable avec une vitesse égale et incroyable. Il est dangereux de jeter l'ancre, excepté de mer basse, parce que le chenal est fréquemment peu reconnaissable, et que le navire peut rester à sec. La marée ne se fait sentir dans l'Indus qu'à 75 milles de la mer, c'est-à-dire à peu peu près à 25 milles au-dessous de Tatta.

Il n'existe pas dans le monde une contrée plus misérable que la région basse des bouches de l'Indus. La marée haute inonde ses bords, et en se retirant laisse à sec un vaste espace désert, couvert de buissons, mais où il n'y a pas un seul arbre. Si un bâtiment a le malheur d'échouer sur cette côte, il est inévitablement enterré dans les sables en deux marées, et la plus grande promptitude peut à peine sauver une cargaison. Nous en eûmes un triste exemple dans un infortuné bateau qui fit côte près de nous; et pour ajouter aux calamités de ce pays, les princes qui le gouvernent réclament, par une loi barbare, tout ce que la mer a jeté sur le rivage, et confisquent tout bâtiment qui, forcé par le gros temps, peut entrer da nsun de leurs ports.

Le principal port maritime du Sindhi est Coratchi, ce qui paraît singulier, puisque les émirs sont en possession de toutes les bouches de l'Indus; mais cette particularité s'explique aisément. Coratchi n'est éloigné que de 14 milles du Pitti ou bouche occidentale de l'Indus; et il est moins pénible d'y embarquer et d'y débarquer les marchandises que de les transporter par le fleuve de Daradji ou de Châh-Bender sur des bateaux à fond plat. Coratchi peut aussi expédier sans difficulté, dans la partie peuplée du Sindhi, les objets reçus du dehors, en leur faisant suivre jusqu'à Tatta une route par terre fréquentée et unie. De plus, le débarquement dans ce port évite la nécessité de mettre la cargaison à bord des bateaux à fond plat; enfin la distance de Coratchi à Tatta, qui est à peu près de 60 milles, n'équivaut pas à la moitié de celle qu'il faut parcourir en suivant les sinuosités du fleuve pour arriver à un port du Delta. Comme les havres de l'Indus sont, ainsi que Coratchi, sous la domination du Sindhi, il est évident que ce port maritime offre un avantage sur ceux du fleuve, ce qui a fait abandonner ceux-ci par les navigateurs. Autrefois, avant que les Sindhiens se fussent emparés de Coratchi, les exportations du Delta étaient plus considérables que depuis ce temps. Toutes les marchandises de prix sont apportées par terre à Coratchi, où on les embarque. L'opium du Marvar n'a jamais été mis dans un bateau que pour traverser l'Indus et arriver à Coratchi.

En y comprenant Coratchi et tous les ports du Sindhi, il n'existe peut-être pas cent *dinghis* ou navires de mer appartenant aux possessions des émirs. Leur construction est remarquable; ils sont très-fins, et ont l'arrière très-élevé; les plus gros ne remontent jamais le fleuve; on s'en sert principalement à Coratchi; ils font la navigation de Mascat, de Bombay et de la côte de Malabar; ils ne sont pas armés de canons. Des dinghis moins grands sont employés aux bouches de l'Indus, surtout pour la pêche; ils tiennent bien la mer et marchent très-vite. La pêche dans les bouches du fleuve est très-considérable, et forme une source abondante de commerce; c'est pourquoi les bateaux sont très-nombreux.

Le négoce sur l'Indus, même en commençant à son embouchure, se fait par des *dondis* ou bateaux à fond plat. Ils sont larges et pesans, leur port n'excède jamais 100 karouars (50 tonneaux); quand ils sont chargés, ils ne tirent jamais plus de 4 pieds d'eau; ils ont deux mâts, le plus grand en avant; la voile est hissée par derrière, afin de prévenir les accidens en donnant moins de jeu à la toile. La voile de l'avant est latine, celle de l'arrière, carrée et très-ample. Quand elles sont déployées, le bateau peut refouler le courant, par un vent favorable, et parcourir 3 milles à l'heure. Nous vînmes de la mer à Haïderabad en cinq jours. Quand le vent manque, ces bateaux sont halés ou toués contre le courant par le moyen de gaffes. Tirés à la corde, ils peuvent avancer d'un mille et demi à l'heure; la corde est attachée à la tête du mât, afin qu'elle ait plus de volée. Le gouvernail a la forme de la lettre P; dans les grands navires, on le manœuvre avec des cordes de chaque côté; vu de loin on croirait qu'il ne tient pas au dondi. Ces bâtimens sont aussi munis à l'arrière d'un long aviron souple que le pilote, placé sur une estrade élevée, fait mouvoir en avant et en arrière. Avec cet aviron seul on pourrait faire marcher le bâtiment, et il est employé seul aux bacs pour traverser le fleuve.

Quand on descend avec le courant, on se sert également de cet aviron que l'on fait aller à droite et à gauche pour maintenir le bâtiment dans le fil de l'eau. En descendant le fleuve, les mâts sont invariablement abaissés, et même le gouvernail est enlevé. Je ne puis mieux comparer ces bâtimens qu'aux jonques chinoises que je ne connais que par des dessins; les plus grands ont 80 pieds de long et 18 de large; ils ont la forme d'un navire dont l'arrière est haut, et sont bas de l'avant, terminés obliquement aux deux extrémités de chaque côté, afin de présenter moins de résistance à l'eau. Ce sont des maisons ambulantes; les mariniers y embarquent toute leur famille, et même leurs volailles et leurs troupeaux. Toutes les embarcations, soit petites, soit grandes, qui naviguent sur le fleuve, ressemblent à la description que je viens de donner. Les mariniers font de préférence passer les dondis dans les endroits où l'eau est moins profonde et évitent les rapides.

D'après les détails que j'ai donnés plus haut sur l'Indus à ses embouchures, il paraît qu'il serait accessible à des bateaux à vapeur d'une construction et d'une forme convenable; mais je suis entièrement

convaincu que nul navire à quille ne pourrait jamais
naviguer avec la moindre chance de sûreté. Les bateaux à fond plat y échouent constamment, mais ils
n'en souffrent aucun dommage; tandis que ceux qui
sont construits différemment seraient chavirés tout
d'un coup par la violence du courant et détruits.
Toutefois, il n'est pas douteux qu'on ne pût adapter
à cette navigation les bateaux à vapeur aussi bien
que les dondis; et si on n'avait pas trouvé de la houille
dans les cantons voisins du cour supérieur, de même
que dans ceux qui sont proche de l'embouchure de
l'Indus, on pourrait entretenir le feu avec le bois
qui est très-abondant tout le long des rives du fleuve.
Les Nord-Américains emploient en effet du bois à
brûler pour les navires à vapeur de leur pays; et les
broussailles sont très-communes sur l'Indus inférieur.

Je parle de la navigation de ce fleuve par les bateaux à vapeur, parce que je sais que c'est un objet
d'un haut intérêt; mais s'il s'agissait d'une expédition
contre le Sindhi, je pense, d'après ce que j'ai vu,
que sous le rapport militaire on ne tirerait que peu
d'avantage de l'Indus au-dessous de Tatta. Le grand
nombre de canaux naturels dont le Delta est entre-
coupé y rendrait la marche d'une armée impraticable, et il serait également impossible de l'embarquer sur des bateaux à fond plat, parce que, ainsi
que je l'ai déjà dit, il n'y en a pas cent au-dessous
de Haïderabab; bien peu sont d'une grande capacité, et les plus gros ne contiendraient pas une compagnie d'infanterie. Le point vulnérable du Sindhi est

Coratchi, et un débarquement pourrait s'effectuer de l'un ou de l'autre côté de cette ville sans difficulté. La crique de Ghisri, au sud-est, a été indiquée comme un lieu favorable pour y faire une descente; je partage entièrement cette opinion; mais une armée débarquerait aisément sur tous les points des environs de la ville. Pour une expédition par terre, la route du Cotch à Balliari, qui passe par le Tharr, me semble la plus commode. En représentant les bouches de l'Indus comme peu favorables pour une attaque dirigée de l'Inde contre le Sindhi, je désire qu'on ne suppose pas que je hasarde en même temps une opinion suivant laquelle des obstacles semblables se présenteraient si une expédition partait des côtes de ce pays contre l'Inde.

Quant aux ressources qu'une armée pourrait trouver dans la partie inférieure du Sindhi, j'en parlerai plus favorablement. Le ris et le badjri y sont extrêmement abondans; les bœufs et les moutons en grand nombre. Les pâturages n'y sont pas bons, mais ils sont communs près de la mer. Les villages ne sont pour la plupart que des hameaux, et Daradji, Lahori et Chàh-Bender, qui figurent sur la carte comme des lieux importans, n'ont pas chacun une population de 2,000 âmes. Les deux premiers ne l'ont même pas, pris ensemble; et au-dessous de Tatta il n'y a pas dix autres endroits qui comptent cent habitans. On trouverait dans tout ce pays beaucoup de chevaux et de chameaux; ceux-ci sont petits et chétifs : mais les chameaux sont bien supérieurs. Les buffles étant communs, on peut se procurer du beurre et du ghi en quantité : enfin, les eaux sont très-poissonneuses. Le pays est habité jusqu'au bord de la mer, mais la population est disséminée sur sa surface, dans des villages temporaires; près de plusieurs bouches du fleuve elle ressent de grands inconvéniens du manque d'eau douce, qu'elle apporte de loin pour son propre usage et pour celui du bétail. Les bords du Gori forment seuls une exception. La population consiste principalement en tribus pastorales et errantes; car, bien que les rives de l'Indus présentent de grandes facilités au labour, cependant il n'y a pas au-dessous de Tatta un quart du pays qui soit cultivé; presque partout il est négligé et couvert de tamariscs.

CHAPITRE VI.

LE DELTA DE L'INDUS.

Inondation du Delta.— Son étendue. — Villes.—Population.— Les Djakris.— Productions. — Climat.

Hérodote, en parlant de l'Egypte, a dit qu'elle était un don du Nil : on peut appliquer ces expressions au pays compris entre les bouches de l'Indus. Une coupe des bords de ce fleuve montre une succession continue de couches de terre, d'argile et de sable, disposées parallèlement les unes aux autres, et déposées probablement à des époques différentes. Ce serait peut-être une conjecture trop hasardée que de représenter le Delta comme formé graduellement aux dépens de la mer; mais il est évident que la terre a considérablement empiété sur l'Océan. Rien ne corrobore plus ce fait que le peu de profondeur de la mer vis-à-vis des bouches de l'Indus, et que son fond argileux, ainsi que la couleur de l'eau.

Depuis Tatta, situé au commencement du Delta jusqu'à la mer, le pays est presque partout soumis à l'action du débordement périodique de l'Indus; les grands bras de ce fleuve sont si nombreux et se subdivisent en une quantité si considérable de canaux, que l'inondation est générale, et dans les lieux qui, par des circonstances fortuites, sont privés de ces avantages, des rigoles creusées par l'art, larges de quatre pieds, et profondes de trois, conduisent les eaux dans les champs. Le fleuve commence à déborder vers la fin d'avril; l inondation continue à augmenter jusqu'en juillet, et a complétement cessé en septembre : on suppose que sa fin est accélérée par le vent du nord. Elle commence par la fonte des neiges dans l'Himalaya avant la saison des pluies. Dans les autres temps, la terre est arrosée par la roue persane que fait tourner un chameau ou un bœuf, et qui est partout d'un usage général. Un huitième de la surface du Delta est occupé par des bras du fleuve ou par des canaux plus petits. A dix milles de la mer, le pays est tellement couvert de buissons et de broussailles touffus qu'il n'est pas possible de le labourer. Mais le long de la côte maritime, on voit de vastes espaces tapissés d'herbes verdoyantes qui fournissent de la pâture à de grands troupeaux de buffles. Ces animaux récompensent les soins des pasteurs par une provision abondante de ghi; mais le travail de ces hommes est continuel : il faut que sans cesse, ainsi que je l'ai déjà dit, ils apportent de l'intérieur de l'eau douce pour eux-mêmes et pour leurs troupeaux.

Dans un canton habité par un peuple menant la vie pastorale, il y a peu de villages permanens. Si on en excepte Daradji, Vikkar, Châh-Bender, Maghribi et deux ou trois autres lieux, les habitans du Delta demeurent dans des villages temporaires qui sont nommés *radj* et qu'ils changent de place suivant leur fantaisie; leurs cabanes sont construites en roseaux et en nattes faites de paille de riz; chaque habitation est entourée d'un *tatti*, c'est-à-dire d'une haie en herbe pour l'abriter du vent froid et des vapeurs humides, si communs dans ce pays bas, et regardés comme pernicieux. Ce sont les maisons dont parle Néarque; je crois qu'elles sont particulières aux bords de l'Indus. Elles ressemblent beaucoup aux huttes des bateleurs de l'Inde.

Il est difficile de se faire une opinion exacte du nombre des habitans d'un tel pays, où la masse du peuple est nomade et ne se tient pas dans des limites resserrées. Cependant, comme on aperçoit des cabanes partout, on peut évaluer la population du Delta, en n'y comprenant pas la ville de Tatta, à 30,000 âmes au moins; sur cette quantité un tiers se compose de gens ayant des habitations fixes et réunies. Ce dénombrement donne sept individus et demi par mille carré.

La tribu errante qui vit dans le Delta de l'Indus est connue sous le nom de *Djat*, elle est aborigène du pays. Ces Djats sont des musulmans superstitieux et excessivement ignorans. Les diverses rives du fleuve sont habitées par des bateliers de la tribu de Mouana; ils sont venus du Pendjab; ils servent comme matelots pour conduire les bateaux, ou bien font la pêche en mer ou dans le fleuve. Les Seïks Lobana composent une tribu également originaire du Pendjab; leur occupation est de couper des roseaux et de faire des nattes. Ils tuent aussi des animaux sauvages et du gibier, mais le reste de la population n'a nulle considération pour eux. On trouve aussi dans le Delta des Djoukis ou Djakris, issus des montagnes au-dessus de Coratchi; mais ils sont peu nombreux. Quelques-uns de leurs chefs ont obtenu des concessions de terre. Il y a aussi quelques Beloutchis.

J'ai peu de remarques à faire sur la population sédentaire; elle est principalement composée d'Hindous de la caste des marchands; ils font le commerce intérieur et extérieur du Sindhi. Ils ne diffèrent nullement de leurs frères de l'Inde.

La seule tribu sur laquelle il soit nécessaire de donner des renseignemens plus détaillés est celle des Djakris. Ils descendent des Radjpouts Sarna, qui gouvernaient autrefois le Sindhi. Ils embrassèrent l'islamisme quand la dynastie brahmaniste fut renversée, et conservent encore le nom Hindou de leur tribu; ils disent qu'ils tiennent, par les liens de la consanguinité, aux Radjpouts Djharedja du Cotch. Ce sont des montagnards de la rive gauche de l'Indus, peu favorisés du gouvernement et peu nombreux; ils peuvent mettre 2,000 hommes en campagne.

La pêche est très-active, tant dans le fleuve qu'en dehors de ses différentes embouchures; elle se fait principalement à l'hameçon; quelques poissons sont d'une dimension énorme. On prend le kadjdjouri pour ses ouïes, qui, avec les nageoires des petits requins très-communs dans les parages voisins de l'Indus, forment un objet de commerce avec la Chine. Le poisson de rivière est également abondant; le plus remarquable est le *palla*, c'est une espèce de carpe dont la saveur est délicieuse; on ne le trouve que dans les quatre mois qui précèdent le débordement. Le *singali*, qui est à peu près de la grosseur d'une petite morue, n'est pas moins commun. A l'approche de la marée, il fait sous le navire un bruit plus fort que celui de la grenouille mugissante; il a une grosse tête et beaucoup d'arêtes. Il n'est pas particulier à l'Indus; on le trouve dans toutes les rivières de l'Inde occidentale.

Je n'ai pas appris qu'il y eût des animaux propres au Delta de l'Indus. Ceux qu'on y voit en grand nombre sont la loutre, le chameau, qui, ainsi que je l'ai déjà dit, est remarquable par sa taille et ses qualités, le buffle, le bœuf et le mouton. Le chien y est, comme ailleurs, le fidèle compagnon de l'homme; il garde les troupeaux et a le caractère féroce; il ne souffre pas qu'un étranger s'approche d'un radj ou village, il passe les rivières à la nage avec une grande dextérité.

La principale production du Delta de l'Indus est le riz; il y en a de différentes sortes, mais sa valeur semble dépendre principalement de la manière dont il a été préparé pour le marché. On cultive le badjri et tous les autres grains de l'Inde. Il y a de vastes plantations de *gour* ou cannes à sucre; on en extrait une espèce de sucre grossier; on les cultive de même que le froment, l'orge et le moung, en arrosant les champs par des rigoles dérivées du fleuve quelques mois avant le débordement, ce qui forme ce qu'on peut appeler une seconde récolte. On trouve du salpêtre dans le Delta, mais il n'est pas exporté, quoique ce fût autrefois un objet de commerce pour la compagnie anglaise des Indes.

Le climat du Sindhi inférieur est étouffant et désagréable. En mars, le thermomètre monte jusqu'à 90° (25° 75); quoique le terrain soit alluvial et gras, on est sans cesse incommodé par la poussière. La rosée est très-abondante et dangereuse. Le Delta est, sous tous les rapports, un pays d'épreuve pour la constitution humaine; on en reconnaît la preuve dans la vieillesse prématurée des habitans. Je n'ai pas appris qu'ils fussent sujets à des fièvres de marais ou à d'autres mauvais effets du débordement; je ne les ai entendus se plaindre que de l'inconvénient et du tourment que leur causent les insectes, tels que les cousins et les maringouins qui s'engendrent dans la vase.

CHAPITRE V.

LE SINDHI.

Étendue du pays. — Chefs. — Finances. — Puissance. — Conquêtes. — Politique extérieure. — Branches de la maison régnante.—État du peuple. — Population.

LE premier territoire que l'on rencontre en remontant l'Indus est celui du Sindhi. La subversion de la monarchie afghane à Caboul a considérablement accru l'importance politique de ce pays; elle a permis à ses souverains de se soustraire au payement du tribut annuel qu'ils devaient, et leur a donné les moyens d'étendre les limites de leurs états autrefois circonscrits. Cette principauté, maintenant au zénith de sa puissance, ne comprend pas moins de 100,000 milles carrés, elle s'étend du 69°. au 71°. degré de longitude est, et du 23°. au 29°. degré de latitude nord; l'Océan indien la baigne au sud, et la ligne diagonale de 400 milles, qui forme sa longueur, se termine à une petite distance au-dessous du confluent des eaux du Pendjab avec l'Indus. La partie orientale de ce beau territoire est aride et stérile; mais l'Indus fertilise par son débordement périodique les terres situées sur ses bords, et les eaux sont conduites par des canaux bien au delà des limites de l'inondation.

Le territoire du Sindhi est partagé entre trois branches différentes de la famille des Talpours, tribu beloutchie; elles sont presque indépendantes l'une de l'autre. La principale famille réside à Haïderabad, son chef est Mir Mourad Ali Khan, et depuis la mort de ses trois frères aînés il en est le seul représentant [1]. La seconde famille par son importance est celle des descendans de Mir Sohràb, Khan de Khirpour; son fils Mir Roustan Khan est l'émir régnant; il possède la forteresse de Bakkar avec la partie septentrionale du Sindhi. La troisième famille, issue de Mir Thara Khan, a pour chef Ali Mourad, réside à Mirpour et possède le pays au sud-est de la capitale. Ces trois chefs sont, proprement parlant, les émirs du Sindhi, titre qui a souvent été appliqué seulement à la famille de Haïderabad. L'importance relative des émirs est marquée par la somme de leurs revenus respectifs; celui du premier est de quinze lacs de roupies, celui du second de dix, celui du troisième de cinq; le total, s'élevant à trente lacs de roupies, montre l'ensemble du revenu annuel du Sindhi. On dit que la valeur du trésor se monte à une vingtaine de millions sterling, dont treize en argent monnayé, et le reste en pierreries. La plus

[1] Pendant que ce livre est sous presse, on a reçu en Angleterre la nouvelle de la mort de cet émir; elle a été suivie d'une guerre civile.

grande partie de ces richesses est déposée dans le fort de Haïderabad et partagée entre Mourad Ali et les veuves de son frère Kérim Ali.

Si on excepte les Seïks, les émirs sont plus puissans qu'aucun des princes indigènes aux états desquels le territoire du Sindhi est contigu; car ils ont de tous les côtés saisi et conservé par force des terres de leurs voisins. A l'ouest ils ont conquis Coratchi sur le chef du Lotsa, et songent maintenant à étendre leurs limites jusqu'à Sonmini, afin de tenir entièrement dans leurs mains l'accès aux routes du commerce avec le Candahar. Au nord-ouest, ils se sont emparés du fort de Bakkar et du fertile canton de Chikarpour qu'ils ont enlevés aux Afghans, et quoique ce fussent des possessions de la puissante famille des Barakziè, qui règnent maintenant à Caboul, à Candahor et à Peichaver, elle n'a pu jusqu'à présent réussir dans ses tentatives annuelles pour les recouvrer. Quand nous passâmes à Chikarpour, une armée de 6,000 hommes était campée à Sioui, dans les plaines du Cotch Gondava; mais elle ne pouvait se mesurer avec les Sindhiens en rase campagne. Au nord-est, les Sindhiens sont maîtres de Sabzalcote, et d'une grande partie du pays des Daoudpoutras. A l'est, ils ont arraché en 1813 la forteresse d'Amercote au radjah de Djoudpour, et depuis ils ont poussé très-avant leurs troupes dans les états de ce prince. Si on en excepte une portion de cette contrée qui appartient au Djesselmir, ils possèdent tout ce qui est au sud de la capitale de ce nom, jusqu'au

Ren du Cotch, en y comprenant Parkar. Du côté du Cotch la marche de leurs envahissemens n'a été arrêtée que par le gouvernement britannique.

La valeur de ces conquêtes s'est considérablement accrue par les dépenses insignifiantes qu'elles occasionnent au gouvernement; car, excepté les forts dans le désert, il n'entretient ni garnison ni troupes pour les protéger; tandis que chaque attaque, qui pouvait mettre leur sûreté en péril, a été jusqu'ici repoussée avec succès. Le Sindhien est brave sur le champ de bataille, et si nous en jugeons par les résultats, il l'emporte à cet égard sur ses voisins. Par une retraite dans le désert, les Sindhiens firent échouer l'invasion d'une armée formidable venant du Caboul, et ils en défirent une seconde, avec un carnage terrible, dans le voisinage de Chikarpour. Étrangers à la discipline militaire, et assurément incapables de se mesurer avec des troupes régulières, nous devons présumer qu'ils excellent dans l'art de la guerre, tel qu'ils le pratiquent, à l'instar des nations dont ils sont limitrophes. Bien différens des autres Asiatiques, les Sindhiens s'énorgueillissent d'être fantassins, et ils préfèrent le sabre au mousquet; leur artillerie, formidable par le nombre, n'est digne que de mépris pour la force; leur cavalerie ne mérite pas ce nom; les chevaux sont rares et de petite race. On a fait différentes conjectures sur l'effectif de leur armée; mais elles me paraissent vagues et peu précises, puisque par la constitution du gouvernement, tout Sindhien parvenu à l'âge viril, excepté dans la classe marchande, est soldat; en temps de paix, il est nourri et entretenu, parce qu'il est obligé de servir en temps de guerre. Par conséquent, l'armée que l'on a à combattre n'est qu'un ramas de populace; et comme infanterie, les sabres des Sindhiens ne leur seraient pas d'un grand secours dans une guerre avec une nation européenne accoutumée à la tactique moderne. S'ils étaient attaqués par le gouvernement britannique, il est probable que les souverains du Sindhi, après une faible résistance, se réfugieraient, comme précédemment, avec leurs richesses, dans le désert, retraite qui dans ce cas leur coûterait leur pays. Ils pourraient, pendant un certain temps, fomenter des conspirations et des révoltes; mais les infortunes de la maison des Talpours n'exciteraient la compassion de personne; car leur gouvernement est détesté de leurs sujets, et ils sont redoutés, si même ils ne sont pas haïs des peuples voisins.

Dans le déclin des états musulmans, la prospérité de celui du Sindhi lui a donné du relief aux yeux des étrangers.

De tous les princes qui environnent le Sindhi, Mehrab Khan, Brahoui de nation, chef de Kélat et de Gondava, est celui avec lequel les émirs ont les relations les plus suivies; de même qu'eux il était autrefois un tributaire du Caboul. Par leur alliance avec lui, ils ont adroitement interposé entre eux et ce royaume un peuple courageux. Les Afghans ont essayé par des dons de gagner le chef de Kélat à leurs intérêts; mais jusqu'à présent il s'est montré sourd à leurs avances, et dans toutes les occasions il se déclare prêt à aider les émirs, en protégeant la partie de leurs frontières contiguës à ses états. Il a épousé une parente de l'émir de Haïderabad; or, les Brahouis et les Beloutchis se regardant comme sortis primitivement d'une souche commune, on peut supposer naturellement qu'ils ont un intérêt commun. Il n'existe nulle cordialité et très-peu de liaisons entre les émirs et les Seïks de Lahor. Ils redoutent avec raison la puissance de Rendjit Sing, et ils évitent également de causer de l'ombrage à aucun des princes Afghans par des démonstrations d'amitié. Ils ne sont tenus à aucun devoir envers le Maharadjah, et jusqu'à présent il n'en a pas exigé d'eux; mais il n'a pas échappé à leurs observations que, de tous les pays limitrophes du Sindhi, il n'en est aucun d'où une invasion pourrait être aussi aisément effectuée contre eux que du Penjab, et il est très-douteux qu'ils pussent résister à une attaque faite de ce côté par les Seïks. Quant aux chefs Radjpouts, leurs voisins à l'est, leurs relations avec eux se bornent à des échanges de présens.

Les ressources intérieures du Sindhi sont considérables, et nous ne devons pas prendre pour indice de sa richesse le revenu borné de ses souverains, car, dans leur lutte pour parvenir au rang suprême, les émirs reçurent de leurs frères les Beloutchis des services multipliés qui ont été payés par de grandes et nombreuses cessions de terres. Ils ont espéré, par la détérioration de la part qu'ils se sont réservée, affaiblir la cupidité de leurs voisins. Le commerce et l'agriculture languissent dans le Sindhi. Les droits exigés sur les marchandises arrivant par l'Indus sont si exorbitans, qu'aucune n'est transportée par ce fleuve, et cependant des objets de fabrique européenne n'étaient pas plus chers à Chikarpour qu'à Bombay. Nous apprenons par le périple de la mer Erythrée, que le négoce du Sindhi, au second siècle de l'ère vulgaire, époque où un prince puissant gouvernait cette contrée, était très-florissant; on dit même qu'il a été considérable jusqu'à la fin du règne d'Aurengzeb, empereur mogol, qui mourut en 1707. Les souverains actuels exerçant une autorité absolue sur un si vaste pays, pourraient en faire un état riche et commerçant; mais l'Indus n'est point placé favorablement pour les spéculations mercantiles, il n'a pas, comme le Gange, des embouchures accessibles aux grands navires; il est séparé de l'Inde par une région inhospitalière; un gouvernement vigoureux et énergique pourrait seul protéger les marchands contre le brigandage des Bourdis, des Mouzaris et des autres tribus des montagnards de l'ouest. L'Indus ne pourra offrir une voie au commerce que lorsque les chefs, maîtres de ses embouchures, auront des idées plus saines et plus raisonnables. Aujourd'hui une grande partie des rives fertiles de ce fleuve, si admirablement adaptées à la culture, sont, ainsi que je l'ai déjà observé, employées uniquement en pâturages. On peut sauver les troupeaux de l'invasion de l'ennemi, mais les productions du sol ne peuvent être récoltées que dans la saison convenable, après qu'on leur a donné les soins et l'attention nécessaires.

Parlons maintenant des différens chefs qui règnent dans le Sindhi.

La famille de Haïderabad, ayant reçu plusieurs ambassades britanniques, est mieux connue que les autres. Elle possède la partie méridionale du pays, ou ce qu'on appelle le Sindhi inférieur. Depuis 1786 qu'elle commença de s'y établir, elle a subi de grands changemens, et les rênes du gouvernement, après avoir été tenues conjointement par quatre frères, sont restées, sans effusion de sang, dans les mains du dernier survivant. Mais la lutte pour l'autorité suprême, après avoir été si long-temps évitée, est léguée à une progéniture nombreuse, et à la mort de Mourad Ali Khan, qui a atteint sa soixantième année, les conséquences fâcheuses du système adopté par le fondateur de cette maison, qui éleva ses frères à un rang égal au sien, se manifesteront par des disputes pour la succession, et peut-être par une guerre civile [1]. Un émir mourut sans postérité; deux autres ont laissé des fils qui sont maintenant parvenus à l'âge viril; et l'émir, qui vit encore, a cinq fils dont deux, savoir : Nour Mohammed et Nessir Khan, ont depuis plusieurs années siégé au conseil, avec leurs cousins Sobdar et Mohammed. Les partis de ces quatre jeunes princes forment autant de

[1] La mort du dernier émir a complétement vérifié cette conjecture.

factions distinctes à la cour de Haïderabad, et chacun use de son influence, et a recours aux menées et à la politique qui lui paraît le mieux favoriser ses desseins. Trois de ces princes pourraient, comme fils aînés d'émirs, réclamer le droit d'entrer, comme leurs pères, en partage de l'autorité; mais le second fils de Mourad Ali Khan jouit de plus de crédit qu'aucun d'eux, et le gouvernement des émirs du Sindhi ne pourrait jamais être considéré comme héréditaire, ainsi qu'il exista d'abord.

Mir Nessir Khan, de l'influence prépondérante duquel je viens de parler, avait été mis en avant par son père dans ses relations avec les Anglais, et quoique le quatrième en rang au-dessous de l'émir lui-même, il est la seule personne qui, avec son père, s'adresse dans toutes les occasions au gouvernement britannique, ou à laquelle celui-ci s'adresse. Il professe ouvertement son attachement pour les Anglais, et m'apprit, tant par lettres que dans deux conférences publiques, que c'était par son moyen que la légation que je conduisais avait obtenu la permission de remonter l'Indus pour aller à Lahor. Quelque étrange que cela puisse paraître, on dit que son père, d'ailleurs si défiant envers les Anglais, lui avait fortement conseillé de se comporter ainsi; et aucun des personnages qui étaient à même de le savoir ne me déguisa que le prince agissait avec l'espoir d'être aidé par notre gouvernement lorsque l'heure difficile arriverait. Nessir Khan conserve également des liaisons amicales avec plusieurs princes de la dynastie qui régnait jadis dans le Caboul ; et pendant que nous étions à Haïderabad, il expédia des présens à Kamran à Hérat. Nessir Khan est un prince doux et affable, qui aime passionément la chasse. Il a plus de générosité que de talent, et moins de prudence qu'il ne convient à un prince placé dans une position aussi embarrassante que celle où il se trouvera bientôt. Son succès dépendra de la possession du trésor de son père, parce que l'argent est le nerf de la guerre, et la bonne volonté d'un peuple vénal tel que les Sindhiens ne peut être acquise à un prince qui a dépensé son héritage. Nour Mohammed, frère aîné de Nessir Khan, est celui des Talpours qui cultive l'amitié la plus étroite avec les Seïks, mais il n'a ni partisans ni habileté pour faire réussir une entreprise. De plus, il est adonné à la débauche la plus grossière et aux vices les plus odieux; mais on ne doit pas oublier qu'il est le fils aîné du chef régnant.

Mir Mohammed semble espérer, et non sans motif, que les services de son père Gholam Ali lui garantiront ses droits. Il m'envoya à la dérobée un émissaire pour m'offrir de conclure un traité particulier avec le gouvernement britannique, proposition que je déclinai par des raisons évidentes. Sobdar est l'héritier légitime de Mourad Ali, étant le fils aîné du fondateur de la maison. Il n'est pas aimé des émirs; mais outre un trésor de trois millions sterling, et des terres qui lui rapportent un revenu annuel de trois lacs de roupies, il a pour lui beaucoup de chefs et d'autres partisans qui s'attachent à lui par le souvenir des vertus de son père. Il est de plus le personnage le plus capable de la famille, et a déjà annoncé ses droits par une révolte. La contestation sera probablement entre Sobdar et Nessir Khan; et s'ils prennent le parti de gouverner conjointement, comme leurs prédécesseurs, ils peuvent faire revivre le titre et conserver la puissance des émirs du Sindhi. Maintenant Mir Sobdar, par crainte de son oncle, cache ses plans et ses intentions, et je puis raconter comme un exemple du caractère ombrageux de ces princes, que m'étant plusieurs fois, conformément à l'étiquette de cette cour, informé de sa santé, en le voyant assis à la droite de l'émir, il fut déplacé à notre seconde entrevue pour faire place à Mir Nessir Khan. Si Mourad Ali parvient à une vieillesse avancée, les opinions que je viens d'énoncer pourront être fallacieuses, parce que l'arène sera alors occupée par d'autres compétiteurs qui présentement sont encore dans l'enfance, et du milieu desquels un prince plus hardi que le reste de ses parens s'élèvera peut-être par ses succès au pouvoir suprême.

Mir Roustam Khan, chef de Khirpour, a succédé à son père, qui se tua en 1830, en tombant du haut d'un balcon. Il est âgé d'une cinquantaine d'années, a cinq fils et deux frères. Cette famille est si nombreuse, qu'elle compte aujourd'hui quarante membres vivans, issus en ligne directe de Mir Sohrab Khan. Mir Roustam Khan déploie plus de faste que les émirs de Haïderabad. Son territoire est vaste et fertile; il s'étend au nord le long de la rive gauche ou orientale de l'Indus depuis un point à peu de distance au-dessus de Sihouan jusqu'à 28° 30′ de latitude et sur la rive droite ou occidentale, depuis Chikarpour jusqu'à moins de 15 milles de Mittan sur les frontières du Pendjab, et est borné à l'ouest par les monts de Ghendari et les plaines du Cotch Gondava. Il existe peu de cordialité entre les émirs de Khirpour et ceux de Haïderabad ; la rupture a été agrandie récemment par des disputes relatives aux droits sur l'opium, auxquels les premiers ont jusqu'à présent et inutilement réclamé une part. Toute la famille de Khirpour exprima un attachement sincère pour le gouvernement britannique, et montra par une suite continuelle de marques de bienveillance et même de munificence envers notre troupe, que ces sentimens étaient réels ; aucun d'eux n'avait vu auparavant un Européen. Le trésor, qui s'élève à trois millions en argent, est sous la garde d'Ali Mourad, frère puîné de Mir Roustam Khan; comme fils bien-aimé, il y avait accès du vivant de Sohrab ; à sa mort il s'en empara et le tient encore. Sauf cette exception, la famille est unie et n'a aucun sujet de dissension.

Le chef de Khirpour exerce une influence considérable dans les affaires du Sindhi. Toute entreprise concernant le bien-être du pays n'est projetée qu'après qu'il a été consulté ; et jusqu'à présent nulle opération n'a été exécutée sans son approbation. Le refus de Mir Sohrab de faire la guerre pour protéger les Daoudpoutras et pour s'opposer aux empiétemens des Seïks, a déjoué les desseins des émirs; car bien que les familles soient indépendantes les unes des autres, elles n'agissent que de concert. Mir Roustam Khan vit sur un pied plus amical avec ses voisins que la famille de Haïderabad; des agens des radjahs de Djesselmir, de Bicanir et des Daoudpoutras résident à sa cour, et il entretient des relations avec les Seïks de Lahor. Néanmoins, il est préparé à protéger dans toutes les occasions avec ses troupes, contre une invasion, les limites du Sindhi telles qu'elles existent maintenant; et il s'empressa de fournir son contingent de soldats, quand les Afghans tentèrent de reprendre Chikarpour au chef de Haïderabad.

La famille de Mirpour, qui a pour chef Ali Mourad, est celle des émirs du Sindhi qui a le moins de puissance. Son voisinage immédiat de Haïderabad, son territoire moins fertile et plus circonscrit que celui des autres, l'a maintenue davantage sous la soumission du principal émir. Mais ses états étant situés précisément sur le chemin que prendrait une armée d'invasion venant du Cotch, l'émir de Mirpour pourrait rendre des services essentiels à une expédition. Cette famille est unie par alliance à Sobdar, et selon toutes les probabilités suivra la fortune de ce prince dans un changement de gouvernement.

Quant à la condition du peuple soumis à ces trois familles, divers auteurs en ont parlé amplement; c'est pourquoi je n'en aurais rien dit, si les moyens d'observation que j'ai eus pendant plusieurs mois ne m'avaient porté à différer d'opinion avec eux sur quelques points. Les Sindhiens sont emportés et fiers, et pourraient passer tous pour trompeurs, car ils donnent des louanges et font des promesses sans sincérité. Leur emportement provient de leur ignorance barbare, et leur orgueil de leur méfiance; leur fourbe ne les rend pas dupes les uns des autres, et ne devrait pas tromper un étranger. J'ai trouvé ceux que nous avons employés, des serviteurs très-honnêtes et très-fidèles. Nous avons voyagé d'une extrémité du pays à l'autre sans avoir d'autres gardes que les indigènes, et sans avoir perdu la moindre bagatelle, quoique journellement une foule nombreuse vint à bord de nos bateaux. Les Sindhiens sont gouvernés par leurs princes, d'après l'esprit du pays; s'ils pouvaient discerner combien les avantages de la vie civilisée et les encouragemens de l'industrie et des arts l'emportent sur la barbarie et le despotisme, le Sindhi et ses habitans se présenteraient probablement à nos yeux sous un jour différent: mais ces souverains, qui s'en sont emparés par l'épée, doivent être excusés d'y maintenir le système de la force. Dans les contrées où les principes d'honneur ne sont pas compris, ainsi que cela n'a été que trop souvent le cas sous les gouvernemens de l'Asie, les hommes ne peuvent être menés que par la crainte; ce n'est que lorsque le sujet s'éclaire et se civilise qu'il peut apprécier les avantages d'institutions libérales, et mérite de prendre une part quelconque au gouvernement de son pays. Les habitans du Sindhi, soit dans les villes, soit dans les villages, sont misérables et pauvres ; car si on en excepte un petit nombre de chefs Beloutchis, et quelques familles sacerdotales qui sont attachées à la cour, il n'y a pas de richesse répandue dans le pays, sinon entre des marchands hindous peu nombreux. Ces brahmanistes n'endurent pas des maux plus grands que leurs confrères sectateurs de l'islamisme, et jouissent d'autant de tolérance et de liberté que sous les autres gouvernemens musulmans. S'ils furent autrefois traités avec rigueur, le siècle du fanatisme est passé ; et les diouans hindous du Sindhi font entièrement les affaires pécuniaires de l'état, tandis que les sérafs et les banians qui sont également brahmanistes, exercent leurs professions sans aucune gêne et marient leurs enfans quand ceux-ci ont atteint l'âge convenable pour hériter après leur décès la fortune qu'ils ont réalisée par le commerce.

Il est difficile de déterminer la population du Sinhi, et je me souviens qu'en le traversant, lorsque je remontais l'Indus, j'en ai vu la plus belle partie. Les grandes villes ne sont ni nombreuses ni considérables : Haïderabad, la capitale, compte à peu près 20,000 habitans ; Chikarpour davantage ; Tatta, Coratchi et Khirpour chacune 15,000 ; Mirpour, Hala, Sihouan, Larkhana et Rori avec Sakkar, chacune 10,000 ; Mattari, Aliartando, Sabzal et cinq à six autres, chacune 5,000 ; ce qui fait en tout près de 200,000 âmes ; j'ai dit plus haut qu'il n'y en avait pas plus de 30,000 dans le Delta ; les cantons éloignés du fleuve, à l'orient et à l'occident, sont faiblement peuplés, parce que, dans les contrées dont les habitans mènent la vie pastorale, la population est peu considérable. Cependant les villages où le débordement atteint sont grands et nombreux ; ainsi je pense que le Sindhi entier a au moins un million d'âmes. Un quart de cette quantité peut être composé de brahmanistes: et les musulmans descendent pour la plupart d'hommes convertis à l'islamisme.

CHAPITRE VI.

L'INDUS DE TATTA A HAIDERABAD.

Bancs de sable. — Cours du fleuve. — Villes.—Productions.— Commerce. — Moyens de l'augmenter. — Bateaux.

Au-dessus de la ville de Tatta, qui est située à trois milles de l'Indus, ce fleuve cesse d'être partagé en plusieurs canaux. A droite il est borné par des collines basses de formation calcaire, à gauche il ne s'en détache que le Piniari, bras étroit, où les bateaux peuvent entrer en venant de Maghribi quand l'eau surabondante de la marée suit son cours vers la mer. La largeur générale du lit du fleuve n'est pas d'un demi-mille; à Haïderabad, elle n'est que de 2,490 pieds, à Tatta que de 2,100, et au-dessous du village de Hilaya, à 15 milles de cette ville, elle n'excède pas 1,800 pieds. La plus grande profondeur de l'Indus est, vis-à-vis de la capitale, la moindre à Tatta, où elle n'est que de 15 pieds; en général, on la trouve de 20 pieds.

Le Delta de l'Indus est exempt de bancs de sable;

de Tatta à Haïderabad, on en rencontre partout, et les bords du fleuve étant plus fréquemment en talus qu'escarpés, il est difficile de découvrir où le chenal est profond, ce qui embarrasse le navigateur. Beaucoup de ces bancs de sable ne sont couverts d'eau que jusqu'à la hauteur du genou, et changent continuellement de place; le courant étant là moins rapide que près de la mer, ils ne sont pas aisément emportés. Dans plusieurs endroits, ils sont devenus des îles et partagent le fleuve en deux bras dont l'un est toujours navigable. Cette subdivision du fleuve a été cause que beaucoup de ces bras ont été représentés sur nos cartes comme des rivières séparées; mais, ainsi que je l'ai exposé plus haut, il n'en existe pas d'autre que le Piniari. Durant le débordement, un bras étroit se forme au-dessus de Triccal, et communique avec le Falaïli, ce qui dans cette saison isole entièrement Haïderabad du continent.

La distance de Tatta à Haïderabad par terre ne va pas à 50 milles, et les sinuosités du fleuve ne la font pas monter, même par eau, à 65 milles. Sa direction est au sud-ouest un quart sud, et assez droite: au-dessous de Djarrak, il décrit un coude très-marqué, et il s'en détache le bras qui conduit à Maghribi. Nous parcourûmes cette distance en deux jours contre le courant.

On ne trouve pas une douzaine de lieux habités entre Tatta et la capitale; le seul qui soit remarquable est Djarrak, situé près de monticules rocailleux; il n'a pas une population de 1,500 âmes; aucun de ces endroits n'est fortifié.

Cette contrée, qui pourrait être une des plus riches et des plus fécondes du monde, est vouée à la stérilité. Les *chikargahs*, ou terrains réservés pour la chasse, se suivent de si près, qu'ils n'en laissent pas de reste pour le labourage, et les haies qui renferment le gibier s'avancent jusqu'à quelques pieds de l'Indus. L'intérieur de ces terrains réservés forme un taillis très-touffu composé de tamariscs, d'arbrisseaux salins et d'autres broussailles avec des arbres épineux et peu élevés, qu'il n'est pas permis d'émonder ni de couper; de sorte que les rives de l'Indus, si elles se trouvaient dans les mains d'un ennemi formidable, pourraient fournir un abri à la faveur duquel une expédition, arrivant par eau, serait constamment et grièvement harassée. Les chemins à travers ce canton sont également resserrés et forts.

Bien que négligée, cette partie du Sindhi n'est pas dépourvue de ressources; le grain y est abondant partout et à bon marché. Tatta et Haïderabad sont les capitales ancienne et moderne du pays.

Les productions de la terre dans les jardins de Tatta montrent sa fertilité : la vigne, le figuier, le grenadier y sont élevés avec succès; il y a aussi beaucoup de pommiers; leurs fruits sont petits, mais deviennent plus gros dans les environs de Haïderabad. Dans le petit nombre d'emplacemens cultivés, on voit l'indigo et la canne à sucre à côté du froment, de l'orge et des autres grains de l'Inde; mais, ainsi que je l'ai déjà dit, il est de la politique des émirs du Sindhi de laisser tout dans l'état sauvage, afin que leur territoire n'excite pas la cupidité des princes voisins. L'agriculture et le commerce souffrent également.

On peut dire que le commerce de ce pays n'existe réellement qu'à Coratchi; l'Indus ne lui est pas plus utile que s'il n'existait pas, et quoiqu'on y embarque des grains pour le Delta, on ne tire nul parti de ce fleuve pour faire remonter les marchandises à Haïderabad; celles qui arrivent sont débarquées à Coratchi, et l'objet d'exportation le plus précieux, qui est l'opium de Malva, est expédié du même port. Les marchands qui continuent leur voyage vers le Candahar et les pays de l'Indus supérieur, se dépêchent de sortir du territoire du Sindhi. Le seul encouragement que les émirs donnent au commerce est pour l'opium; néanmoins ils lèvent le droit exorbitant de 250 roupies par charge de chameau. On dit que le produit de cette taxe fut, en 1830, de sept lacs de roupies, somme égale au revenu que l'émir de Haïderabad tire de l'impôt territorial.

Il n'existe aucun espoir d'accroître ni d'améliorer les relations commerciales par la voie de l'Indus, tant que les émirs n'auront pas des idées plus saines en politique, et que l'un d'eux, plus éclairé que les autres, ne découvrira pas que la véritable richesse d'un pays se fonde sur les encouragemens donnés à l'agriculture, à l'industrie et aux arts. Présentement, il n'existe de richesse dans le Sindhi que celle que possèdent les émirs, et quand même les habitans en auraient la fantaisie, ils n'ont pas le moyen d'acheter les marchandises manufacturées d'Europe. Il n'en était pas de même au commencement de ce siècle quand la compagnie anglaise des Indes avait une loge de commerce à Tatta, et que les souverains du Sindhi, intimidés par leur suzerain du Caboul, n'osaient pas entraver le transit des marchandises destinées pour ce pays ou pour d'autres contrées. Le Sindhi doit suivre la destinée du Caboul, et si quelque tribu douranie est encore assez forte pour saisir le sceptre de ce royaume, on pourra espérer un changement favorable pour les régions qui en dépendent aux embouchures de l'Indus.

Maintenant le nombre des navires n'est pas suffisant pour un commerce considérable; entre la capitale et Tatta, on n'en compte pas plus de cinquante; beaucoup sont petits et employés pour la pêche, d'autre vieux et délabrés; on s'en sert comme de bacs pour passer l'Indus aux endroits favorables. Des encouragemens ne tarderaient pas à remédier à ce qui peut être regardé comme un vide, tant sous le point de vue militaire que pour le commerce. Le Sindhi manque de bois pour les constructions navales; celui que l'on met en œuvre vient de la côte de Malabar.

CHAPITRE VII.

Cours et profondeur du fleuve de Falaïli.— Importance.—Trajet et navigation de cette partie de l'Indus.—Villes. — Monts de Lakki.

La ville de Sihouan est à 2 milles de distance de la rive droite ou occidentale de l'Indus, et exactement à un degré de latitude au nord de Haïderabad, car le parallèle de 26° 22′ la traverse. Le voyage se fait en huit jours en remontant le fleuve ; la distance parcourue est de 105 milles.

Le fleuve, dans cette partie de son cours, est nommé *Lar*, ce qui dans la langue des Beloutchis signifie sud ; il court au sud-sud-est, ayant rencontré à Sihouan des montagnes rocailleuses qui lui font changer sa direction. Ses rives sont très-basses, et le pays qu'elles bordent est fréquemment inondé, notamment à gauche ou à l'est ; la rive occidentale ou droite est plus solide, mais sa hauteur dépasse rarement 8 pieds. L'expansion du fleuve dans cette partie diminue sa profondeur, qui en général n'y est que de 18 pieds ; durant le débordement, cette quantité est augmentée de 12 pieds, sa largeur est fréquemment de 3,000 pieds et plus. A peu près à 6 milles au-dessus de Haïderabad, l'Indus se partage en deux bras; l'un est guéable, l'autre n'a que 1,200 pieds d'une rive à l'autre, ce qui indique ce point comme favorable pour le passage d'une armée. A Sihouan le promontoire rocailleux des monts Lakki resserre le lit du fleuve dans une étendue de 1,500 pieds; mais sa profondeur est de près de 40 pieds et le courant rapide.

Aucun bras ne se détache du fleuve dans cette partie de son cours, excepté le Falaïli, qui s'en sépare au-dessus de Haïderabad et passe à l'est de cette ville; son lit n'est plein que durant le débordement. Il était à sec à Haïderabad pendant notre séjour dans cette ville, et n'avait que 300 pieds de large, et de l'eau que jusqu'au genou au point où il s'écarte de l'Indus; toutefois, dans la saison humide, c'est une rivière considérable, et il fertilise une vaste portion du Sindhi par ses eaux qui, on peut le dire, sont épuisées entre Haïderabad et le Cotch. Nos cartes donnent des idées très-erronées de l'Indus, car les bras nombreux qui semblent en dériver ne sont que des rigoles pleines seulement pendant l'inondation périodique, et plusieurs desquelles sont creusées par l'art, pour l'irrigation des terres. Durant neuf mois le fleuve coule en un seul corps jusqu'à Tatta.

La vitesse n'excède jamais 3 milles à l'heure dans cette partie de l'Indus, excepté dans quelques endroits où il est resserré, et où, minant ses rives par sa rapidité, il entraîne des villages. Les villes de Madjinda et d'Amri, sur sa rive droite, ont été emportées, la première au moins huit à dix fois depuis douze ans; mais les habitans se retirent à quelques centaines de pieds plus loin, et relèvent leurs maisons. Halar, sur la rive orientale ou gauche, partage le même sort; mais le chenal du fleuve est à l'ouest, où ses bords sont plus escarpés, et la rive de ce côté, quoique ne consistant qu'en une plaine sablonneuse et aplatie, n'est inondée que durant le débordement. Tant qu'il continue on ne peut voyager dans une étendue de 8 milles à l'est de l'Indus, à cause du grand nombre de petits bras qui s'en détachent. Dans l'espace dont je m'occupe, ce fleuve est assez constant dans son cours, et quoique la nature du pays à l'est semblât, comme je l'ai observé, favoriser l'expansion de ses eaux de ce côté, il suit pendant quelque temps le pied des monts Lakki à l'ouest.

Cette partie de l'Indus est d'une grande importance. à peu près à 2 milles au-dessous de Sihouan, les monts Lakki se rapprochent de ce fleuve, offrant deux passages praticables pour les franchir; l'un conduit par le col de Baggotora, où se trouve une dépression du faîte; il est à l'ouest du village de Lakki, et son nom signifie passage; il pourrait être défendu avec obstination, ce n'est pas un chemin pour les voitures. Elles peuvent au contraire rouler sur l'autre passage qui passe entre le fleuve et les montagnes dans une vallée au milieu des rochers inférieurs à la base de la chaîne. Le terrain est très-fort, dans une étendue de près de 2 milles.

J'ai déjà dit que près de Sihouan l'Indus coule dans un lit resserré. Sa rive droite est très-remarquable : elle présente un éperon naturel de rocher solide, haut d'une cinquantaine de pieds, qui se prolonge sur une étendue de 1,200 pieds parallèlement au fleuve, et, s'élevant obliquement, est à peine accessible à un piéton. L'Indus coule avec tant de rapidité le long de ce rempart que, bien que sa largeur ne soit que de 1,500 pieds, je doute qu'on pût y construire un pont. Un emplacement plus convenable se trouve immédiatement au nord de ce précipice : le fleuve n'y a que 300 pieds de plus d'étendue d'une rive à l'autre, et l'eau y est plus tranquille. On trouve toujours à Sihouan une quarantaine de bateaux à fond plat; ils sont sur la rive gauche, qui est unie et sablonneuse. De bonnes routes mènent, de chaque côté de l'Indus, de Sihouan à Haïderabad, et un sentier allant à Coratchi passe au pied des montagnes.

On ne peut naviguer sur le fleuve qu'en tirant les bateaux à la cordelle contre le courant, parce que les vents ne soufflent pas beaucoup dans la partie supérieure du Sindhi. Cette manière de cheminer est sûre, et l'on parcourt, terme moyen, de 15 à 20 milles par jour. Il serait impossible, sans bateaux à vapeur, de faire remonter l'Indus à une expédition militaire, parce que le travail de traîner les embarcations serait très-grand à cause des ruptures continuelles des cordes, d'où il résulte que les navires sont emportés dans le courant. Ce cas serait tout différent pour une armée descendant l'Indus. Toutefois les bâtimens de commerce ne seraient pas sujets à de tels empêchemens. Nous n'avons rencontré que cent quatre-vingts bateaux dans notre voyage de Haïderabad à Sihouan.

Peu de mots suffiront pour le pays compris entre ces deux villes. A l'exception de Sihouan, il n'y en a pas de considérable. Mattari, à 16 milles au-dessus de Haïderabad, a 4,000 âmes, et Hala, Beyan, Madjinda et Sen, 2,000 chacune. Les autres lieux habités sont en petit nombre et faiblement peuplés, trois ou quatre ont fréquemment un nom commun. Ce pays est très-négligé; les bords du fleuve sont presque partout couverts de tamariscs. Vers les montagnes le pays est ouvert; les terres produisent, à l'aide de l'irrigation dans la saison sèche, de l'indigo, du froment, de l'orge, du sucre, du tabac; mais on peut deviner l'état limité de la culture d'après le nombre des rigoles dérivées du fleuve, puisqu'on n'en compte que 194 sur une de ses rives entre Haïderabad et Sihouan, séparées l'une de l'autre par une distance de 100 milles, et cependant le terrain est gras et propre à être cultivé. Dans quelques endroits, il est salé et stérile. Le ris ne croit que durant l'inondation. Cependant les denrées sont plus chères ici que dans le Marvar, pays voisin et moins favorisé de la nature; les habitans vivent principalement de poissons et de lait.

La ville de Sihouan est la seule de cette partie du Sindhi qui porte des marques de richesse ; elle est redevable de cette prospérité au sépulcre de Lal Châh Baz, saint homme du Khoraçan. J'ai déjà dit que ce tombeau était fréquenté également par les Hindous et les musulmans, qui venaient de très-loin pour le visiter. L'Arral, bras de l'Indus qui vient de Larkhana, passe le long de Sihouan ; j'en parlerai plus en détail dans le chapitre prochain. Il y a quatre ans, l'Indus coulait sous les murs de cette ville, mais il s'est retiré en laissant un marais de tous les côtés. Le pays voisin est gras et fécond, et le bazar de Sihouan bien approvisionné. En portant les yeux au nord, ils se reposent sur une plaine verdoyante, très-bien cultivée, qui s'étend jusqu'au pied des montagnes. Le mûrier, le pommier, le melon et le concombre y croissent ; les récoltes de grains y sont magnifiques, et pour la première fois nous vîmes du gram. Les melons sont insipides, ce qui provient, je crois, de l'extrême fertilité du terrain. Les concombres ne paraissent au Sindhi qu'à Sihouan. Le climat est brûlant, étouffant et désagréable.

Les monts Lakki se rapprochent de l'Indus à Sihouan ; ils commencent dans le voisinage de Coratchi, s'avancent graduellement vers le fleuve, et aboutissent enfin sur ses rives par un éperon escarpé. Je ne crois pas que la hauteur de cette chaîne excède 2,000 pieds ; leur formation est calcaire ; leurs sommets sont aplatis et arrondis, et ne sont jamais coniques. Ils sont dénués de végétation, et trèssillonnés par les cours d'eau, qui tous présentent une surface concave vers l'Indus. Près de Sihouan, au village de Lakki, situé au pied des montagnes, il y a une source thermale à côté d'une autre dont l'eau est chaude; la première est un lieu de pèlerinage pour les Hindous, et regardée comme salutaire dans les maladies cutanées. Une source semblable se trouve à Coratchi, à l'autre extrémité de la chaîne, et probablement on en découvrirait d'autres du même genre dans l'espace qui sépare celle-ci. Sur les monts Lakki, à peu près à 16 milles à l'ouest de Madjinda, on voit Ranna, forteresse bâtie sur une colline. Jadis elle fut renommée pour son importance, puis on la négligea long-temps. Récemment les émirs du Sindhi ont dépensé de grosses sommes pour la réparer. D'après ce que j'ai appris, Ranna doit sa force principale à l'absence d'eau dans les montagnes nues qui l'entourent, tandis qu'il en coule abondamment dans l'intérieur de ses murs.

CHAPITRE VIII.

L'INDUS DE SIHOUAN A BAKKAR.

Fertilité du pays. — Courant. — Rive orientale. — Rive occidentale. — Bakkar. — Rori et Sakkar. — Alor. — Khirpour et Larkhana. — Productions de la terre.

Le fort de Bakkar est situé sur une île rocailleuse de l'Indus, entre Sakkar à droite et Rori à gauche. Il est par 27° 42' de latitude, par conséquent à un degré vingt minutes au nord de Sihouan, et pour la longitude il est à 56 milles à l'est de cette ville. La distance par le fleuve est de 160 milles; nous la parcourûmes en neuf jours.

Entre ces deux points, l'Indus suit un cours sinueux à peu près vers le sud-ouest jusqu'à ce que les monts Lakki s'y opposent au-dessous de Sihouan. Le pays intermédiaire est abondamment arrosé par les sinuosités du fleuve, et ses rives sont si basses qu'avec ses ramifications il envahit une partie du terrain, et en forme des îlots nombreux et couverts de gras pâturages. Dès que le débordement commence, la terre est inondée de chaque côté et complétement arrosée. L'eau surabondante s'ouvre souvent de force une issue dans le désert à Amercote, et va se joindre au Cori ou à l'embouchure orientale de l'Indus qui passe à l'ouest du Cotch. Le canal de ce cours d'eau commence au-dessus de Bakkar et coule à 4 milles à l'est de l'ancienne ville d'Alor.

A peu près à 25 milles au-dessous de Bakkar, l'Indus envoie à l'ouest le Nara, bras qui baigne la base des monts Hala ou montagnes du Béloutchistan, et après avoir coulé parallèlement à leur direction pendant plusieurs milles, rejoint le fleuve à Sihouan. Ses eaux sont dérivées et distribuées par des rigoles, ce qui ajoute aux bienfaits que la nature a départis à cette contrée plate et fertile. La rive gauche, quoique moins favorisée que la droite, est très-bien cultivée; presque toutes les villes et les villages sont placés sur le bord de canaux qui répandent de toutes parts les eaux du débordement périodique, et attestent l'activité et l'assiduité des habitans.

L'Indus coule rarement ici dans un canal unique; avec une largeur de trois quarts de mille, dans quelques endroits il conserve une profondeur de 15 pieds dans la partie de son lit où il y a le moins d'eau. Dans aucune portion de son cours on ne rencontre aucun endroit qui ressemble à un gué. On trouve deux cents bateaux aux différens villages qu'arrose l'Indus dans l'espace que je décris. La pente qu'il suit pour arriver à l'Océan doit être douce; car au-dessus du Delta il coule lentement avec une vitesse moindre que 2 milles et demi à l'heure.

Au-dessus de Sihouan l'Indus, ainsi que je l'ai dit précédemment, est nommé *Sira*, qui signifie nord, par opposition à sa partie méridionale qu'on appelle *Lar* (sud). Méhran est un terme étranger que les indigènes ne connaissent pas.

Le pays dans le voisinage immédiat de l'Indus est dénué de beautés et d'habitans. On n'y aperçoit que des buissons touffus de tamarisc. Les villages sont bâtis exprès à deux ou trois milles de distance des rives, afin d'éviter les calamités de l'inondation; cependant des centaines de roues étaient en mouvement sur les bords du fleuve. La rive orientale de Sihouan à Bakkar est la partie la plus peuplée du Sindhi; mais les lieux habités que l'on rencontre sont plutôt nombreux et vivans que considérables et riches : il y en a beaucoup où l'on compte 500 maisons. Ce territoire obéit à l'émir de Khirpour; il est fertilisé par le Mirouah, canal large de quarante pieds, qui conduit les eaux de l'Indus, du voisinage de Bakkar jusqu'à un canton éloigné de 90 milles au sud, où elles se perdent dans les sables ou bien sont absorbées par les champs. Beaucoup d'autres canaux, outre celui que je viens de décrire, coupent cette contrée; leurs rives sont bordées de villages et de campagnes cultivées, et en même temps ils procurent les moyens de transporter dans des embarcations les productions de la terre. Dans la belle saison, quand ils sont à sec, ils deviennent les sentiers ordinaires de la population, et offrent d'excellens chemins de charroi; préférables en toute occasion aux voies ordinaires qui par la vigoureuse végétation de ce climat sont généralement obstruées par des broussailles.

La rive occidentale de l'Indus, coupée par le Nara, est nommée le Tchandokh; elle a reçu cette dénomination de celle d'une tribu de Beloutchis : elle fournit la partie la plus considérable du revenu territorial des émirs de Haïderabad. Le Nara qui, ainsi que je l'ai dit précédemment, se détache du fleuve au-dessous de Bakkar, sous la latitude de Larkhana, forme dans son cours le Mantchar, petit lac très-poissonneux. Plus bas il change son nom de Nara en celui d'Arral, avant de se rejoindre à l'Indus. Il est étroit, n'ayant que 300 pieds de largeur, et navigable seulement durant le débordement. De nombreuses coupures, dont la principale est le canal de Larkhana, étendent la culture au delà de ses rives; et indépendamment de l'inondation de l'Indus, ce canton est arrosé par des ruisseaux descendans des hautes montagnes de l'Ouest. Dans la saison sèche, le lac de Mantchar est entouré de champs de froment; alors une portion de ses eaux dépose en s'écoulant un limon gras où l'on récolte de riches moissons.

Le fort de Bakkar est bâti en briques sur une île basse dont le terrain est siliceux. Cette place est à 1,200 pieds de la rive gauche de l'Indus, et à 1,050 pieds de la droite. Ses remparts sont percés de meurtrières et flanqués de tours dont le pied en talus est baigné par le fleuve; leur hauteur n'excède pas 20 pieds. Deux portes de chaque côté des fortifications font face', l'une à Rori, l'autre à Sakkar. L'intérieur des ouvrages est rempli de maisons et de mosquées. Quelques-uns de ces édifices, ainsi qu'une partie du rocher, dépassent l'élévation des murailles. Sa forme approche de celle d'un ovale; sa longueur est de 2,400 pieds, son diamètre de 900. Dans quelques endroits, le roc a été taillé et uni. Mais Bakkar ne tire pas sa force de ses ouvrages, il la doit uniquement à sa position. La garnison est composée de cent soldats de l'armée de l'émir de Khirpour. Quinze pièces d'artillerie garnissent les remparts; bien peu sont en état de servir. Les murs de la forteresse renferment l'île entière, à l'exception d'un petit bosquet de dattiers au nord, où l'on pourrait effectuer une descente sans difficulté en venant de la rive droite, et la place ne tiendrait pas contre une escalade, ou bien on pourrait y pratiquer préalablement une brèche en la battant de ce côté. A droite et à gauche de l'île, la profondeur de l'eau est de quatre brasses; mais celle du bras de l'est diminue dans la saison séche : on dit que jadis il fut guéable. La navigation de l'Indus à Bakkar est dangereuse à cause des remous qui se forment au-dessous de la forteresse même et de plusieurs îlots rocailleux qui se trouvent plus bas; mais les bateliers de ce lieu sont regardés comme les plus expérimentés du Sindhi : et comme tous les bateaux, soit en descendant, soit en remontant, ne manquent jamais de prendre un pilote, il n'arrive que peu d'accidens.

J'ai déjà décrit la ville de Rori, qui est bâtie immédiatement sur les bords de l'Indus ; un chemin taillé dans le roc jusqu'à la surface de l'eau conduit à un endroit où elle ne s'approche pas du précipice ; c'est là qu'on s'embarque pour passer à Bakkar ; mais le débarquement serait difficile et dangereux quand le fleuve est haut. Rori compte 8,000 habitans, la plupart hindous. A l'est de cette ville, des monticules siliceux et isolés présentent un aspect stérile et extrêmement triste ; mais ils ajoutent à la force du pays ; au delà du terrain qu'ils occupent, un bocage de dattiers s'étend à trois ou quatre milles au sud de la ville et ombrage des vergers et des jardins nombreux.

Sakkar, située vis à vis de Rori, est de moitié moins grande ; ces deux villes furent jadis considérables, des ruines de minarets et de mosquées l'attestent. La rive du fleuve à Sakkar n'est pas escarpée ; cette ville a de la largeur au lieu de s'étendre comme Rori en longueur, sur le bord de l'Indus. Sans doute elles doivent l'une et l'autre leur existence à la forteresse de Bakkar, qui par la protection qu'elle garantissait à leurs habitans dans des temps de trouble accroissait leur courage et leurs espérances.

Les seules villes modernes qui méritent d'être remarquées, sont Khirpour à la droite, et Larkhana à la droite de l'Indus, presque sous le même parallèle de latitude, et toutes deux éloignées de 14 milles de ses bords et bâties sur des canaux qui en dérivent. Khirpour est une ville récente, fondée par Sohrab, chef talpour, qui s'empara de la partie septentrionale du Sindhi, après le renversement des Caloras. On y compte 15,000 âmes; mais ce n'est qu'une réunion de cabanes en terre entassées le long de ruelles étroites. Cette place est dénuée de fort, et n'a d'autre défense qu'un mur en terre épais d'un pied qui entoure la demeure de l'émir et de sa famille. Le pays des environs est uni et couvert de broussailles; une digue basse a été construite autour de la ville pour la préserver de l'inondation. Larkhana, à l'ouest de l'Indus, est la capitale du pergannah ou district de Tchandokh; sa population est de 10,000 âmes; cette ville est le quartier général et le lieu de ralliement des troupes des émirs du Sindhi, sur leur frontière du nord-ouest. Elle a un petit fort en terre, et un train d'artillerie incomplet, composé d'une vingtaine de pièces, effraie les montagnards turbulens du voisinage, et maintient la paix du Sindhi. Larkhana est gouverné par un nabab qui, par son rang, vient immédiatement après les souverains du pays.

Les productions du Sindhi sont très-semblables dans les différens cantons de cette contrée, et on récolte dans les environs de Bakkar les mêmes grains qu'à Sihouan. Le *siar* est un petit arbuste très-ressemblant à la giroflée; on en regarde le suc comme un médicament très-précieux dans les maladies des enfans. Les champs de froment sont invariablement entourés d'une digue basse, comme celles des rivières; le tabac pousse très-vigoureusement près de Rori. La multiplication prodigieuse des tamariscs s'oppose à la croissance de l'herbe; les habitans mettent le feu à ces arbres et obtiennent par ce moyen des moissons abondantes. On ne voit que peu d'arbres dans le Sindhi : le baboul (*mimosa arabica*) n'y parvient pas à une grandeur remarquable, le nim (*melia azedarach*), et les sers ne s'y voient que rarement, et le figuier des Banians (*ficus religiosa*) y est étranger. Les arbrisseaux, tels que le tharr, le kedjra, le khaïr, le baïr, l'akra et le tamarisc, sont communs partout. J'ai déjà parlé des dattiers de Rori.

CHAPITRE IX.

L'INDUS DEPUIS BAKKAR JUSQU'A SON CONFLUENT AVEC LES RIVIÈRES DU PENDJAB.

Largeur et profondeur du fleuve. — Bateaux. — Pays. — Chikarpour et Sabzal. — Crue de l'Indus. — Tribus vivant sur ses bords.

Les rivières du Pendjab, réunies en un seul cours d'eau, tombent dans l'Indus à Mittan sous 28° 55′ de latitude nord. De ce lieu à Bakkar, le fleuve coule droit au sud-ouest; son lit est fréquemment coupé par des bancs de sable. Plusieurs bras étroits et tortueux s'écartent du lit principal en conservant une profondeur de huit à quinze pieds; les bateaux qui remontent l'Indus y naviguent de préférence. Ils s'étendent dans tout l'espace dont je m'occupe présentement.

L'Indus acquiert une grande expansion dans plusieurs parties de son cours au-dessus de Bakkar, sa largeur y excède souvent 3,000 pieds; et à Mittan, elle était de 6,000 pieds. Sa profondeur n'était pas diminuée proportionnellement; dans quelques endroits elle passait seize brasses; partout on en trouvait quatre, et il ne faut pas oublier que c'était dans la saison où les eaux sont les plus basses; sa vitesse n'était pas plus considérable que dans la partie inférieure de son cours, et la direction tortueuse des petits bras dont je viens de faire mention indique que cette contrée est **extrêmement** plate.

Au-dessus de Bakkar on remplace, pour naviguer sur l'Indus, le dondi par le zohrak, espèce de bateau que j'ai déjà décrit, et qui, par sa forme aussi élargie à l'avant qu'à l'arrière, est admirablement adapté au transport des troupes, soit cavalerie, soit infanterie; ces zohraks ne sont pas nombreux; cependant nous en rencontrâmes quatre-vingt-quinze en allant à Mittan, et ils nous firent parcourir en neuf jours les 170 milles par eau qui séparent Bakkar de cette ville.

Le pays que traverse cette partie de l'Indus est extrêmement fertile, notamment sur la rive orientale ou gauche, où il est arrosé par d'innombrables canaux qui sont généralement coupés dans les portions du fleuve coulant à l'est et à l'ouest, afin que l'eau puisse être dérivée au sud dans l'intérieur. Sur la rive droite, à 26 milles au-dessus de Bakkar, un canal navigable, nommé le *Sindi*, ouvrage des empereurs mogols, conduit un gros volume d'eau à Chikarpour et à Nouchera, et rejoint celui de Larkhana. De ce côté du fleuve la culture ne s'étend pas très-loin, parce que les cantons de Bourdgah, Ken et Mourzaka, situés à la suite les uns des autres, sont habités par des tribus de Beloutchis nomades, qui mènent la vie pastorale et exercent le brigandage. Le territoire de chaque côté du fleuve appartient principalement au Sindhi, la ligne de limites se prolongeant sur la rive droite jusqu'à moins de 15 milles de Mittan où il rencontre celui des Seïks, mais il ne va pas aussi haut sur la rive gauche où il se termine sous 28° 33′ de latitude au-dessus de Sabzal. Ce terrain, intermédiaire de ce côté, forme une portion des états de Bhaoual Khan, chef daoudpoutra; le territoire situé immédiatement au-dessous de celui de ce chef dans le Sindhi est nommé *Oubaro*, et habité par les Dahrs et les Mahrs, qui sont aborigènes du pays et connus sous le nom de *Sindis*.

La ville de Chikarpour, éloignée de 35 milles de Bakkar, est de beaucoup la plus considérable de ces contrées, et même du Sindhi, puisque son circuit est plus grand que celui de Haïderabad, la capitale. Le pays et très-fécond, mais depuis qu'il a changé de maîtres en passant des Afghans aux Sindhiens, le revenu qu'il produit a diminué jusqu'à un demi-lac de roupies par an; effet de la tyrannie du gouvernement. Il continue à faire un grand commerce intérieur, parce que les marchands sont pour la plupart des Hindous, et ont des agens dans les contrées voisines. Chikarpour est entouré d'un mur en terre; le gouverneur porte le titre de nabab, son poste est important. Cette ville et son territoire tombèrent au pouvoir des Sindhiens il y a à peu près huit ans; c'est la seule partie de leurs états dont la possession ne soit pas bien assurée ; la famille afghane, à laquelle il appartenait auparavant, faisant de fréquentes tentatives pour le recouvrer. Sabzal, ville frontière à gauche et à 12 milles de l'Indus, n'a que le cinquième de l'étendue de Chikarpour; sa population est de 5,000 âmes; elle est également ceinte d'un mur en terre. Il n'y a pas d'autres lieux remarquables que ceux que j'ai nommés. Mittan, ou comme on l'appelle quelquefois Mittancote, ne compte pas 1,500 âmes ; et son fort a été démoli.

Il est à propos d'observer que dans cette partie du cours de l'Indus, non plus qu'ailleurs, on ne voit pas de ville ni de lieu considérable dans le voisinage immédiat de ce fleuve, ce qui est dû à son débordement périodique, parce que dans toute l'étendue du terrain qu'il couvre il est impossible de cultiver ou de récolter. C'est ce qui engage à conduire l'eau dans l'intérieur par des canaux. Leurs bords étant fréquemment inondés, le pays devient inhabitable. Le voisinage de Sabzalcote a été abandonné par cette raison, et la masse des eaux s'est ouvert une issue de ce point jusqu'à Alor. La crue de l'Indus varie beaucoup suivant les années, et dans les deux dernières il ne s'est pas élevé à la hauteur ordinaire.

Dans cette partie du cours de l'Indus, on voit une quantité prodigieuse de gros bétail. Les buffles y sont si nombreux, que leur prix n'est que le quart de celui qu'on paye plus bas; on peut acheter le plus beau pour dix roupies. Les sangliers, les chevreuils, les perdrix, abondent, et les oiseaux aquatiques au-dessus de Bakkar, même dans cette saison, au mois de mai.

J'ai parlé du territoire situé à l'ouest de l'Indus et des habitudes de ses habitans, adonnés au brigandage. Les Bourdis occupent toutes les plaines au nord de Chikarpour, jusqu'aux limites du Cotch Gondava, ou pays des Brahouis. Ces Bourdis sont des émigrans du Kedj et du Mékran, et de la famille Rind qui est beloutchie. Ce sont de beaux hommes, au teint blanc, qui ressemblent plus aux Afghans qu'aux Beloutchis; ils n'ont par le costume du Sindhi; ils s'entourent la tête d'une toile roulée en plis peu serrés, et laissent pendre leur cheveux en tresse, ce qui leur donne un air sauvage. Ils ont pris le nom de Bourdi de celui d'un personnage fameux de cette tribu, conformément à l'usage des Beloutchis, dont les diverses tribus sont composées chacune des descendans de quelque personnage renommé. Le lieu principal habité par les Bourdis est Dari : ils n'ont pas de grandes villes. On évalue tout l'*oulous* (tribu) à 10,000 combattans; ils ne vécurent que de maraude jusqu'à l'époque où leurs chefs furent attachés au service des émirs : cependant de petits vols sont encore commis. Leur langue est un persan corrompu : les autres tribus, telles Djattouis, les Mouzaris, les Bougtis, les Kalphars et beaucoup d'autres, ne diffèrent des Bourdis que par leur nom. Les Djattouis vivent dans le Bourdgah; les Mouzaris, ayant pour chef-lieu Rozan, s'étendent jusqu'à Déra Ghazi Khan; mais leur puissance est maintenant bien déchue; autrefois, ils pillaient les armées du Caboul. Les Kalphars et les Bougtis occupent les monts Ghendari qui commencent au-dessous de la latitude de Mittan, et courent parallèlement à l'Indus.

CHAPITRE X.

L'INDUS DE MITTAN A ATTOK.

Cours du fleuve. — Dera Ghazi Khan.— Ligne de commerce.— Causes qui ont fait éviter l'Indus aux expéditions militaires.— Ponts sur l'Indus.

PENDANT que nous remontions le Tchénab ou *Acesines*, de Mittan à Moultan, je me livrai à des recherches et j'expédiai différentes personnes pour obtenir des renseignemens précis sur l'Indus au-dessus de la première de ces villes. L'ambassade au Caboul, en 1809, arriva sur les bords de ce fleuve, à Oudou da Cote, à peu près à 100 milles au-dessus de Mittan. J'avais le désir de rattacher mes propres observations à Oudou da Cote, et de compléter ainsi la connaissance que nous avions de l'Indus depuis la mer jusqu'à Attok.

Dans cette partie de son cours, ce fleuve coule droit au sud; sa navigation y est exempte de dangers et de difficultés. Il y est généralement connu sous le nom de *Sinde* ou *Attok*, et traverse un pays ressemblant beaucoup à celui que j'ai décrit dans le voisinage de Mittan; le peu d'élévation de ses rives lui permet de se répandre à droite et à gauche. Sa largeur est bien diminuée, car à Kaheri, où M. Elphinstone le traversa au mois de janvier, sa profondeur n'était que de 12 pieds, et son étendue entre ses deux bords de 3,000 pieds; tandis qu'après avoir reçu les rivières du Pendjab, elle est devant Mittan de 6,000 pieds. On trouva par la sonde que sur la rive gauche sa profondeur était de quatre brasses.

A sa droite, la province de Déra Ghazi Khan occupe le pays jusqu'aux montagnes. C'est un territoire fertile, et la capitale, portant le même nom, est une des plus grandes villes que baigne ce fleuve : elle est entourée de jardins et de bocages de dattiers; son terroir est très-gras. Il a été long-temps compté au nombre des conquêtes de Rendjit Sing qui l'afferma, jusqu'à ces derniers temps, au Khan de Bhaoualpour, moyennant une redevance annuelle de six lacs de roupies. Mais comme ce canton n'en produisait dans le principe que quatre, il en résulta que les habitans éprouvèrent toutes sortes d'extorsions, et que récemment il fut repris. Comme il est éloigné des états du Maharadjah, ce prince s'est décidé à le conserver sans employer le service de ses troupes; en conséquence il a donné Dadjel et quelques portions du territoire aux Brahouis, ses anciens possesseurs, à la condition de service militaire.

Les productions du Demàn et des contrées à l'ouest de l'Indus sont amenées quelquefois par Déra

Ghazi Khan, et de là par terre à Outch sur le Tchénab; mais le chemin le plus fréquenté passe plus haut; on traverse l'Indus au bac de Kahiri, puis on va par terre à Moultan. L'Indus n'est pas employé au transport des marchandises, parce que le prix du loyer des bateaux est exorbitant; elles sont expédiées à dos de chameaux ou de bœufs. La garance, nommée ici *mondjout*, est un objet d'exportation de cette partie de l'Indus; les fabricans de Bhaoualpour s'en servent pour teindre les produits de leur industrie.

Un fait très-remarquable, c'est que les différentes expéditions envoyées des pays baignés par le haut Indus à ceux qui sont situés plus bas, se sont embarquées sur les rivières du Pendjab plutôt que sur le fleuve; cependant on ne doit pas en inférer qu'il est fermé à la navigation. Les conquêtes d'Alexandre le conduisirent au delà des cantons voisins de l'Indus; et quant aux empereurs mogols, leur résidence fut long-temps fixée à Lahor, et plusieurs de leurs flottes furent équipées à Moultan, qui fut toujours une des places les plus importantes de l'empire, et située sur une rivière non moins inaccessible que le fleuve aux bateaux du pays.

C'est ordinairement à Attok qu'on traverse l'Indus. On trouve une description de cette forteresse et du passage du fleuve dans la *Relation du Caboul* de M. Elphinstone. Mais les moyens employés, il y a peu d'années, par le Maharadjah pour transporter son armée sur la rive droite de l'Indus, méritent qu'on en fasse mention. Les officiers de ce prince m'en avaient raconté les détails; depuis ils m'ont été confirmés sur les lieux. Rendjit Sing conserve à Attok trente-sept bateaux destinés à la construction d'un pont dans cet endroit où le fleuve n'a que 780 pieds de largeur. On les dispose à peu de distance l'un de l'autre, en assurant leur position par une ancre et, le chemin est complété par des planches que l'on couvre de terre. Immédiatement au-dessous d'Attok, on a constamment besoin de vingt-quatre bateaux; mais à d'autres lieux du voisinage on en emploie jusqu'à trente-sept. On ne peut placer un pont de ce genre que depuis novembre jusqu'en août, parce que durant cette période la rapidité du courant est comparativement moindre. La manière dont on fixe les bateaux à la place qu'ils doivent occuper paraît incroyable. De grandes caisses de bois sont remplies de pierres, leur poids est alors de 250 mâns (25,000 livres). Elles sont attachées fortement par des cordes et au nombre de quatre ou six à chaque bateau, puis on les descend au fond, quoique la profondeur excède trente brasses; on les renfonce constamment par d'autres, afin d'éviter tout accident. Un pont de ce genre a été terminé en trois jours, mais il en exige ordinairement six. La ressemblance de cette façon de faire un pont avec celle qu'Arrien a décrite pour le passage de l'Indus par Alexandre [1] est vraiment frappante. Cet

[1] Arrien, liv. V, ch. 7.

historien parle du pont fait par Alexandre à Attok, et je pense qu'il fut du genre de celui que je viens de décrire; excepté qu'au lieu de grandes caisses de bois il est question d'énormes paniers d'osier : les méthodes anciennes et modernes de traverser le fleuve semblent donc avoir été les mêmes. Les Afghans avaient affermi la construction d'un pont à Attok pour le prix de 14,000 roupies; mais le Maharadjah des Seïks a mis un terme à la destruction des habitations et des maisons qu'elle occasionait invariablement, et il conserve toujours un approvisionnement suffisant de matériaux. Une armée de 5,000 hommes seulement est transportée à Attok d'un bord du fleuve à l'autre sur les bateaux de passage ordinaires avec moins de peine que par un pont.

CHAPITRE XI.

SOURCE DE L'INDUS.

Opinions énoncées sur cette matière. — Le Chiouk, source principale de l'Indus.—La rivière de Ladak.—Le Laudi.—Erreurs sur le double Kaschgar.

Les sources des grands fleuves qui coulent à la surface du globe ont de tout temps excité l'attention et la curiosité des hommes. Il n'en est aucun peut-être sur le cours supérieur duquel nous ayons eu des renseignemens aussi contradictoires et aussi obscurs que l'Indus. Les détails que je vais donner sur ce sujet si intéressant pour la géographie, sont le résultat de mes conversations avec les habitans des pays voisins. D'un autre côté, mes recherches ont trouvé des secours essentiels dans les travaux de M. Macartney [1], bien qu'il existe une

---

[1] M. Macartney était un officier anglais qui dressa la carte jointe à la *relation du Caboul* de M. Elphinstone. Ce dernier inséra à la fin de son ouvrage un extrait d'un mémoire de M. Macartney, sur la construction de sa carte et sur la géographie physique des pays qui y sont représentés.

grande différence entre la description des sources de l'Indus que je vais offrir et le dessin que présente la carte de cet officier; mais l'aide qu'on tire des écrits publiés par un auteur qui s'est occupé du même objet est immense. Quant aux papiers de Moorcroft qui devaient nous fournir des renseignemens précieux sur cette matière, ils n'ont pas encore vu le jour, et quoique ce voyageur soit parmi les modernes celui qui s'est le plus approché de la source de l'Indus, cependant il en est resté assez éloigné.

Voici l'opinion adoptée jusqu'à présent sur la source de l'Indus. La rivière de Ladak, après avoir reçu le Chiouk, tombe dans l'Indus à Draous; et ces deux cours d'eau réunis forment la grande rivière qui coule au nord du Cachemir et à laquelle, avant qu'elle passe à Attok, l'Abou Sin s'est joint. La ville de Leh ou Ladak est placée au-dessus du parallèle de 37 degrés de latitude nord, et Draous est situé presqu'à moitié chemin entre Leh et la ville de Cachemir.

Ces détails diffèrent essentiellement des renseignemens qui m'ont été communiqués. La rivière de Ladak et le Chiouk au lieu d'être deux affluens de l'Indus, forment ce fleuve par leur réunion; le Chiouk a sa source dans le voisinage du lac Mansarovar, et la rivière de Leh dans les monts de Karakoram. Ces deux rivières se réunissent au nord-ouest de Ladak et traverse le petit Tibet ou Balti; une chaîne de montagnes neigeuses les sépare du Cachemir. Ladak est à peu près à l'est de la ville de Cachemir, ce qui le place à 3 degrés de latitude au-dessous du parallèle que lui assigne M. Macartney, et Draous est sur le chemin de Ladak (1). Il n'existe pas à Draous de confluent tel que celui que représentent les cartes, et le ruisseau qui passe par ce village, au lieu de faire partie des eaux qui se jettent immédiatement dans l'Indus, coupe les montagnes du Cachemir, et à Mouzafferabad se réunit au Djalem, quand il est sorti de cette ville. Ce fait est cité dans une note du livre de M. Elphinstone, sur l'autorité d'un journal de Mir Izzat Oullah, note qui ne lui parvint qu'après avoir écrit son récit. C'est sans doute à cause de cette dernière circonstance qu'il ne s'est pas aperçu du désaccord du fait cité par Izzat Oullah, avec l'existence de la branche orientale de l'Indus de M. Macartney. Toutefois, M. Elphinstone observe que Mir Izzat Oullah n'a pas vu que cette branche vînt se réunir à la rivière de Ladak; mais il explique cette circonstance en supposant que le confluent est situé au sud du lieu nommé Draous, dans l'itinéraire d'Izzat Oullah. Cependant si on prolonge cette route, on voit que la rivière de Ladak ne pouvait

---

1 Depuis que ce chapitre est écrit, on m'a permis de parcourir les journaux de Trebeck, qui accompagna Moorcroft à Ladak; ils confirment les détails que je viens d'exposer. Cet entreprenant jeune homme détermine ainsi la latitude des deux villes :
Cachemir, 34° 40′ 28″
Ladak,   34 10 13

pas couler au sud de Draous sans aller se jeter dans le Kichan Ganga, et que même si la jonction des deux rivières se fût effectuée au sud de Draous, il fallait nécessairement qu'Izzat Oullah traversât, avant d'arriver à Draous, les deux rivières, soit réunies, soit séparées.

Par conséquent, il est évident que les deux rivières ne se réunissent pas à Draous ni au sud de ce village, et que, comme Izzat Oullah alla de Draous à la rivière de Ladak, et suivit celle-ci jusqu'à la ville dont elle porte le nom sans voir qu'aucune autre arrivant de l'est vînt la joindre, le récit de ce voyageur peut être regardé comme une confirmation du fait que j'ai exposé, c'est-à-dire qu'il n'existe pas de branche orientale. Il est bon d'observer de plus qu'il paraît que cette particularité relative à une branche orientale de l'Indus n'a été communiquée à M. Macartney que par une seule personne.

Moorcroft a prouvé d'une manière satisfaisante que la rivière de Ladak a sa source près du lac Mansarovar. Par conséquent, le cours de cette branche de l'Indus est très-long; mais le volume de ses eaux m'a été décrit comme très-peu considérable, quoique cette rivière reçoive plusieurs affluens. On dit d'une autre part, que le Chiouk est une grosse rivière formée de beaucoup d'autres plus petites, et qu'elle est le réservoir des eaux et des neiges fondues des monts Karakoram. A trois journées de route de Ladak, sur le chemin d'Yarkend, on passe le Chiouk dans un endroit où il a 300 pieds de largeur en mars; mais il y est répandu au loin et guéable. Les habitans du pays le regardent comme la branche principale de l'Indus, et par conséquent sa source au nord-est de Ladak, comme celle de ce fleuve. La rivière de Ladak et le Chiouk, après leur confluent, coulent au sud des territoire d'Iskardo, de Ghilghit et de Tchitral. Ensuite ils sont grossis par l'Abou sin, ainsi que l'a décrit M. Elphinstone, et à Attok par la rivière de Caboul, appelée là le Landi; elle se jette dans l'Indus tout près de cette forteresse et non pas quelques milles au-dessus.

Les sources de ce Landi, ordinairement nommé la rivière de Caboul, sont presque aussi éloignées à l'ouest que celles que nous venons de décrire le sont à l'est. Elle sort d'une montagne voisine de Ghazna; mais, dans son cours à l'est de Djellalabad elle est jointe par une grande rivière qui a été nommée le *Kaméh*, quoique cette dénomination soit inconnue des habitans du pays. On fait remonter sa source jusqu'au canton où sont celles de l'Oxus, et on dit qu'elle coule d'un glacier [1]. J'ai appris également qu'elle sort du voisinage de l'Oxus; mais ce Kaméh, ainsi que je le dirai quand j'en parlerai, vient de la plaine de Pamér, près du lac Sirikol, et non des chaînes de montagnes qui soutiennent cette contrée élevée. Ainsi, cette grande branche occidentale de l'Indus a son origine sous une latitude beau-

[1] Macartney, l. c.

coup plus haute que celle sous laquelle naît le Chiouk.

Ce pays, qui est enfermé entre ces trois différentes branches de l'Indus, a été nommé *Kaschkâr* ou *Kaschgar,* sur nos dernières cartes; et M. Elphinstone avertit ses lecteurs de ne pas le confondre avec Kaschgar près d'Yarkend. A Peichaver, j'ai certainement entendu parler d'un petit canton montagneux, voisin de Dir et de Gandjoun, et nommé *Kaschgar*; il est très-connu par ses couvertures grossières de laine, mais son nom a été appliqué à une étendue de pays bien plus considérable que celle que connaissent les habitans de Peichaver. Au nord de l'Hindou Kousch, dans le Koundouz, et près des frontières du Badakchan, je ne pus trouver personne qui eût la moindre notion d'un pays nommé *Kaschgar*, à l'exception de celui qui est près d'Yarkend. On me cita Tchitral et Ghilghit qui en font partie, suivant la nomenclature moderne de nos cartes, mais on ne savait rien du Kaschgar méridional comme faisant un territoire distinct; c'était sans doute à cause de la très-petite étendue de ce canton et de sa situation éloignée.

La totalité des renseignemens contenus dans ce chapitre repose entièrement sur l'autorité d'autrui; c'est pourquoi la croyance à laquelle ils ont droit, doit être bien pesée. Ils m'ont été communiqués par des gens qui avaient vu les rivières et les pays dont je fais mention, et je n'ai exposé les faits qu'après qu'ils ont été suffisamment corroborés et soumis à une investigation scrupuleuse.

Depuis que j'ai écrit ce chapitre, les *Mémoires relatifs a l'Asie*, par M. Klaproth, me sont tombés entre les mains. Ce docte orientaliste, parlant de la traduction de l'*Histoire de Khotan*, par M. Abel-Remusat, et de diverses versions que ce professeur comptait publier de l'histoire particulière de plusieurs villes et pays de l'empire chinois, situé entre le Tubet et la Sibérie, s'exprime ainsi : « Nous at-
» tendons avec impatience ces traductions, et nous
» engageons ce savant à les donner au public aussitôt
» que possible, pour faire disparaître, des *abrégés*
» *géographiques*, un ramas d'absurdités reçues à bras
» ouverts par les compilateurs, et *entre lesquelles le*
» *double Kaschgar occupe le premier rang*. Le
» voyageur anglais, M. Elphinstone, ayant entendu
» parler de la ville de Kaschgar dans le nord de la
» petite Boukharie, et du pays du même nom situé
» dans la partie méridionale de cette contrée, *n'a*
» *pas su autrement combiner ces notions que de*
» *supposer deux Kaschgars*. Il est cependant bien
» clair que dans le premier cas il était question de la
» capitale, et dans le second du pays qu'elle gou-
» verne. » (Tom. 11, pag. 293.)

Il est flatteur pour moi de trouver mes observations sur les deux Kaschgars, confirmées par une autorité aussi imposante que celle de M. Klaproth; mais je ne puis être d'accord avec lui sur la conséquence de son raisonnement, suivant laquelle l'un est le pays, et l'autre sa capitale; puisque j'ai déjà exposé précédemment que le Kaschgar qui remplit à tort une si grande portion du pays à l'est de Badakchan, est réellement un petit canton peu éloigné de Peichaver.

CHAPITRE XII.

LE TCHÉNAB GROSSI DU SETLEDJE.

Confluent. — Rives du Tchénab. — Outch. — Ses productions.

L'Acesines des Grecs, ou le Tchénab des modernes, se jette dans l'Indus à Mittan, après avoir réuni auparavant les eaux des rivières du Pendjab. On ne remarque au confluent ni fracas ni mouvement extraordinaire, parce que de chaque côté les rives sont déprimées, et que le fleuve a une grande expansion; un remou à l'est fait baisser l'eau au-dessous de son niveau ordinaire, mais il n'occasionne aucun danger. L'Euphrate et le Tigre, après leur jonction, sont connus sous le nom de *Chat el Arab* (fleuve des Arabes); de même la dénomination de *Pendjned* (les cinq rivières) a été appliquée à cette portion du Tchénab, mais c'est une désignation ignorée du peuple vivant sur ses bords, et adoptée, je dois le conclure, pour la commodité de la géographie.

Sous le parallèle de 29° 20' de latitude nord, et à 4 milles au-dessus d'Outch, le Tchénab reçoit le Gorra, c'est-à-dire le Béyah (*Hyphasis*) et le Setledje (*Hesudrus*) réunis. Leur jonction s'effectue également sans violence, et il résulte de la grande dépression de leurs rives, des changemens continuels au point de leur réunion; il y a deux ans, il était situé 2 milles plus haut. Cette circonstance rend très-difficile la solution de la question concernant la grosseur relative de ces rivières à leur confluent : chacune y est large d'à peu près 1,500 pieds; mais le Tchénab est la plus rapide. Au-dessous de ce confluent, la largeur du Tchénab excède 2,400 pieds; mais dans son cours ultérieur, quoiqu'elle soit quelquefois plus considérable, elle va rarement à 1,800 pieds; il y est également sujet à en changer. Sa plus grande profondeur est prise près de sa réunion avec l'Indus, elle dépasse 20 pieds; mais en remontant elle diminue jusqu'à 15. Sa vitesse est plus forte que celle de l'Indus, elle est de 3 milles et demi à l'heure. Le Tchénab a quelques bancs de sable qui n'interrompent point la navigation des zohraks; on trouve quarante de ces bateaux à fond plat entre Outch et Moultan, villes éloignées l'une de l'autre de 40 milles, que l'on parcourt en cinq jours de voyage.

Les rives du Tchénab s'élèvent rarement à trois pieds au-dessus du niveau de l'eau; elles sont plus ouvertes et plus libres de halliers de tamariscs que celles de l'Indus; on voit près de ses eaux des roseaux verts qui ressemblent assez à la canne à sucre, et l'ouahan, arbrisseau dont les feuilles ont de l'analogies avec celles du bouleau : ce pays est très-bien cultivé, et coupé de nombreux canaux. Le terrain est limoneux et très-fécond : les moissons sont abondantes, les bestiaux grands, et les villages très-multipliés, et ombragés de grands arbres. Quelques-uns sont les habitations temporaires des tribus pastorales qui se transportent d'un endroit à un autre, mais il y en a beaucoup de permanentes sur les deux rives. Les débordemens du Tchénab ni ceux de l'Indus ne leur font courir aucun risque; car on a beaucoup exagéré l'expansion de l'inondation : rarement elle s'étend à deux milles des bords.

Le seul lieu remarquable sur le Tchénab, au-dessous de son confluent avec le Gorra, est Outch. Cette ville, bâtie à quatre milles dans l'intérieur, doit sans doute sa fondation à son voisinage du confluent de deux rivières navigables. Le pays qui l'entoure est très-bien cultivé; le tabac notamment y croît avec une grande vigueur. Après la saison de l'inondation, ce canton offre un tapis non interrompu de champs et de pâturages verdoyans. Les productions des jardins sont très-variées; on y voit le figuier, la vigne, le pommier et le mûrier; le *falsa*, qui produit une baie aigrelette, et le *bedi mischk* (saule odorant). Le rosier, la melisse et le muguet excitent chez un Européen des souvenirs agréables. Il y a beaucoup de plantes étrangères à l'Inde. Je fus particulièrement frappé du *charmou*, arbuste dont le nom signifie *le modeste*; ses feuilles, quand on les touche, se ferment et retombent sur la tige, comme si elles étaient brisées. La mangue ne mûrit pas complétement dans ce terrain, ou sous ce climat, et paraît se détériorer à mesure que l'on avance vers le nord. La culture de l'indigo est avantageuse. On préfère celle du froment et des autres grains de cette sorte à celle du riz; celui-ci ne forme pas, comme dans le Sindhi inférieur, la nourriture du peuple; cependant on peut s'en procurer des quantités considérables.

CHAPITRE XIII.

PAYS DE BHAOUAL KHAN.

Limites. — Nature du pays. — Son importance. — Les Daoudpoutras. — La famille régnante. — Commerce.

Le petit territoire, qui à l'est ou à la gauche de l'Indus est situé entre les frontières du Maharadjah et celles des émirs du Sindhi, appartient à Bhaoual Khan Daoudpoutra. Sa ligne de frontière peut être placée au nord le long du Setledje ou du Gorra; mais à Bhaoualpour elle coupe cette rivière, et, courant à l'ouest jusqu'à Djelalpour, renferme une portion du pays compris entre le Setledje et le Tchénab, et entre cette rivière et l'Indus. La principauté radjpoute de Bicanir borne cet état à l'est : il a Djesselmir au sud, et dans la partie, qui de ce côté s'approche du Sindhi, un espace de quatre milles, dans chaque pays, est laissé inculte, afin de prévenir toute dispute sur les bornes respectives.

La plus grande partie de ce pays est un désert stérile et couvert de dunes. Dans le voisinage des rivières, le terrain est gras et fertile, parce que les débordemens annuels de l'Indus l'arrosent de même que toutes les terres situées le long de ses bords. Les villes sont en petit nombre, et très-éparpillées; mais sur les rives du Tchénab on voit beaucoup de hameaux. Bhaoualpour, qui est à la gauche du Setledje, a une population de 20,000 âmes; c'est la capitale commerciale de cette contrée. Ahmedpour, ville murée, plus méridionale et de moitié moins grande, est la résidence du chef, parce qu'elle se trouve plus près de Daraoual, ancien fort bâti dans le désert, et la seule place forte du pays : il n'est pas contigu à une ville. Il est parlé de Daraoual, dans les histoires du Sindhi, comme d'une forteresse digne d'Alexandre le Grand : cette place fut prise, l'an de l'Hégire 931, par Mirza Châh Hossein; le récit du siége prouve qu'elle est plus formidable par sa position que par sa force réelle; elle est bâtie en briques.

La puissance du chef de Bahoualpour est aussi restreinte que sa principauté; elle a été affaiblie par les Seïks, et un traité, par lequel le Maharadjah s'engage à ne pas traverser le Setledje, l'a seul sauvée d'une destruction complète. Les revenus annuels n'excèdent pas dix lacs de roupies, en exceptant Déra Ghazi Khan, qui proprement appartient aux Seïks. Sur cette somme, trois lacs sont exigés comme tribut par Rendjit Sing, pour les terres au nord du Setledje; cependant Bhaoual Khan vit avec magnificence, et entretient un corps de troupes régulières telles quelles, avec un train d'artillerie, pour seconder les efforts de ses feudataires quand ils sont en campagne : toute son armée réunie excéderait vingt mille hommes. Le chef actuel a hérité de son père un trésor considérable.

Les Daoudpoutras sont une tribu de musulmans venus du territoire de Chikarpour, à la droite de l'Indus; ils l'occupaient dans les premiers temps du règne d'Aurengzeb. Ayant traversé le fleuve, ils conquirent, par des prouesses de valeur éclatantes, sur les Dahrs, les Mahrs et autres tribus sindhiennes, le pays qu'ils possèdent aujourd'hui : ils sont établis dans le Bahoualpour depuis cinq générations. Le nom de Daoudpoutras implique une descendance de Daoud ou David : mais leur chef prétend être issu d'Abbas, oncle de Mahomet, ce qui est une lignée bien plus sainte. Les chefs de cette tribu sont nommés *Pirdjani*, et les gens du commun *Kihrani*. La masse de la tribu n'a pas la faculté de revendiquer, comme ses maîtres, son droit à une origine sainte, ce qui jette quelque doute sur le lustre de leur parenté. La tribu entière ne dépasse pas 50,000 âmes. Les Daoudpoutras sont grands, bien faits et blancs; de longues tresses de cheveux qu'ils laissent pendre sur leurs épaules les défigurent.

Le Bahoualpour fut tributaire du Caboul tant que ce royaume subsista; le chef portait le titre de nabab, et était presque indépendant. Les trois derniers princes ont pris le nom de Bhaoual Kan de celui d'un saint très-renommé dans le Moultan; le titre de nabab a été changé pour celui de khan, par lequel le prince est familièrement connu à ses sujets. Le Bahoual Khan actuel est âgé d'une trentaine d'années, et très-aimé de son peuple; j'ai dit précédemment qu'il avait un penchant décidé pour la mécanique, il encourage beaucoup le commerce et l'agriculture. Il y a à peu près cinq ans, il succéda à son père, au préjudice de son frère aîné, qui maintenant tient un emploi sous lui; son pouvoir est solidement établi; il a trois fils. La forme du gouvernement est despotique : aucun chef d'une grande importance, excepté le khan, n'habite ce pays; le style et l'étiquette de cette cour tiennent tous les chefs dans une position humble, et à une distance respectueuse de ce prince.

On fabrique dans le Bahoualpour des lounghis qui sont renommés pour la finesse de leur tissu. Les tisserands sont Hindous; ils forment une classe nombreuse, et jouissent d'une plus grande liberté pour l'exercice de leur industrie que pour celui de leur religion. Les marchands de Bahoualpour font un commerce considérable d'objets manufacturés en Europe; ils les reçoivent de Palli dans le Marvar, par la voie de Bicanir et du désert; et les expédient dans le pays des Douranis par la route de Moultan et de Leïa, en leur faisant traverser l'Indus à Kahiri. Les Hindous de Bahoualpour, et en général de tout ce pays, sont très-entreprenans; leurs affaires, ainsi que je l'ai dit plus haut, les conduisent souvent à Balkh, à Boukhara et quelquefois à Astrakhan; ils vont par Peichaver, Caboul et Bamian; et, passant l'Oxus, échangent à Boukhara les marchandises de l'Inde pour celles de cette région de l'Asie, et pour celles de la Russie qui y sont apportées annuellement par des négocians de cet empire. Ils parlaient avec de grands éloges du roi des Ouzbeks, et louaient beaucoup Dost Mohammed, chef de Caboul, pour la protection qu'il accordait au commerce.

Le Setledje, ou plutôt le Gorra, sur lequel Bahoualpour est situé, est une rivière navigable, quoiqu'on ne s'en serve pas pour le transport des marchandises. Cette ville n'est cependant placée sur aucune route de commerce dont il soit possible de profiter, excepté celle du Sindhi, contrée qui, ainsi que je l'ai déjà dit plusieurs fois, n'entretient nul négoce avec les pays du haut Indus. J'ajouterai que le nom de Béyah, qui en s'unissant au Setledje forme le Gorra, est une contraction de *Beypasa*, appellation qui nous offre presque toutes les lettres de *Hyphasis*, dénomination sous laquelle les auteurs anciens ont désigné cette rivière.

CHAPITRE XIV.

LE PENDJAB, CONSIDÉRÉ COMME FORMANT LA SOUVE-
RAINETE DE RENDJIT SING.

Etendue des états de Rendjit Sing. — Progrès de sa puissance.
— Son gouvernement. — Influence des chefs. — Le peuple. —
L'armée. — Finances et ressources. — Politique extérieure. —
Durée probable de l'état actuel des choses.

Les états de Rendjit Sing, Maharadjah des Seïks, s'étendent du Setledje à l'Indus, et du Cachemir au Moultan; ils comprennent tous les pays arrosés par le Pendjab, ou les cinq grands affluens orientaux de l'Indus. Il y a donc peu de contrées sur le globe dont les limites, soit naturelles, soit politiques, soient mieux définies, puisqu'il est borné au nord par les monts Himalaya, à l'ouest par l'Indus ou Sinde, qui est aussi de ce côté la limite de l'Hindoustan; à l'est et au sud par le Setledje.

Voici comme s'expriment sur le Pendjab les historiens d'Alexandre qui le traversa : « La plus grande
» partie de ce pays est unie comme une plaine im-

» mense, ce qui vient principalement, ainsi que le
» supposent quelques-uns, de ce que les rivières en-
» traînent avec elles durant leur débordement de
» prodigieuses quantités de limon, tellement que
» beaucoup de contrées ont même emprunté leurs
» noms de celui des rivières qui les traversent. »
Combien le nom de *Pendjab* ou des cinq rivières,
par lequel ce pays est ordinairement désigné de
nos jours, confirme l'assertion des anciens! Elle est
encore plus fortement corroborée par un fait, c'est
que trois des territoires compris entre ces rivières
sont nommés par un mot composé qui renferme une
syllabe de l'appellation de chaque rivière.

Il n'est pas nécessaire que j'entre dans des détails
minutieux sur la géographie physique du Pendjab,
ni que je raconte toutes les particularités des révolu-
tions qui l'ont placé sous la domination d'un monarque. Je me bornerai à décrire l'état actuel de ce
royaume, sa puissance, la nature et le caractère de
ses habitans, sa force et ses ressources; j'examinerai
aussi les causes morales et religieuses qui ont contribué à son élévation, ainsi que l'influence qu'il
exerce sur les pays voisins.

On sait que vers le milieu du quinzième siècle
Baba Nanek, prêtre hindou, voulant purger le
brahmanisme de la corruption qui s'y était intro-
duite, fonda une secte désignée par le nom de *Seïks*:
il fut prédit que ses successeurs, dans la suprématie
religieuse, la conserveraient jusqu'au dixième. Celui-
ci fut Govind Sing; son caractère ambitieux lui fit

désirer de joindre le pouvoir temporel au spirituel. Comme la tradition accréditée parmi les Seïks ne lui permettait pas, à l'exemple de ses prédécesseurs, de choisir celui qui devait lui succéder, il mêla les affaires de la guerre avec celles de la religion, et excita parmi ses sectateurs le goût des distinctions mondaines; il mourut de ses blessures en 1708. Depuis cette époque nous trouvons les Seïks, nommés *Khalsa* ou bien *Sing*, formant un corps hardi et formidable, et gagnant graduellement en puissance jusqu'à ce qu'enfin ils résistent aux nations belliqueuses de l'Ouest. Cependant, jusqu'au commencement du siècle actuel, nous voyons qu'ils n'obéissent pas à un souverain, quoique dans ces temps-là même leur forme de gouvernement offrît celle d'une monarchie régulière. Il n'y a rien de très-remarquable dans ce développement progressif de leur puissance; mais nous ne pouvons nous empêcher d'applaudir à la justesse des prédictions d'un voyageur entreprenant, George Forster, qui visita le pays en 1783, et s'exprime ainsi : « Si des événemens quelconques » appelaient les efforts combinés des Seïks à main- » tenir l'existence de leur empire et de leur religion, » nous verrions quelque chef ambitieux, guidé par » son génie et ses succès, concentrant en sa personne » le pouvoir que se partagent ses compagnons, asseoir » sur les ruines de leur république l'étendard de la » monarchie [1]. » Ce passage fut écrit vers le temps

---

[1] Tom. I, p. 295, de l'original anglais; tom. III, p. 84, de la traduction française.

de la naissance de Rendjit Sing, et les exploits de ce prince ont complétement vérifié la sagacité de Forster.

Les possessions de Rendjit Sing ont pris de la consistance et se sont consolidées de bonne heure par un enchaînement de circonstances que sa volonté ne pouvait dominer, mais dont il n'a pas manqué de profiter. A l'est et au sud ses progrès ont été arrêtés par les Anglais; il a pu conquérir à l'ouest les pays au delà de l'Indus, mais il n'aurait pu les conserver. Au nord la chaine de l'Himalaya, couverte de neiges éternelles, l'a empêché de s'avancer; il s'est prudemment contenté de s'emparer du Cachemir et des autres vallées renfermées entre les montagnes inférieures. Sa puissance est solidement établie dans tout le pays soumis à sa domination; son autorité est également respectée dans les montagnes rendues fortes par leur position, et dans les plaines qui se prolongent à leur pied. Placé dans un territoire que sa situation rend compacte, il s'est appliqué à y faire les améliorations que conçoivent seulement les hommes d'un grand génie. Nous trouvons donc dans ses états le despotisme sans ses rigueurs, un despote sans cruauté, et un système de gouvernement bien supérieur aux institutions nationales de l'Orient, quoique bien éloignées de la civilisation de l'Europe. Dans un pays subjugué par des armées irrégulières avec un mélange convenable d'artifice et de courage dans leur chef, nous voyons la conquête maintenue par des troupes disciplinées que commandent des officiers européens, et les propriétés réparties entre les chefs subalternes, de manière à conserver les mœurs nationales sans compromettre la sûreté du gouvernement.

Toutefois, il n'est que trop évident que ces améliorations ne se sont pas enracinées dans les esprits, et que leur influence et leur action ne passent pas l'enceinte de la cour du Maharadjah. Il n'est pas moins vrai non plus que la disposition du maître à maintenir ces institutions inappréciables diminue à mesure qu'il avance en âge, et on peut craindre qu'elles ne s'évanouissent avec la gloire passagère de son règne. Un trésor bien garni, tandis que l'armée a sa solde arriérée et la réclame à grands cris; des droits qui s'augmentent sans cesse, exigés des marchands et des commerçans; des impôts exorbitans levés sur les laboureurs, tandis que les revenus publics sont gaspillés, et une corruption générale chez les grands officiers de l'état, ne sont pas des symptômes favorables de la durée d'un gouvernement. Toutefois, la patience du peuple dans un royaume asiatique dépend plus de la puissance du prince que du caractère national; tant que le souverain ne dissipe pas ses trésors pour satisfaire des goûts extravagans, et il est doué d'une vigueur d'esprit au-dessus de son âge, on peut compter avec certitude sur la stabilité de son autorité durant sa vie. Il me paraît que le sort de Rendjit Sing, en parcourant sa carrière, aura élevé, formé et détruit un gouvernement.

La nation des Seïks a si complétement changé sa

constitution sous Rendjit Sing, que dans une période de vingt ans elle a passé d'une république pure à une monarchie absolue. Le génie d'un homme a opéré cette métamorphose, quoiqu'il ait eu à combattre une opposition puissante par une religion qui inculque notamment des idées de démocratie et d'égalité universelle.

Ce changement d'habitudes a été général, et le prince heureux qui l'a effectué n'est pas plus prééminent parmi ses nobles que ceux-ci ne le sont parmi leurs vassaux, ces derniers leur montrant un respect qui ressemble à l'adoration. Il n'y a plus d'assemblées à Amritsir, la ville sainte des Seïks, où les affaires d'état étaient discutées et réglées; il n'existe plus aucun des priviléges que les sectateurs de Gourou Govind réclamaient comme caractérisant particulièrement leur tribu. Il est évident que cette altération doit influer sur l'énergie des Seïks, car elle dérivait d'une religion exempte des dogmes usés du brahmanisme, et de l'islamisme dégéneré des Eusofzis, leurs voisins. La bravoure des Seïks est contemporaine de cette religion qui en formait la base; leur grandeur politique naquit de leur changement de croyance, et quoique celle-ci ait subi des modifications, les Seïks conservent encore des dogmes particuliers, et continuent à être sous tous les rapports un peuple bien distinct.

L'influence des serdars ou chefs du Pendjab a baissé en proportion des progrès de la suprématie du Maharadjah. Ce sont leurs dissensions intestines qui ont causé la perte de leur pouvoir. Rendjit Sing ne manque pas de les fomenter et d'en profiter, et comme médiateur de ces différens, il a toujours dépouillé les deux partis pour s'agrandir. Mais en revanche il a réparti d'une main libérale parmi ses serdars les terres qu'il a conquises, et par ce moyen se les est conciliés ; il en est bien peu qui se fient à lui ; mais connaissant toute l'étendue de sa puissance, ils se gardent bien de l'offenser.

Le pouvoir de la plupart des membres de la confédération primitive des Seïks a été renversé ou neutralisé ; le souverain les a remplacés ; il a entouré sa personne de favoris que leur fortune plus que leur mérite a élevés au rang qu'ils occupent. Le Djemadar, Khouchal Sing, et les trois radjahs Dihan, Ghoulab et Soudjaït Sing, frères de Djammou, offrent des exemples frappans sur ce point. Khouchal Sing fut jadis un Hindou figurant humblement comme cuisinier d'un simple soldat ; il est maintenant un Seïk et a un commandement important. Les trois autres, bien que d'une origine moins obscure, descendent d'un Radjpout possesseur d'un mince patrimoine dans l'Himalaya inférieur. Ces hommes forment maintenant une sorte de ligue à la cour de Rendjit Sing dont ils ont abondamment moissonné les grâces. Nul d'entre eux n'est doué de talens, et, à l'exception d'un seul, ils ignorent les premiers élémens de l'instruction. On ne peut pas supposer que des gens de cette espèce puissent exercer une grande influence sous un tel souverain ; mais ils ont réussi à répandre cette idée dans l'esprit du peuple, et usent largement de leur

influence prétendue pour remplir leurs coffres et
entretenir les manœuvres de la corruption. Ghoulab
Sing, qui est l'aîné, sait lire ; il administre le monopole du sel et une portion considérable du territoire
voisin du Djalem. C'est un homme d'un caractère
cruel et tyrannique. Dihan Sing exerce son habileté
à la cour, tandis que le troisième frère déploie ses
talens au dehors mais il est dévoué aux intérêts de
son maître, et passe pour un bon homme. Il est maintenant occupé à fortifier son manoir près de Bember,
il y a placé des canons amenés de Lahor, fait que
personne n'ose révéler au Maharadjah. Le favori fait
judicieusement des préparatifs pour un temps futur,
où le maintien de sa possession dans ses mains sera
affaibli par la mort de son patron. Le fils de Dihan
Sing, jeune garçon de neuf ans, est le seul personnage qui, avec un officier et deux prêtres, ait la permission de s'asseoir sur une chaise dans la salle
d'audience de Rendjit Sing. On peut aisément s'imaginer que cette longue suite d'innovations n'a pas
manqué d'exciter la jalousie et peut-être l'envie des
vieux chefs des Seïks.

Après avoir porté notre attention sur les serdars,
nous la dirigerons naturellement sur les Seïks pris en
masse ; si les premiers nous ont présenté des signes
d'affaiblissement et de déclin, le peuple offre au contraire un corps sain et vigoureux. Les habitans du
Pendjab sont des hommes robustes et athlétiques,
grands, bienfaits et nerveux. Le vrai Seïk ou Khalsa
ne connaît d'autre occupation que la guerre ou l'a-

griculture, et il aime l'une plus que l'autre. Nulle race d'homme ne pouvait être mieux constituée pour soutenir d'une main ferme son gouvernement; avec une ambition et un patriotisme, si je puis employer ce terme, égaux à leur puissance, les Seïks sont assez nombreux pour le défendre. Leur ascendant comme nation continue à accroître la force numérique de la tribu; et déterminés dans une cause commune par des principes communs, ils composent certainement un peuple puissant. Il n'est pas douteux que Bedi ou Sahib Sing, chef de la religion seïke, ne puisse encore frustrer les plans du monarque, et par une ligue formée pour le maintien de la croyance, renverser les plans d'un prince ambitieux les mieux conçus. Rendjit Sing connaît bien cette influence, et, quoique peu religieux, il a pris soin d'attacher les prêtres à sa cause; il en reçoit constamment deux avec distinction et leur témoigne de la confiance. Les Seïks sont très-tolérans en matière religieuse; ils montrent pour les sectateurs de toutes les croyances des égards et une bienveillance qui forment un contraste honorable pour eux, quand on compare cette conduite avec celle des musulmans leurs voisins.

Ce n'est qu'avec défiance que je hasarde l'évaluation du nombre d'hommes soumis au Pendjab : on m'a assuré que celui des Seïks ou Khalsa n'excède pas 500,000 âmes; le reste, composé de Seïks, de Musulmans et d'Hindous ou Djats, peut se monter à 3,000,000 d'individus.

Ainsi le petit nombre des Seïks, dans un pays qu'ils

possèdent en souverains et qu'ils gouvernent, est remarquable. Leur terre natale est le Douab, ou la contrée comprise entre le Ravi et le Setledje : mais on en rencontre bien peu à 30 milles au-dessous de Lahor. Il n'y a pas de Seïks à l'ouest du Djalem ; et certainement à l'est de Lahor, où on dit qu'ils prédominent, ils ne forment pas un tiers de la population. Le Pendjab est réellement un pays mal peuplé, quoique l'on assure que sa population s'est accrue sous son souverain actuel.

On conçoit qu'avec des élémens semblables il n'est pas difficile de former une armée considérable; celle de Rendjit Sing est à peu près de 75,000 hommes. Sur ce nombre, il y en a 25,000 d'infanterie, façonnés à l'européenne, et complétement de pair avec les soldats de notre armée de l'Inde. Leur discipline pourrait être améliorée si on augmentait l'autorité des officiers indigènes, et si on écartait de justes motifs de mécontentement causés par la différence de la paye accordée aux personnes du même grade, différence qui dépend du caprice du souverain. Ces hommes n'ayant pas de brevet, n'éprouvent pas le sentiment de la considération personnelle, et ne sont pas non plus respectés de leurs soldats. La cavalerie régulière et l'artillerie peuvent être évaluées à 5,000 hommes, la quantité des canons est de 150.

Ce système militaire est impopulaire dans le pays, les Seïks ne voyant qu'avec défiance les innovations et les novateurs. Si les officiers français venaient à être privés de leur patron, sans doute ils s'éloigneraient par motifs de sûreté personnelle : et s'ils quittaient le pays, les débris de leurs travaux périraient bientôt dans la confusion générale. A présent leurs bataillons manœuvrent avec régularité et précision; ils sont bien dressés et bien accoutrés, mais ils manquent de la principale qualité du soldat, la discipline; et puis on a vu qu'ils ne sont pas payés régulièrement. Ils exécutent volontiers les devoirs mécaniques du soldat, ils ont montré leur bravoure dans mainte occasion; cependant, il n'existe aucun lien entre l'armée et le gouvernement, et les grandes, les glorieuses victoires du Maharadjah furent remportées avant qu'il eût une armée régulière.

Les troupes irrégulières, composées uniquement de cavalerie, vont à 50,000 hommes. On les nomme *gortcharas*, ce qui signifie simplement cavaliers : ils sont payés en concessions de terres, en retour de leur service militaire. La revue de ces troupes se fait avec régularité, elle est de rigueur, sauf un très-petit nombre d'exceptions de faveur : comme soldats indigènes, c'est un corps puissant, bien monté et utile. On dit que la supériorité de ces gortcharas consiste dans la facilité avec laquelle ils sont ralliés, tandis que leurs voisins, les Afghans, quittent le champ de bataille au premier échec. La paye de l'armée régulière est plus forte que celle des troupes de la compagnie anglaise des Indes; ces soldats sont habillés par l'état; ceux qui sont Seïks vivent de rations qui sont fournies par le gouvernement, et pour lesquelles il y a une retenue mensuelle de deux roupies par homme. Les Seïks sont d'excellents soldats, endurcis aux longues marches et aux fatigues de tout genre. Depuis quelques années l'armée n'a pas été payée régulièrement, ce qui a aliéné au prince l'affection des militaires. Cette négligence de la part de Rendjit Sing est imputée par ses soldats mêmes, et peut-être avec vérité, aux progrès de sa bonne intelligence avec le gouvernement britannique; mais elle peut s'expliquer par l'avarice qui augmente avec l'âge. Si quelque changement favorable ne s'effectue pas dans cette branche de l'administration, l'armée régulière du Pendjab ou se mutinera, ou diminuera considérablement; ce n'est pas sans raison que je hasarde cette opinion.

Les productions naturelles du Pendjab contribuent, avec le caractère de sa population, à favoriser son existence comme état indépendant. Le revenu net du pays se monte à deux crores et demi de roupies annuellement. Sur cette somme, trente-un lacs proviennent du Cachemir, déduction faite de dix dépensés pour sa défense; mais cette province forme à elle seule un royaume, et pourrait donner le double. Un personnage, qui dernièrement avait affermé le Cachemir pour trois ans et payé régulièrement ses trente-un lacs, se retira, emportant du pays une trentaine de lacs de roupies en marchandises et en argent; le tout a été confisqué; mais des pandits cachemiriens, qui lui ont succédé dans son emploi, rivalisèrent, dit-on, l'année suivante ce hardi concussionnaire. L'administration du Cachemir est citée comme l'essence d'un mauvais gouvernement. Le peuple y est opprimé, et le Maharadjah vient de confier à d'autres qu'à ses propres serviteurs ce joyau précieux de sa couronne. Du reste, le vice des finances est général, la recette des revenus n'a lieu que par des actes arbitraires, suivant la volonté des percepteurs, de même que dans tous les gouvernemens de cette contrée. Ces gens ont la réputation d'être des concussionnaires; ils le savent; ils dépouillent donc le paysan, et sont préparés à être dépouillés à leur tour. Néanmoins les exactions, réglées par Rendjit Sing lui-même, ne sont pas oppressives, et ses acquisitions récentes autour de Moultan sont dans un état prospère.

Les plaines du Pendjab, coupées diagonalement par un si grand nombre de rivières, pourraient être aisément arrosées par des canaux; on en trouve la preuve dans l'existence de quelques-uns, et les restes de plusieurs autres, qui sont l'ouvrage des empereurs, dans la partie orientale du pays. Le Pendjab, outre le grain et l'argent, fournit avec une égale abondance ce qui est nécessaire pour faire la guerre. On y élève une grande quantité de chevaux, de mulets et de chameaux. Le cheval douni, qui se trouve entre le Djalem et l'Indus, est renommé; mais on ne donne aucune attention à sa propagation, et d'après les coursiers de la cavalerie régulière de Rendjit Sing, on ne pourrait pas conjecturer que son royaume produise ce noble animal. Les mulets des bords du Djalem sont robustes, et capables de porter de gros fardeaux; les chameaux de la partie méridionale du

Pendjab sont également très-propres au service. Le bétail est petit, mais nombreux et excellent. Les routes, d'une extrémité du pays à l'autre, peuvent être parcourues par des voitures à roues, excepté dans les cantons des montagnes.

La construction grossière des bateaux des rivières du Pendjab n'indique pas que ce pays ait jamais fait par eau un grand commerce intérieur; mais ces rivières, quoique toutes, et même l'Indus, soient guéables dans la saison sèche, forment autant de lignes de route pour le commerce et pour une armée. Toutes sont navigables, quoique peu fréquentées. Les embarcations qu'elles portent sont en petit nombre, et la plaine ne produit que peu de bois; mais les pluies annuelles entraînent de dessus les montagnes des arbres, qui servent à l'augmenter ou à bâtir des ponts. Il résulte de ce que je viens d'exposer que le Pendjab peut non-seulement entretenir son armée, mais celle d'un autre pays; et un ennemi, soit indigène, soit Européen, s'il était défait dans les plaines, pourrait défier, dans la vallée de Cachemir, tous les efforts tentés pour le soumettre, puisqu'il serait en état de subsister sans aide étrangère dans une forteresse naturelle qui abonde en ressources, et qu'il y aurait moyen de rendre imprenable.

L'influence de la puissance de Rendjit Sing se fait sentir dans tous les états qui entourent son royaume : sa politique semble consister à exciter, autant qu'il lui est possible, les sentimens d'inimitié de ses voisins les uns contre les autres. Quant au gouvernement britannique, on peut le regarder comme un de ses alliés les plus fidèles; car sa défiance a disparu quand il a vu avec quelle stricte équité nous persévérions à observer les traités. Il n'est pas douteux que pendant long-temps il ne fut pas capable d'apprécier les dispositions de ses formidables ennemis et que sa cour forma un noyau pour les mécontens, jusqu'à la chute du radjah de Bhertpour; mais son excellent jugement l'a toujours bien conduit, et depuis quelques années son expérience a été guidée par des officiers français intelligens et éclairés, qui lui ont enseigné à connaître le caractère européen et la politique du gouvernement britannique. Le Maharadjah mérite des louanges infinies pour la prudence extrême qui a dirigé ses actions. Rien de plus improbable de sa part que la violation de l'amitié; et nous pouvons être assurés que sa perspicacité naturelle et son intime connaissance des hommes nous feront toujours trouver en lui un ami et un allié fidèle. Les avantages qu'il a dérivés de sa bonne intelligence avec le gouvernement britannique ne sont pas peu considérables : il a pu dégarnir de troupes ses frontières de notre côté, et diminuer son armée; maintenant il emploie ses soldats et le nom de son voisin tout-puissant à compléter ses autres desseins.

C'est contre le Khan de Bhaoualpour son voisin au sud, que ses démonstrations d'hostilités ont été le plus évidentes; en 1832, les Seïks se sont emparés de tous les territoires de ce petit état, situés au nord du Setledje. Ceux qui sont au sud de cette rivière auraient subi depuis long-temps un sort semblable si cette démarche n'eût pas été une infraction au traité conclu avec le gouvernement britannique. Il est pourtant juste de remarquer que le Khan tenait ces terres comme tributaires de Lahor, et qu'il n'avait pas payé les arrérages; mais les officiers les plus éminens du gouvernement de Rendjit Sing l'avaient encouragé secrètement à n'en pas verser le montant entre les mains d'un officier français envoyé pour le recevoir. Ce chef a maintenant perdu ses biens paternels, ainsi que la ferme des revenus de Déra Ghazi Khan, au delà de l'Indus, objets pour lesquels il payait annuellement six lacs de roupies.

Il existe peu de cordialité entre le Pendjab et les gouvernemens sindhiens, et si le Maharadjah n'attaque pas les émirs du Sindhi, c'est l'éloignement de ce pays plutôt que le manque d'envie qui l'en empêche. Il est certain que Rendjit Sing nourrit des projets contre Chikarpour; il y est excité par des chefs de la rive droite de l'Indus; mais il est très-problématique qu'il puisse jamais amener ses plans à maturité. Toutefois, il a réussi à exciter des défiances et élever des dissensions entre les chefs du Sindhi; et il n'est guères douteux que, s'il assemblait son armée à Moultan, le pays voisin de Chikarpour ne devînt dans une campagne la proie de la valeur disciplinée des Seïks.

A l'ouest, Rendjit Sing a prudemment laissé l'Indus former la limite de ses états : ses troupes ont fréquemment franchi cette grande barrière de l'Hindoustan; la ville de Peichaver a été entre leurs mains, et les Seïks auraient pu marcher sur Caboul; mais leur souverain s'est contenté de garder les forts de chaque côté du passage d'Attok si fréquenté. Quoique les Afghans manquent de chef, cette nation n'est pas dépourvue de puissance : et son fanatisme, sa haine pour les Seïks sont tels, qu'il serait impossible à ceux-ci de se maintenir dans la possession du pays qu'ils ont si souvent envahi avec une armée peu considérable. Rendjit Sing tire de Peichaver et des cantons voisins un tribut annuel de quelques chevaux et d'une certaine quantité de riz, et il retient en otage à Lahor un fils du chef de ce territoire; cependant rien de moins sûr que cet état de choses, et ce n'est qu'avec une répugnance extrême qu'on s'y conforme. Mais Rendjit Sing sait mettre à profit les craintes des Douranis, en entretenant des négociations avec deux de leurs ex-rois, dont l'un est son pensionnaire à Lahor. Une prédiction du *Grinth*, ou livre sacré des Seïks, les empêche de pousser leurs conquêtes au delà de l'Indus; elle prophétise une bataille sanglante dans le voisinage de Ghazna et de Caboul. Le territoire de Déra Ghazi Khan, situé plus bas le long de l'Indus, forme une exception à cette règle de politique; mais il a été affermé à un chef musulman après avoir été conquis; et maintenant qu'il est assujetti immédiatement au Maharadjah, il y tient cantonnés cinq régimens d'infanterie régulière. La cupidité de Rendjit Sing a été excitée par la perspective d'un accroissement de revenu; et peut-être aussi est-il content d'avoir le moyen d'employer une division aussi considérable de son armée. Récemment il fit semblant d'offrir à un des émirs du Sindhi de lui affermer ce canton, ce qui causa un vif déplaisir aux autres chefs.

Aucun pays, situé sur les frontières du Pendjab, ne porte le joug des Seïks avec autant de répugnance que les cantons situés dans les montagnes au nord. Ces états étaient autrefois gouvernés par une tribu de Radjpouts convertis à l'islamisme; cependant ces souverains conservaient le titre de radjahs. Je n'ai pas visité cette partie du pays; mais j'ai appris que ses habitans conservent pour leurs anciens princes un respect qui ressemble à l'adoration. La plupart de ces radjahs ont été dépossédés; ceux de Radjaour et de Bember, deux des principaux états, sont maintenant détenus et enchaînés à Lahor. Leurs possessions jusqu'aux limites du Cachemir ont été transférées aux trois frères radjpouts favoris, pour lesquels il deviendra un asile sûr dans le cas d'une révolution du gouvernement. Toute la ligne des montagnes, du Setledje à l'Indus, a été subjuguée par les Seïks, et ou elle leur paye un tribut, ou bien obéit directement au Maharadjah. La force des lieux fortifiés situés dans ces hautes montagnes est très-grande; suivant une tradition des habitans, le château de Kamla, dans le Mandi, n'a jamais été pris; celui de Kot Kangra à l'est, qui est entouré de trois côtés par le Béyah, passe également pour imprenable.

Avec beaucoup de défauts le gouvernement de

Rendjit Sing est très-vigoureux et bien consolidé quoique nouvellement formé. Les imperfections de ce monarque tiennent au pays et à ses usages; mais ses qualités, et il en a certainement quelques-unes, appartiennent à un degré de civilisation plus élevé. Ce que le caractère du souverain offre de plus défectueux est son extrême défiance de tous ceux qui l'entourent; mais il la partage en commun avec ses compatriotes. Ce sentiment est poussé à un tel point, que jamais un fusil n'est confié à aucun des officiers français, et que les diverses portes d'Attok et des autres forteresses importantes sont données en garde à des personnes différentes qui commandent séparément et sont indépendantes les unes des autres. La ruse est l'arme principale de la politique de Rendjit Sing, il l'emploie dans toutes les occasions. Peu accoutumé à dire la vérité, et plus enclin à faire des promesses qu'à les tenir, il gouverne néanmoins avec une modération sans exemple pour un prince indien. Peu d'hommes jouissant d'une autorité aussi despotique en ont usé avec autant de douceur; et quand on se rappelle qu'il est sans éducation, notre estime pour son caractère doit s'accroître en considérant qu'il ne répand jamais le sang de ses sujets et qu'il épargne même la vie, mais non la personne de ceux qui ont commis les crimes les plus noirs. Rendjit Sing a maintenant perdu beaucoup de son activité personnelle, néanmoins il dirige toutes les affaires de son royaume depuis les choses de la plus haute importance jusqu'aux pures bagatelles; il n'a point de ministre, point de conseillers. Avec un corps affaibli par l'âge et une vieillesse prématurée, les plaisirs de ce monde ont depuis long-temps miné les forces de ce prince, et quoiqu'il conserve l'exercice complet de ses facultés, ses projets ambitieux semblent l'avoir abandonné avec l'incapacité de commander et de vaincre en personne.

Puisque le décès de ce monarque doit avoir une grande influence politique, et que ses infirmités ainsi que ses habitudes ne laissent qu'un faible espoir qu'il pousse sa carrière très-loin, nous éprouvons un redoublement d'intérêt à former des conjectures sur la fin probable de ce royaume. La nature a placé dans le sein de l'homme, et plus fortement peut-être dans celui d'un roi, le désir de transmettre son patrimoine et son pouvoir à ses enfans; mais le caractère du fils unique de Rendjit Sing, Karrack Sing, qui est arrivé à sa trentième année, ne peut laisser à son père aucun espoir que jamais il suive ses traces, même de très-loin. Il ressemble de la manière la plus frappante à son père par les traits du visage, mais c'est à cela que se borne la comparaison entre eux. Il est imbécile, illettré et comme inanimé. Il n'a que peu de favoris ou d'ennemis, il ne prend nulle part aux affaires, reste étranger à la politique de l'état, et ne travaille pas à se concilier un parti qui puisse lui être utile au jour des difficultés. C'est peut-être en voyant ses espérances frustrées par un rejeton si dégénéré, que le père est devenu indifférent et insouciant pour les progrès de la prospérité de son royaume. Mais il a aussi un petit-fils, Nour Nihal Sing, qui a atteint l'âge de vingt ans. Indépendamment de Karrack Sing, le Maharadjah a deux fils adoptifs, Chir Sing, l'un d'eux, est incontestablement l'homme le plus distingué du Pendjab. A un air imposant et à un caractère très-généreux, il a déjà ajouté la réputation d'un soldat brave et franc. Il a dissipé ses trésors en plaisirs et en débauches, mais il a gagné la bonne opinion du peuple, et particulièrement du soldat, auquel il s'est rendu cher par de nombreux sacrifices. On dit que ses talens et son instruction pour un Seïk sont dignes d'éloges. Il a obtenu l'estime des chefs et s'est également assuré l'amitié et les bons offices des officiers français au service de son père. Il est maintenant gouverneur du Cachemir, et s'il occupe ce poste important à la mort du Maharadjah, il peut sans beaucoup de difficulté être tenté de s'emparer du vaste royaume de son père; mais il faut se souvenir qu'il n'est qu'un fils adoptif, et qu'avec de nombreux amis il a quelques ennemis, et aura peut-être à lutter avec le fils légitime et peut-être les trésors de son père adoptif. On croit généralement que Rendjit Sing pourra bien léguer sa monarchie à quelque favori, et on espère qu'elle se maintiendra dans son état actuel; quant à moi je ne puis souscrire à cette opinion. Si Chir Sing ne s'assure pas la suprématie, ce royaume retombera probablement dans son ancien état de petites républiques et d'anarchie, ou sera subjugué par quelque puissance voisine.

CHAPITRE XV.

LE TCHÉNAB AU-DESSUS DE SON CONFLUENT AVEC LE RAVI.

Cours du Tchénab.—Bateaux qui y naviguent.—Trajet de cette rivière. — Le Moultan.

Le Tchénab, ou *Acesines*, est la plus considérable des rivières du Pendjab, mais sa grosseur a été très-exagérée. Ptolémée nous apprend que dans la partie supérieure de son cours il a 15 stades de largeur, et Arrien dit qu'il l'emporte sur le Nil quand, ayant reçu les eaux du Pendjab, il se réunit à l'Indus par une embouchure de 30 stades. Alexandre fit la guerre dans ce pays pendant la saison pluvieuse, quand les rivières sont très-grossies, et que le débordement dure depuis deux mois. Nous avons déjà relevé la dernière partie de cette amplification, en réduisant le Tchénab à une largeur de 1,800 pieds et à une profondeur de 20. Cette rivière n'offre pas de diminution visible dans le volume de ses eaux au-dessus de son confluent avec le Setledje, parce qu'elle augmente en profondeur sans devenir plus large, et qu'au sud de sa réunion avec le Ravi on trouve, ainsi que je l'ai exposé, que sa profondeur n'est que de 12 pieds. Ses rives sont si basses, que dans quelques endroits elle déborde sur une étendue de 3,600 pieds, et paraît aussi large que l'Indus. Au bac de Moultan, elle avait 3,000 pieds d'un bord à l'autre, et au-dessous de son confluent avec le Ravi, à peu près trois quarts de mille; mais ces exemples sont des exceptions.

Le Tchénab reçoit le Ravi, ou *Hydraotes*, au-dessous de Fazilpour, sous le parallèle de 30° 40′ de latitude nord, à près de 180 milles d'Outch, à cause de ses sinuosités, et à 53 milles de Moultan. Dans le voisinage de cette ville il coule vers l'Indus, dans une direction qui se rapproche du sud-ouest. Nous avons fait le voyage d'un confluent à l'autre en 6 jours contre le courant. J'ai déjà parlé de la couleur rouge des eaux du Tchénab et de la teinte plus foncée de celles du Ravi. Le Tchénab coule avec plus de vitesse que l'Indus et que toutes les rivières du Pendjab; ses rives des deux côtés sont ouvertes, et abondamment arrosées par de grands canaux d'eau courante, creusés avec beaucoup de travail; à droite, au-dessus de Moultan, règne un désert de dunes basses qui ne peuvent être cultivées, et qui resserrent les campagnes labourées jusqu'à 2 milles de la rivière. C'est une erreur de croire que ce désert commence dès Outch, et occupe le Douab de l'Indus et du Tchénab, car ce canton a plusieurs grands villages, et le terrain d'une rivière à l'autre est gras et fertile. La distance entre les deux rivières est à peu près de 25 milles; le pays ne commence à devenir désert que lorsqu'il s'élargit davantage au-dessous de Moultan.

On se sert de zohraks à Moultan pour naviguer sur le Tchénab; mais ces bâtimens diffèrent un peu de ceux dont on fait usage dans le pays des Daoud-poutras : leur plat-bord est à peine à un pied au-dessus de l'eau; ils sont bien moins gros, et ont un petit mât auquel on hisse une petite voile. Comme il n'y a pas de commerce, on ne peut se procurer que des bacs, à l'exception des bateaux qui apportent le sel des bords du Djalem. Notre flotte se composait de dix embarcations, quantité qu'il n'est pas possible ordinairement de se procurer dans cette partie de la rivière. Ces bateaux sont construits en bois de *dias* ou cèdre, qui croît dans les montagnes où les rivières du Pendjab prennent leurs sources; ces arbres, qu'elles déracinent et entraînent dans leur cours durant la saison du débordement, fournissent un approvisionnement suffisant pour les besoins de tous les genres, sans que l'intervention d'un commerce spécial soit nécessaire. Les bateaux sont construits avec ce bois et réparés avec celui du *tali*, arbre qui se rencontre près de chaque village, et quoique cette contrée ne soit pas bien boisée, une armée ne tarderait pas à se procurer le bois qui lui serait nécessaire, en coupant les arbres près des villages voisins de la rivière, et les faisant flotter jusqu'au lieu où elle devrait se réunir.

Les habitans traversent les rivières sans employer des bateaux, c'est à l'aide de peaux gonflées ou de paquets de roseaux. On peut voir des familles entières passant de cette manière qui paraît peu sûre. J'ai remarqué un homme avec sa femme et trois enfans au milieu du courant, le père sur une peau, traînant après lui, assis sur des roseaux, sa femme et ses enfans, un de ces derniers tétait; les vêtemens, le mobilier, tous les effets, forment des paquets qu'on porte sur la tête; quoique les crocodiles existent certainement dans les eaux de ces rivières, ils ne sont pas nombreux, ou du moins ne le sont pas assez pour faire craindre aux indigènes de répéter un essai qui certainement n'est pas exempt de danger.

La plus grande partie du pays baigné par cette partie du Tchénab, est comprise dans le district de Moultan, qui, outre la ville de ce nom, contient aussi celle de Choudjarabad qui est moderne. Quand elle était tributaire du Caboul, son gouvernement fut décrit sous les couleurs les plus noires; mais Rendjit Sing a renouvelé sa population, réparé les canaux, en a augmenté le nombre et l'a élevée à un état de richesse et de prospérité qui lui était étranger depuis long-temps. La terre paye avec usure les travaux du cultivateur; car telle est sa fécondité, qu'un champ de froment avant que le grain soit parvenu à sa maturité, est fauché deux fois, et l'herbe est donnée en fourrage au bétail; ensuite elle produit les épis et une récolte abondante. Celles de l'indigo et de la canne à sucre ne sont pas moins riches, une petite lisière de terre, longue de 5 milles, que nous longeâmes, fournit un revenu annuel de 75,000 roupies. La totalité de celui de ce canton est à peu près de dix lacs de roupies, ce qui monte au double de ce qu'il était en 1809. Le tabac de Moultan est renommé; mais pour une province de l'Inde, la datte est sa production la plus singulière. Ce fruit y abonde et n'est guères inférieur à celui qui croît en Arabie, parce qu'on n'y épuise pas les arbres en les perçant pour en obtenir une liqueur, ainsi qu'on le pratique dans l'Inde inférieure. Je conjecture que les dattes doivent leur degré de maturité à la grande chaleur du Moultan, puisqu'elles mûrissent rarement dans l'Inde. Les mangues du Moultan sont les meilleures de l'Inde supérieure; leur bonne qualité semble provenir de la même cause, car au nord des tropiques ce fruit est ordinairement médiocre.

CHAPITRE XVI.

LE RAVI AU-DESSOUS DE LAHOR.

Cours tortueux de cette rivière. — La navigation y est difficile. — Ville. — Lahor. — Amritsir. — Toulamba.

Le Ravi, ou *Hydraotes*, est la plus petite des cinq rivières du Pendjab; mais il contribue par sa jonction avec eux et ultérieurement avec l'Indus, à former une ligne de communication navigable depuis la mer jusqu'à Lahor. Il se joint au Tchénab, sous 30° 40′ de latitude nord, par trois embouchures différentes qui ont toutes huit pieds d'eau, près du petit village de Fazil Châh. Au-dessous de Lahor, le Ravi conserve une largeur de 450 pieds; et ses rives étant hautes et solides, il n'y a que peu d'endroits où son étendue soit plus considérable. Cette rivière est tellement sinueuse, qu'on ne peut y naviguer à la voile, et qu'après avoir voyagé un jour entier, on trouve souvent qu'on n'est avancé que de trois ou quatre milles, quoiqu'en comptant les détours on ait parcouru six fois cette distance. Lahor n'est qu'à 175 milles de l'embouchure du Ravi, mais par eau cette ville en est éloignée de 380 milles anglais.

Le Ravi est guéable en plusieurs endroits pendant huit mois; toutefois, sa profondeur commune est à peu près de douze pieds, et je suis persuadé qu'un navire tirant quatre ou cinq pieds d'eau pourrait y naviguer. Les bateaux du pays n'en tirent pas plus de deux ou trois, mais ce sont les embarcations à fond plat que j'ai décrites précédemment. Dans aucune saison, leur marche n'est arrêtée par des obstacles; cependant les commerçans ne se servent pas du Ravi, et les bateaux ne sont construits que pour faire le service de bac. Au-dessous de Lahor, il y en a cinquante-deux : nous en fîmes usage, on ne pouvait s'en procurer d'autres. Notre voyage fut de vingt-un jours et excessivement ennuyeux. Je suis enclin à croire que ce sont les détours extrêmement nombreux de cette rivière qui l'empêchent d'être navigable.

Le Ravi est d'ailleurs difficile et dangereux par la quantité de ses bancs, dont quelques-uns sont de sables mouvans. Son cours, très-sinueux, annonce que la contrée qu'il parcourt est plate. Ses rives sont plus solides et plus droites que celles de l'Indus et des autres rivières du Pendjab. Près de Lahor, elles s'élèvent quelquefois à une hauteur de 40 pieds. Dans beaucoup de lieux elles ont la moitié de cette hauteur, et font ressembler la rivière à un canal. Le pays que traverse le Ravi est peu sujet à être inondé ; et il est digne de remarque qu'au-dessous de Lahor on n'a fait aucune coupure le long de ses bords pour arroser les terres. Sa vitesse n'est pas tout-à-fait de trois milles à l'heure. Son eau est rougeâtre, comme celle du Tchénab, mais elle est sujette à changer de teinte par suite des pluies dans les montagnes, ainsi que nous l'avons observé dans notre voyage. Cette rivière est nommée quelquefois *Iraoti*, dénomination dans laquelle nous reconnaissons celle d'*Hydraotes* que lui donnaient les Grecs.

Les bords du Ravi, en le remontant depuis son confluent avec le Tchénab, sont ouverts et peuplés ; mais dans la moitié de cette distance jusqu'à la capitale, les villages ne sont que temporaires, ils ne consistent que dans les hameaux portatifs des Djan ou Kattia, tribu pastorale que j'ai déjà décrite. Au-dessus de Fettipour ils sont nombreux, et le pays est cultivé ; mais au-dessous de cette ville les terres sont en friche. Le terrain entre le Ravi et le Setledje, est aussi stérile et aussi infécond que celui qui est au nord de cette rivière du côté du Djalem. On fabrique une grande quantité de salpêtre sur les deux rives du Ravi.

Lahor est la seule ville remarquable baignée par cette rivière, qui néanmoins a déjà abandonné son voisinage immédiat, et cette ancienne cité n'est plus que sur un petit bras du Ravi. La position de cette capitale, sous les rapports militaire et commercial, est bonne. Elle est à une distance égale de Moultan, de Peichaver, de Cachemir, et je puis ajouter aussi de Delhi. Elle est dans un pays très-fertile ; une armée de 80,000 hommes a été entretenue avec les ressources qu'offre son voisinage, et les habitans assurent que cet accroissement de consommation n'a pas fait augmenter le prix des denrées. La population de Lahor est maintenant de 80,000 habitans. Elle est entourée d'un fort mur en briques et d'un fossé qui peut être aisément rempli par l'eau de la rivière. Il y a douze portes et autant d'ouvrages avancés de forme semi-circulaire. Lahor ne pourrait soutenir un siége à cause du grand nombre de ses habitans, mais elle peut résister à une attaque de troupes irrégulières. Amritsir l'emporte sur Lahor en étendue et en force ; ses fortifications en terre sont très-épaisses et ont près de sept milles de circonférence, et la citadelle de Govindghour, qui est très-forte, la protége également. On y compte 100,000 âmes. Toulamba est une petite ville près de l'estuaire du Ravi, avec une population de 1,500 habitans. Elle a un fort en brique, assez faible et de forme circulaire, et se trouve dans un bocage touffu de dattiers à deux milles au sud du Ravi.

CHAPITRE XVII.

Mémoire sur le bras oriental de l'Indus et sur le Ren du Cotch, contenant un récit des changemens que leur a fait éprouver le tremblement de terre de 1819 et une description du Ren.

Le Cotch. — Sa position. — Changemens arrivés à la côte occidentale. — Barrage du bras oriental. — Tremblement de terre de 1819. — Ses effets. — Débordement de l'Indus en 1826. — Nouveaux changemens de l'Indus. — Le Ren du Cotch. — Mirage. — Traditions concernant le Ren. — Son état actuel. — Il a dû être un lac. — Note sur Sindri.

A L'EXTRÉMITÉ nord-ouest de nos possessions dans l'Inde, et sous le tropique du Cancer, est situé le Cotch, territoire stérile et de petite étendue, mais important pour les Anglais à cause de sa position avancée, et plus intéressant encore pour l'homme qui s'occupe de l'étude de l'histoire, parce que sa côte occidentale est baignée par les eaux de l'Indus, fleuve classique. Le Cotch est un pays dont la position est particulière. A l'ouest il est borné par l'Indus, dont le cours est inconstant et varie sans cesse; au nord et à l'est par le Ren, vaste espace qui est tantôt un désert aride, tantôt un lac bourbeux; au sud par le golfe de Cotch et l'Océan indien, dont les eaux s'éloignent annuellement de ses côtes.

La géographie physique d'un pays de ce genre offre un intérêt puissant, parce qu'indépendamment de ses limites variables il est sujet à des tremblemens de terre; un de ces phénomènes a récemment produit des changemens inattendus dans la forme du bras oriental de l'Indus. Les décrire et les expliquer en détail est l'objet du présent mémoire.

Le Cotch souffre maintenant du mal que lui ont causé la haine vindicative, la jalousie et la cruauté d'un gouvernement voisin. Avant l'année 1762, le bras oriental de l'Indus, nommé ordinairement le *Pharrân*, arrivait à la mer en passant le long de la côte occidentale du Cotch; les cantons situés sur ses bords participaient à tous les avantages que le fleuve départit aux pays qu'il traverse. Ses débordemens annuels arrosaient la terre, qui donnait d'abondantes récoltes de riz; on désignait par le nom de Sayra la contrée située sur le Pharrân.

Mais en 1762, ces bienfaits, dont la nature avait comblé ce pays d'ailleurs stérile, disparurent. Ghoulam Châh Kalora, chef du Sindhi, voulut subjuguer le Cotch; les habitans de cette contrée défendirent vaillamment leur indépendance. Une bataille sanglante se donna près du petit village de Djarra: l'armée sindhienne fut battue. Ghoulam Châh, irrité du funeste résultat de son expédition, retourna dans ses états, où il ne songea plus qu'aux moyens de se venger des hommes qu'il n'avait pu dompter. Il fit élever au village de Mora une digue immense en travers du bras de l'Indus qui fertilisait le Cotch; en détournant ainsi les eaux du fleuve, qui étaient un si grand bienfait pour les habitans de cette contrée, il les força de refluer dans d'autres bras, et en les conduisant par des canaux dans des portions de ses propres états qui étaient désertes, il détruisit la prospérité d'une vaste étendue de terre que les irrigations rendaient féconde, et convertit en un désert sablonneux un terrain abondant en riz, et auparavant appartenant au Cotch.

Cette digue en terre, que l'on désigne par le nom de *bend*, n'enleva pas entièrement les eaux du Sindhi au Cotch; mais elle obstrua tellement la marche du courant principal, que toute la culture qui dépendait de l'irrigation cessa. Par la suite des temps, ce reste insignifiant de bien-être fut également enlevé. Les Talpours, qui succédèrent aux Kaloras dans le gouvernement du Sindhi, firent construire d'autres digues, et vers 1802, celle qui fut établie à Ali Bender empêcha les eaux de l'Indus d'arriver, même durant l'inondation, dans le canal qui autrefois les portait au delà du Cotch dans la mer. Depuis cette époque, la lisière de terre qui formait jadis le fertile canton de Sayra, cessa de produire même une feuille d'herbe, et devint une partie du Ren du Cotch, qui auparavant faisait sa limite. Le canal du fleuve à

Locpot Bender devint moins profond [1]; il se remplit de vase et sécha au-dessus de Sindri. Plus bas il se changea en bras de mer, et fut inondé à chaque marée.

Dans un temps, les raos, ou princes du Cotch, possédaient des postes militaires à Badina, à Balliari et à Raomaka Bazar, lieux situés dans le Sindhi, et cependant ils supportèrent patiemment ces indignités, qui causaient de si graves préjudices à eux-mêmes et à leurs sujets. Ils ne tentèrent aucun effort pour recouvrer ce que la nature avait accordé à leur pays, ou pour laver les injures qui leur avaient été faites, et qui enfreignaient manifestement le droit des nations; car il demande « qu'en temps de paix
» les divers peuples se fassent les uns aux autres le
» plus de bien qu'ils peuvent, et en temps de guerre
» aussi peu de mal qu'il leur est possible, sans nuire
» à leurs propres et réels intérêts [2]. »

Les choses étaient dans cet état d'indifférence et d'apathie, quand, au mois de juin 1819, le sol du Cotch fut soulevé par un épouvantable tremblement de terre qui fit périr plusieurs centaines d'habitans et ébranla jusque dans leurs fondemens tous les lieux fortifiés de ce pays. Les eaux d'une grande quantité de puits et de ruisseaux devinrent salées de douces

[1] M. D. Wilson, alors capitaine, aujourd'hui lieutenant colonel dans l'armée de Bombay, trouva ici, en 1820, un gué dans un endroit où le fleuve a 1,500 pieds de largeur. En 1826, je trouvai 15 pieds d'eau au même endroit.

[2] Blackstone.

qu'elles étaient auparavant; mais ces changemens n'avaient qu'une importance secondaire en comparaison de ceux qui s'effectuèrent dans le bras oriental de l'Indus et dans le pays qui lui est contigu. Au coucher du soleil, la secousse fut sentie à Sindri, lieu situé sur le grand chemin du Cotch au Sindhi, et sur les bords de l'ancien lit du bras oriental de l'Indus; c'était là que le gouvernement du Cotch avait son bureau de douanes. Le petit fort en brique, de cent cinquante pieds carrés de surface, qui avait été bâti pour mettre les marchandises à couvert, fut submergé par un torrent formé des eaux de l'Océan qui se répandirent de tous côtés, et dans un intervalle de quelques heures couvrirent tout ce territoire : auparavant son terrain était dur et sec, elles le convertirent en un lac qui s'étendit à 16 milles autour de Sindri. Les maisons en dedans des murs se remplirent d'eau ; huit ans après je trouvai des poissons dans les étangs qui s'étaient formés parmi ces bâtisses. Le seul endroit à sec était celui sur lequel les briques étaient tombées les unes sur les autres. Il ne restait plus qu'une seule des tours, et les officiers de la douane n'avaient sauvé leur vie qu'en y montant; des bateaux les transportèrent le lendemain sur un terrain que l'inondation n'avait pas gagné [1].

[1] Depuis mon retour en Angleterre, j'ai été assez heureux pour me procurer une vue de Sindri, tel que ce lieu existait en 1808; elle a été faite d'après un dessin du capitaine Grindlay, qui visita Sindri à cette époque. On l'a gravée et elle est placée en face de ce chapitre. J'ai ajouté, dans une note à la fin, les observations de M. Grindlay sur Sindri.

Mais on découvrit bientôt que ce n'était pas le seul changement produit par cette mémorable convulsion de la nature; les habitans de Sindri aperçurent, à une distance de 5 milles au nord, un monticule de terre ou de sable dans un lieu qui auparavant était bas et uni. Il se prolongeait très-loin de l'est à l'ouest, et traversait directement le lit de l'Indus, séparant à jamais en quelque sorte le Pharrân de la mer. Les habitans nomment ce monticule *Allah Bend* (le monticule de Dieu), indiquant par-là qu'il n'est pas, comme les autres digues de l'Indus, l'ouvrage des hommes, mais que c'est un barrage fait par la nature.

Ces phénomènes prodigieux n'excitèrent pas l'attention des habitans; car le tort immense que les événemens de 1762 leur avaient occasioné avait si complétement ruiné cette partie de leur pays, que peu leur importait qu'il restât un désert ou devînt un lac. Le gouvernement du Cotch fit un faible et inutile effort pour établir une douane sur l'Allah Bend, cette digue élevée par la nature; mais les émirs du Sindhi s'y opposèrent, et Sindri n'étant plus tenable, les officiers furent rappelés dans le pays.

Les choses restèrent en cet état jusqu'au mois de novembre 1826; alors on apprit que l'Indus avait rompu ses rives dans le Sindhi supérieur, et qu'un immense volume d'eau s'était répandu sur le désert qui borne ce pays à l'est, avait également crevé toutes les digues élevées par l'art sur le fleuve, et même l'Allah Bend, et s'était ouvert par force un passage dans la Ren du Cotch.

Au mois de mars 1827, je partis pour aller rechercher la réalité des faits que je viens de rapporter, examiner la digue naturelle, et essayer de rendre raison de ces changemens continuels dans la géographie physique du pays. J'allai de Bhoudj, capitale du Cotch, à Locpot, ville située sur le Kori, ou bras oriental de l'Indus, à l'extrémité nord-ouest de cette contrée ; je m'y embarquai sur un bateau à fond plat, et je remontai le fleuve. A Locpot, et jusqu'à 12 milles au-dessus, il avait 900 pieds de large et de deux à trois brasses de profondeur ; il conservait toujours l'apparence d'une rivière ; à Sando, banc de sable qui est à peu près à quatre lieues de Locpot, le lit de l'Indus n'avait plus que quatre à cinq pieds de profondeur, dans un intervalle de 2 milles ; mais bientôt il reprit celle que je lui avais trouvée plus bas, et j'entrai dans un vaste lac qui de tous côtés était borné par l'horizon, et au milieu duquel la seule tour de Sindri, qui subsiste encore, s'élevait comme un rocher au milieu de l'Océan. A Sando l'eau était saumâtre, à Sindri parfaitement douce. Ensuite je me dirigeai vers l'Allah Bend ; je reconnus qu'il était composé d'argile tendre et de coquilles, qu'il surgissait de dix pieds au-dessus de la surface de l'eau, et qu'il était coupé de même qu'un canal, avec des bords perpendiculaires de chaque côté. Le lit où coulait l'eau avait 100 pieds de largeur et 15 pieds de profondeur ; l'eau, qui était douce, appartenait réellement à l'Indus ; elle arrivait par cette issue dans le lac que j'avais traversé au-dessous de l'Allah Bend. Depuis ce point le canal reprenait l'apparence d'une rivière; j'y rencontrai plusieurs bateaux chargés de ghi, ils avaient descendu le fleuve depuis Ouanga; ce qui confirmait tout ce que j'avais entendu dire, que les digues de l'Indus avaient été rompues, et que la communication entre ce fleuve et son bras oriental abandonné depuis si long-temps, était rétablie; j'appris également que la fameuse forteresse d'Amercote avait été submergée en partie par l'inondation; car bien loin d'être une oasis dans le désert, ainsi qu'on l'avait supposé si long-temps, ce lieu où naquit le grand Acbar empereur mogol, est un petit fort en brique, éloigné seulement de trois ou quatre milles de l'Indus, et qui jusqu'au mois de mai 1829, communiquait par eau avec Locpot.

L'Allah Bend que j'examinai ensuite avec attention, était néanmoins le plus singulier résultat de ce grand tremblement de terre. Il ne paraissait pas à l'œil plus élevé dans un endroit que dans un autre, et on pouvait le suivre à perte de vue à l'est et à l'ouest; les habitans lui attribuaient une longueur de cinquante milles; mais il ne faut pas supposer que ce fut une bande étroite de terre comme une digue faite de main d'homme : il s'étend à l'intérieur jusqu'à Roamaka-Bazar, ainsi sa largeur est peut-être de seize milles, et semblait être l'effet d'un soulèvement opéré par la nature. Sa surface était couverte de terrain salant; j'ai déjà dit que sa masse offrait de l'argile, des coquilles et du sable. Tout le monde ici assignait sa naissance au tremblement de terre, et imputait à la même cause le peu de profondeur de l'eau à Sando.

Le lac qui s'était ainsi formé occupait un espace de 2,000 milles carrés; ses limites étaient bien marquées, puisque les chemins du Cotch au Sindhi le longeaient de chaque côté : l'un conduisait de Narra à Louni et à Roamaka-Bazar, et l'autre de Locpot à Kotri gari et au Djatti. Je suis enclin à croire que cette nappe d'eau s'était amassée par la dépression du terrain autour de Sindri, puisque le tremblement de terre avait produit un effet immédiat sur le lit du fleuve au-dessous de l'Allah Bend. Il était devenu assez profond pour que des navires de cent tonneaux pussent remonter de la mer à Locpot, ce qui n'était jamais arrivé depuis 1762. Il est évident que pendant que le bassin de Sindri, comme je puis l'appeler, s'enfonçait, le monticule de l'Allah Bend s'élevait d'un autre côté, ainsi que le prouve la description que j'en ai donnée précédemment.

Au mois d'août 1827, je visitai une seconde fois le bras oriental de l'Indus pour faire des investigations ultérieures relativement à un objet qui avait intéressé beaucoup de monde, ainsi que moi. De grands changemens s'étaient opérés dans ce canton si sujet à en éprouver. La profondeur du fleuve et du lac avait augmenté de deux pieds partout; le canal qui traversait l'Allah Bend s'était beaucoup élargi, et la nappe d'eau était partout et entièrement salée. La rivière qui passait par l'Allah-Bend était d'eau douce, mais son volume avait beaucoup diminué. Dans l'intervalle écoulé entre mes deux visites, les vents du sud-ouest avaient régné et poussé l'eau de la mer sur l'eau douce, ce qui semblait expliquer le changement que j'avais observé.

Indépendamment des faits que je viens de rapporter, il paraît qu'une portion des eaux de l'Indus tend à s'échapper par Locpot et par le Cotch. Nous trouvons ainsi qu'elles cherchent à rentrer dans un ancien lit qu'elles avaient abandonné depuis soixante-cinq ans[1].

LE REN.

Dans le cours de mes observations sur l'Indus, je me trouvai induit à me livrer également à des recherches sur le Ren du Cotch, auquel ce fleuve est contigu. En effet, si les changemens survenus dans l'Indus fournissaient matière à des remarques, il y avait également beaucoup de choses à dire sur le Ren qui est, je le crois, un lieu qui n'a pas son semblable sur la surface du globe. La longueur du Ren est de 200 milles, depuis les bords de l'Indus jusqu'aux frontières occidentales du Guzerat ; sa largeur est de 35 milles, mais il a de plus des bras et des ramifications qui lui donnent une étendue d'environ 7,000 milles carrés. Il est dessiné avec exactitude sur ma carte. Tout ce canton peut être appelé avec vérité une terre inhos-

[1] Je passe sous silence différentes opinions que j'avais formées sur les causes de ces changemens continuels parce que je pense qu'elles n'ont aucune valeur. Ce morceau a été publié en entier par la société royale asiatique de Londres.

pitalière, *terra hospitibus ferox* ; on ne peut s'y procurer de l'eau que dans des îles, et elle y est rare. On n'y trouve pas d'herbes, et la végétation ne s'y montre que par de chétifs buissons de tamariscs qui ne croissent que parce qu'ils aspirent l'eau des pluies tombant dans leur voisinage.

Le Ren diffère autant de ce qu'on nomme le désert de sable que de la plaine cultivée, et il ne ressemble pas non plus aux steps de la Russie; on peut avec raison le considérer comme étant d'une **nature** particulière. Les géographes l'ont appelé un marais, ce qui a fait naître beaucoup d'idées fausses à son sujet. Il n'a rien de ce qui caractérise un marais, puisqu'il n'est ni couvert, ni imbibé d'eau qu'à de certaines époques; on ne voit ni roseaux, ni herbes dans son lit, qui au lieu d'être vaseux est dur, sec et sablonneux, et tellement compact, qu'il ne devient jamais argileux, à moins que ce ne soit par le séjour prolongé de l'eau dans des endroits particuliers, et d'ailleurs il n'est ni fangeux n marécageux. C'est une vaste étendue de sable aplati et durci, imprégné de sel, qui quelquefois a un pouce de profondeur, parce que le soleil a fait évaporer l'eau, et en d'au**tres** endroits est cristallisé magnifiquement en gros morceaux. Tout le pays d'alentour est **tellement** pénétré par cette surabondance de sel, que tous les puits que l'on creuse au niveau du Ren deviennent salés. Le Ren étant plus bas que le pays qui l'entoure, il paraît assez probable que c'est un lac ou un bras de mer desséché.

Nulle part le phénomène, nommé le mirage ou le sarab du désert, ne se voit mieux que dans le Ren. Les habitans lui donnent avec justesse le nom de fumée (*dhouan*). Vus d'une certaine distance, les plus petits arbustes prennent l'aspect de forêts, et lorsqu'on s'en approche, tantôt de navires à la voile, tantôt de vagues qui brisent sur un rocher. Une fois j'aperçus un groupe de buissons qui ressemblaient à un quai avec des navires haut-mâtés, mouillés le long de ses flancs; quand je fus plus près, il n'y avait pas de banc qui, par son voisinage des buissons pût expliquer l'illusion. Quand du Ren on regarde les collines du Cotch, elles paraissent plus hautes, et enveloppées par les nuages, leur base étant cachée par les vapeurs. L'âne sauvage, *khar gadha*, est le seul habitant de cette région désolée; ces animaux y errent en troupes nombreuses. Leur taille ne dépasse pas celle des ânes ordinaires; mais de loin ils semblent quelquefois aussi grands que des éléphans. Tant que le soleil luit, tout le Ren offre l'aspect d'une immense nappe d'eau, et il n'y a que ceux qu'une longue habitude a familiarisés avec ces illusions d'optique, qui puissent distinguer que ce n'est pas réellement de l'eau. De loin, quand le temps est couvert, le Ren paraît plus haut que le point où l'on est; mais c'est une observation qui a déjà été faite au sujet de la mer et des autres grandes surfaces d'eau, et on explique également ce fait par une illusion d'optique.

Les habitans du Cotch, soit musulmans, soit Hindous, croient que le Ren fut jadis une mer; voici ce que raconte la tradition. Dhouramnath, saint personnage hindou, s'était soumis volontairement à une pénitence qui consistait à se tenir pendant douze ans sur la tête au sommet du Denodar, une des plus hautes collines du Cotch d'où l'on voit le Ren. La pénitence terminée, Dieu se montra au djoghi, le Denodar se fendit en deux, et la mer qui l'entourait, c'est le Ren actuel, se dessécha; les navires et les bateaux qui y naviguaient furent chavirés, les ports détruits, des événemens prodigieux opérés.

Il n'y a pas de peuple qui ait plus que les habitans de l'Inde recours, dans ses chroniques, à l'action de causes surnaturelles : et quiconque en a fait l'objet de ses investigations, reconnaîtra, dans le conte que je viens de rapporter, une fiction fondée sur un fait réel et transmis de cette manière à la postérité. En réfléchissant au retour fréquent des tremblemens de terre dans le Cotch, à l'aspect volcanique de ses coteaux, à la lave qui couvre la surface du pays, il semble très-probable d'attribuer à une grande convulsion de la nature l'origine de la tradition que je viens d'exposer, et qui est dans la bouche de tout le monde.

Toutefois, les habitans font remonter leurs traditions au delà des legendes vagues d'un de leurs saints, et indiquent encore aujourd'hui divers points qui, disent-ils, furent des ports de la côte du Ren du Cotch. On assure qu'à Nerona, village à une vingtaine de milles au nord-nord-ouest de Bhoudj, capitale du pays, et voisin du Ren, il y a eu un port de mer ; il en est question en ces termes dans un poëme du pays :

Nerona Naggartar
Djadhi Gountri Tchitrano.

(Nerona était un port de mer (*tar*), quand Gountri, (ancienne ville du Cotch), florissait dans le Tchitrano, canton voisin.

A Tchari, village à l'ouest de Nerona, et situé sur le Ren, règne une tradition semblable. Les habitans de Patcham, l'île la plus considérable du Ren, en ont également de pareilles, et parlent de bateaux naufragés sur les coteaux de leur île; ils ajoutent qu'il y avait dans leur voisinage de grands ports nommés Dorat, Doh ou Dohi et Phangouaro, qu'on indique encore à l'ouest de Patcham. On raconte aussi que Bitaro, hameau sur le grand chemin du Sindhi entre le Cotch et l'Allah Bend, était un port de mer ; et je pourrais en désigner plusieurs autres. Dans le Sindhi, sur le bord septentrional du Ren, on a des traditions du même genre. Vigo-Gad, près de l'Allah Bend, passe pour avoir été le principal port de mer; ses ruines en briques sont encore visibles. Vingar et Balliari plus à l'est réclament la même distinction. Cette mer portait le nom *keln*; je ne pense pas que tant de témoignages relatifs à son existence puissent être révoqués en doute, car j'ai appris toutes ces traditions de personnes différentes, qui n'avaient eu nulle communication les unes avec les autres.

J'ai parlé des effets du tremblement de terre de 1819, pour ce qui concerne le pays contigu à l'Indus;

des faits semblables et aussi singuliers furent observés plus à l'est. Il produisit des crevasses ou fentes nombreuses dans le Ren : et des témoins oculaires m'ont raconté que, pendant trois jours, ces ouvertures vomirent des quantités prodigieuses d'une eau noire et bourbeuse : que l'eau sortit en bouillonnant des puits du Banni, canton situé sur le bord du Ren, et qu'elle inonda le pays à une hauteur de six et même de dix pieds dans quelques endroits; ce ne fut qu'avec peine que les pasteurs et leurs troupeaux se sauvèrent. Une grande quantité de clous de navire et de morceaux de fer fut rejetée du sein de la terre à Phangouaro, l'ancien port de mer mentionné plus haut; et depuis des objets semblables ont été trouvés dans les environs de ce lieu en y creusant des réservoirs. Je cite ce fait sur l'autorité de personnages respectables de Narra, ils m'ont également assuré que rien de semblable n'avait jamais été découvert avant le tremblement de terre de 1819.

Le grand Ren du Cotch est la partie située entre le Sindhi et les îles de Patcham et de Kharir; les autres parties n'en sont que des ramifications. Il communique avec la mer tant à l'est par le golfe du Cotch, qu'à l'ouest par un bras de l'Indus; et c'est par ces deux ouvertures qu'il est inondé aussitôt que les vents du sud-ouest commencent à souffler, chaque année, vers le mois d'avril. Lorsque des pluies locales tombent et humectent le Ren, la mer y entre avec une grande rapidité; mais, même sans pluie, la plus grande partie du Ren est inondée annuellement. Le niveau du Ren est manifestement plus élevé que la mer, puisqu'il faut que les eaux y soient amenées par de forts coups de vent.

Examinons maintenant la configuration du Ren. On peut remarquer qu'à l'extrémité nord-est du Cotch une chaîne de coteaux domine le Ren à Bheïla. Les îles de Kharir et de Patcham sont situées directement à l'ouest de cette chaîne, et non-seulement sont composées des mêmes pierres ferrugineuses que les coteaux de Bheïla, mais offrent aussi des chaînes semblables courant le long de leurs extrémités septentrionales, qui se terminent, notamment à Kharir, par un escarpement du côté du Ren. Kharir est à 6 milles à l'ouest du Cotch, et Patcham à 16 milles à l'ouest de Kharir. A l'ouest de Patcham on voit dans le Ren quelques îlots bas et sablonneux, et au sud le Banni, vaste langue de terre qui est herbeuse et plus haute que le Ren, mais néanmoins ne l'est pas suffisamment pour produire du grain. Ce canton a des puits nombreux; il est habité par des pasteurs. Au sud de Kharir il y a aussi plusieurs îles; la plus grande est Gangta, couverte de coteaux rocailleux.

Entre le Guzerat et le Cotch, le Ren se rétrécit; à Addisir il n'a qu'un mille et demi de largeur jusqu'à l'île de Tchorar. On voit là un dépôt de coquillages et de substances marines, c'est un carbonnate de chaux mêlé à d'autres matières; il présente l'apparence d'une pétrification rouge et jaune, et prend un assez beau poli; quelques musulmans prétendent y lire des mots arabes ou des lettres du Coran. Cette pierre a été employée dans tous les ouvrages de mosaïque des empereurs mogols; les Européens la nomment communément marbre de doukar-ouarra.

Au nord et vis-à-vis des coteaux de Bheïla, on trouve le Parkar, canton presque entièrement entouré par le Ren; on y remarque les collines de Kalindjar, qui sont très-hautes, et dont la formation diffère de celles des coteaux du Cotch; ceux-ci sont presque tous de grès; ceux de Kalindjar sont primitifs, s'élevant en petits cônes les uns sur les autres, comme s'ils fussent tombés des nues; leur cime est composée de trapp qui descend jusqu'aux deux tiers de leur élévation; la base et en granite, qui est sonore quand on le frappe. Ces coteaux sont séparés du Cotch par un bras du Ren, très-bas, large d'une trentaine de milles, et sans aucun buisson. Tout le bord septentrional du Cotch, de Bheïla à l'est, à Locpot à l'ouest, est, sauf un petit nombre d'exceptions, ou rocailleux ou élevé. De Narra à Locpot les rochers se terminent par des escarpemens; s'ils étaient à leur base baignés par les eaux, leurs formes leur feraient donner les noms de caps, promontoires, falaises. Quand les terres dans le voisinage immédiat du Ren n'ont pas cet aspect, il s'avance dans l'intérieur du pays, précisément de la même manière qu'une masse d'eau qui ne rencontre pas de résistance.

La mer s'éloigne de la côte méridionale du Cotch, et je crois que, suivant une opinion généralement reçue, son niveau s'abaisse sur toute la surface du globe, bien que dans quelques endroits il se soit élevé. Nous pouvons donc supposer que l'Océan s'est retiré du Ren du Cotch, et que ce canton fut autrefois un bras de mer navigable. Il n'est pas étonnant que les habitans du Cotch aient attribué un si grand changement, survenu dans leur pays, à l'intervention d'un djoghi; un corps de ces pénitens s'est depuis long-temps établi dans le Cotch; ils sont hospitaliers et charitables; jamais ils ne laissent un homme, quelle que soit sa croyance, quitter leur demeure sans lui avoir donné à manger, et ils ne manquent de rien, de même que les moines européens des anciens temps. Ces djoghis sont les gardiens de l'histoire et des traditions, et c'est peut-être le soin avec lequel ils les conservent qui a donné naissance à l'opinion suivant laquelle les changemens survenus dans le Ren furent effectués du vivant de Dhouramnath, fondateur de leur ordre. A l'appui de cette notion, ils ont une tradition apprenant que les ancêtres des souverains actuels du Cotch étaient jadis de pauvres bergers de Sami (Tatta), en Sindhi; ils conduisaient modestement leurs troupeaux. Enfin, par la protection des djoghis de Denodar, ils furent élevés au rang de radjahs du pays. Il est très-vrai que les Radjpouts du Cotch sont venus de Tatta, et faisaient paître des troupeaux dans le Cotch; mais ils ne sont certainement point parvenus à leur dignité actuelle par l'intervention de moines hindous; voilà cependant les altérations que subit une histoire dans un laps de quatre cents ans. Malgré leur philanthropie, les djoghis, si nombreux dans le Cotch, ont entre eux une coutume horrible désignée par le nom de *tiaga* : elle consiste à sacrifier l'un d'eux quand leur communauté a éprouvé une insulte ou un tort grave, parce qu'ils croient que le sang qu'ils répandent alors retombe sur la tête de ceux qui leur ont nui.

Depuis que j'ai écrit ce mémoire, j'ai trouvé dans des manuscrits du feu capitaine Macmurdo, si généralement regretté, que son opinion sur le Ren du Cotch s'accordait avec la mienne. Dans cet écrit, qui remonte à 1815, Macmurdo traite de la partie du Cotch voisine de Kattivar, que je n'ai pas visitée. Voici un extrait de ce manuscrit :

« L'aspect du Ren donne lieu de conjecturer que la mer ne s'en est retirée que depuis peu de temps. L'apparence et les productions du pays voisin viennent à l'appui de cette idée, et on trouve sur le rivage, à plusieurs milles de distance du Ren, de grandes pierres absolument semblables à celles dont on se sert en guise d'ancres : elles sont percées de trous pour y passer le câble. Sur le rivage, en divers endroits, on montre de petits bâtimens qui sont anciens, et désignés sous le nom de *don déris*, ou maisons où se percevaient les *déris*, ou droits de douanes; enfin, suivant une tradition du pays, Khor, village à 2 milles à l'est de Tikir, était un port de mer. Il

y a une cinquantaine d'années, on découvrit à Ouaouania la carcasse d'un navire beaucoup plus grand qu'aucun de ceux dont on fait maintenant usage dans le golfe de Cotch; elle était enfoncée dans la vase à une profondeur de cinquante pieds. »
(*Mémoire manuscrit sur le Kattivar.
—Août* 1815.)

NOTE SUR SINDRI.

Cette note contient la relation d'un voyage fait en 1808, de Locpot dans le Cotch à Haïderabad, capitale du Sindhi, par M. Grindlay, capitaine des troupes de la marine royale. Cet officier avait été chargé d'une mission auprès des émirs du Sindhi; il passa par Sindri; son manuscrit m'a été obligeamment communiqué. On verra, par son récit, que le pays voisin de Sindri, que j'ai décrit comme étant couvert par les eaux, était sec quand M. Grindlay le vit, et qu'à cette époque le fort de Sindri était un poste avancé du gouvernement du Cotch.

« Nous nous embarquâmes à Locpot Bender, sur la crique qui baigne cette ville, et dont la largeur est de trois quarts de mille; sa longueur est de 6 à 8 milles, et sa direction entre l'est et le nord, ensuite elle se rétrécit beaucoup; de chaque côté s'étend un marais humide couvert de buissons peu élevés.

» Le soir, au reversement de la marée, nous laissâmes tomber l'ancre, et le lendemain à midi nous passâmes devant Sindri, qui est éloigné d'une trentaine de milles de Locpot, et en dépend : il y a une garnison peu nombreuse de cipayes dans ce petit fort, entouré de quelques cabanes : on y trouve un puits et un bac pour traverser la crique qui a ici un mille et un quart de largeur. Les voyageurs qui vont au Sindhi par cette route sont en très-petit nombre. Ils ne laissent pas la moindre trace de leur passage dans le sable léger et mobile dont la partie sèche du Ren est composée. On dit que la chaleur du soleil à midi est si intense, qu'ils ne marchent que la nuit. La première station au delà de Sindri, par terre, est à Baoura, à une distance de 34 milles; ensuite le Ren finit, et l'eau devient assez abondante.

» Quand nous eûmes passé Sindri, nous aperçûmes plusieurs petites ramifications de l'Indus qui pénétraient à travers le Ren, et le long desquelles nous vîmes çà et là quelques hommes et quelques femmes. A une vingtaine de milles audelà de Sindri, nous arrivâmes à huit heures du soir à Ali Bender; nous jetâmes l'ancre tout près de la digue qui sert de borne à l'eau douce. Au retour de la clarté nous reconnûmes que ce lieu n'est qu'un pauvre village d'une cinquantaine de maisons avec une tour, tout cela en terre; nous campâmes ici, afin de réunir les bateaux qui se trouvaient du côté de la digue baignée par l'eau douce; mais comme il n'y en avait pas en nombre suffisant, nous fîmes passer par-dessus la levée plusieurs de ceux que nous avions amenés avec nous. Cette opération nous prit trois jours; durant tout ce temps nous fûmes incommodés par la poussière à un tel point, que ceux qui ne se sont jamais trouvés dans une situation semblable pourraient à peine le croire; le soleil en était complétement obscurci, un objet éloigné de trois cents pas était invisible, et les habitans qui marchaient de côté et d'autre devenaient tellement méconnaissables, qu'on ne pouvait distinguer leur couleur. Le terrain du Ren se compose d'un mélange de sable fin et de sel, déposés par l'inondation du fleuve. Ces substances, desséchées par l'ardeur du soleil durant plusieurs mois, forment une poussière presque impalpable. Le Ren, qui se termine à une ligne se dirigeant nord-est et nord, et à peu près parallèle avec Ali Bender, est couvert de buissons, de plantes aquatiques et de quelques coquillages; le sable arrêté par ces halliers, s'élève en dunes hautes de 6 à 8 pieds, suivant la dimension de ces touffes. Il ne paraît pas qu'aucun des canaux latéraux conduise au delà du Ren, ou soit navigable pour des bateaux, à l'exception de ceux qui rejoignent le courant principal; celui par lequel nous étions venus est de beaucoup le plus considérable.

» Le 10, nous nous rembarquâmes sur la rivière d'eau douce, qui a ici 12,000 pieds de largeur, et bientôt en acquiert une bien plus grande; ses bords sont couverts de dunes, on n'y voit qu'un petit nombre de cabanes, et peu de culture. Le fleuve prend ici le nom de Gouni.

» A une douzaine de lieues d'Ali Bender, le fleuve se partage, et ne tarde pas à devenir si étroit que nos bateaux, bien qu'ils ne fussent pas très-gros, avaient de la difficulté à passer à travers les grands buissons qui pendaient sur l'eau, il ressemble à un canal creusé par l'art, ou du moins nettoyé et rendu plus profond; les bords n'ont pas une hauteur régulière; le pays, situé immédiatement par derrière, est bas et en plusieurs endroits marécageux. Nous passâmes devant l'embouchure d'une crique à gauche, qui mène, dit-on, à Tatta, et devant plusieurs autres moins considérables, qui traversent les terres et sont coupées en une diversité de canaux pour l'irrigation.

« A une douzaine de milles au delà d'Ali Bender, sur la rive occidentale ou droite, on voit Chatti Thar (bac); vis-à-vis est l'embouchure d'une grande rivière traversée par une digue; on nous dit que c'était le Phoran, qui formait autrefois un bras considérable de l'Indus; il passait par Nassirpour, qui, suivant ce qu'on m'apprend, est situé au sud-est. Plusieurs habitans se souviennent d'un changement remarquable qui est arrivé à cette rivière; elle submergea par son débordement une grande partie de la ville; mais quand les eaux baissèrent, elles se détournèrent de leur cours habituel, et leur volume diminua beaucoup. Tout le Sindhi est, d'après la nature du terrain, très-sujet à des altérations de cette nature, causées par le débordement annuel de l'Indus; les habitans en connaissent des exemples nombreux, par exemple, celui que j'ai cité, et ceux qui sont survenus dans ses bras au-dessous de Tatta. »

FIN DU TOME PREMIER.

TABLE
DES CHAPITRES
CONTENUS DANS CE VOLUME.

Chap. Ier. Voyage de Bombay à Tatta.—Motif du voyage. — Renseignemens sur l'Indus désirés. — L'auteur, nommé chef de l'ambassade envoyée à Lahor. — Départ d'un port du Cotch. — Arrivée dans l'Indus. — Phénomènes. — Théâtre des exploits d'Alexandre le Grand. — Marées. — Exactitude du récit de Quinte-Curce. — Nous sommes obligés de quitter le Sindhi. — Correspondance avec les autorités. — Nous rentrons dans l'Indus. — La disette nous force d'en sortir. — Nous y revenons une troisième fois. — Nous débarquons dans le Sindhi. — Négociations. — Arrivée à Tatta. 1

Chap. II. Voyage de Tatta à Haïderabad.—Description de Tatta. — Hingladj, pèlerinage célèbre. — Retour à la côte maritime. — Voyage d'Alexandre le Grand.— Le palla, poisson. — Arrivée à Haïderabad. — Accueil des émirs. — Leur cour. — Audience de congé. — Environs de Haïderabad. 30

Chap. III. Voyage de Haïderabad à Bakkar. — Départ de Haïderabad. — Chansons des matelots sindhiens. — Sihouan. — Motifs de croire que c'est le territoire des Sindomani. — Antiquité du château. — Lieu de pèlerinage. — L'Indus. — Arrivée à Khirpour. — Audience du chef. — Caractère des souverains du Sindhi. — Bakkar. — Alor. — C'est probablement le royaume de Musicanus. 50

Chap. IV. Pays de Bhaoual Khan. — Départ de Bakkar. — Curiosité de la population. — Arrivée aux limites du Sindhi. — Bonne conduite de l'escorte. — Entrée sur le territoire de Bhaoual Khan. — On quitte l'Indus à Mittan. — Effet de ce fleuve sur le climat. — Navigation sur le Tchénab. — Incident à Outch. — Entrevue avec Bhaoual Khan. — Commerçans de Bhaoualpour. — Histoire d'Outch. — Montagnes. — On passe devant le Setledje. — Particularité des deux rivières. — Entrée dans le pays de Rendjit Sing. — Réception honorable. 79

Chap. V. Voyage dans le pays des Seïks. — Choudjaabad. — Moultan, c'était probablement la capitale des *Malli*. — Climat. — Dattiers. — Le pelou, arbuste. — Alexandre le Grand. — Nous entrons dans le Ravi. — Nous allons visiter le Djalem. — Son confluent avec le Tchénab. — Identité vraisemblable d'une tribu moderne avec les *Chatæi*. — Ruines de Chorkot. — Chaleur. — Ruines de Harappa. — Chasse au tigre. — Courage des Seïks. — Lettres reçues de Lahor. — Femmes Seïkes. 104

Chap. VI. Lahor. — Entrée à Lahor. — Présentation à Rendjit Sing. — Les présens du roi d'Angleterre lui sont remis. — Salle d'audience. — Revue de troupes. — Conversation de Rendjit Sing. — Singulières amazones. — Officiers français. — Ville de Lahor. — Tombeau de Djihan Ghir. — Revue de l'artillerie à cheval. — Caractère de Rendjit Sing. — Audience de congé. — Présens du Maharadjah. — Sa lettre au roi de la Grande-Bretagne. — Départ de Lahor. — Amritsir. — Arrivée sur les rives du Béyah. — Fête donnée par un chef Seïk. — Arrivée sur les rives du Setledje. — Antiquités du Pendjab. — Lodiana. — Les ex-rois du Caboul. — Voyage aux monts Himalaya. — Entrevue avec le gouverneur général. — Témoignage de satisfaction donné à l'auteur 143

MÉMOIRE SUR L'INDUS.

Notice relative à la carte de l'Indus. 185
Chap. Ier. Tableau général de l'Indus. 193
Chap. II. Comparaison de l'Indus et du Gange. — Dimensions du Gange.—De l'Indus. — Sa pente. — Conclusions. — Marées dans les deux fleuves. 197
Chap. III. Bouches de l'Indus. — Partage de l'Indus en deux grands bras au-dessous de Tatta. — Le Delta. — L'Indus a onze bouches. — Leurs noms. — Elles sont un avantage pour le Sindhi. — Côte de ce pays. — Marées de l'Indus. — Coratchi. — Bateaux de l'Indus. — Remarques sur ce fleuve. 206
Chap. IV. Le Delta de l'Indus. — Inondation du Delta. — Son étendue. — Villes. — Population. — Les Djakris. — Productions. — Climat. 226
Chap. V. Le Sindhi. — Étendue du pays. — Chefs. — Finances.—Puissance. — Conquêtes. — Politique extérieure. — Branches de la maison régnante. — Etat du peuple. — Population. 232
Chap. VI. L'Indus de Tatta à Haïderabad.—Bancs de sable. — Cours du fleuve. — Villes. — Productions. — Commerce. —Moyens de l'augmenter. — Bateaux. 248
Chap. VII. L'Indus de Haïderabad à Sihouan. — Cours et profondeur du fleuve. — Le Falaïli.— Importance. — Trajet et navigation de cette partie de l'Indus.—Villes. — Monts de Lakki. 253
Chap. VIII. L'Indus de Sihouan à Bakkar. — Fertilité du pays. — Courant. — Rive orientale. — Rive occidentale. — Bakkar. — Rori et Sakkar. — Alor. — Khirpour et Larkhana. — Productions de la terre. 260
Chap. IX. L'Indus depuis Bakkar jusqu'à son confluent avec les rivières du Pendjab. — Largeur et profondeur du fleuve.—Bateaux.—Pays. — Chikarpour et Sabzal. — Crue de l'Indus. — Tribus vivant sur ses bords. 268
Chap. X. L'Indus de Mittan à Attok. — Cours du fleuve. — Déra Ghazi Khan. — Ligne de commerce. — Causes qui ont fait éviter l'Indus aux expéditions militaires. — Ponts sur l'Indus. 274

Chap. XI. Source de l'Indus. — Opinions énoncées sur cette matière. — Le Chiouk, source principale de l'Indus. — La rivière de Ladak. — Le Laudi. — Erreurs sur le double Kachgar. 279

Chap. XII. Le Tchénab grossi du Setledje. — Confluent. — Rives du Tchénab. — Outch. — Ses productions. 287

Chap. XIII. Pays de Bhaoual Khan. — Limites. — Nature du pays. — Son importance. — Les Daoudpoutras. — La famille régnante. — Commerce. 291

Chap. XIV. Le Pendjab considéré comme formant la souveraineté de Rendjit Sing. — Etendue des états de Rendjit Sing. — Progrès de sa puissance. — Son gouvernement. — Influence des chefs. — Le peuple. — L'armée. — Finances et ressources. — Politique extérieure. — Durée probable de l'état actuel des choses. 296

Chap. XV. Le Tchénab au dessus de son confluent avec le Ravi. Cours du Tchénab. — Bateaux qui y naviguent. — Trajet de cette rivière. — Le Moultan. 317

Chap. XVI. Le Ravi au-dessous de Lahor. — Cours tortueux de cette rivière. — La navigation y est difficile. — Ville. — Lahor. — Amritsir. — Toulamba 322

Chap. XVII. Mémoire sur le bras oriental de l'Indus et sur le Ren du Cotch. — Le Cotch. — Sa position. — Changemens arrivés à la côte occidentale. — Barrage du bras oriental. — Tremblement de terre de 1819. — Ses effets. — Débordement de l'Indus en 1826. — Nouveaux changemens de l'Indus. — Le Ren du Cotch. — Mirage. — Traditions concernant le Ren. — Son état actuel. — Il a dû être un lac. — Note sur Sindri. 326

FIN DE LA TABLE.

www.ingramcontent.com/pod-product-compliance
Lightning Source LLC
Chambersburg PA
CBHW050302170426
43202CB00011B/1788